Soy tu PILAR
Memorias de mi abuelita

VANESA GUERRERO JUAN, RPM

Soy tu PILAR
Memorias de mi abuelita

SAN PABLO

© SAN PABLO 2022 (Protasio Gómez, 11-15. 28027 Madrid)
Tel. 917 425 113 - Fax 917 425 723
E-mail: secretaria.edit@sanpablo.es - www.sanpablo.es
© Vanesa Guerrero Juan, rpm, 2022
© Religiosas de la Pureza de María (www.pmaria.es), 2022

Fotografías: Archivo de la Casa Madre de la Congregación Religiosas Pureza de María

Distribución: SAN PABLO. División Comercial
Resina, 1. 28021 Madrid
Tel. 917 987 375 - Fax 915 052 050
E-mail: ventas@sanpablo.es
ISBN: 978-84-285-6689-6
Depósito legal: M. 20.383-2022
Printed in Spain. Impreso en España

Todos los derechos reservados. Ninguna parte de esta obra puede ser reproducida, almacenada o transmitida en manera alguna ni por ningún medio sin permiso previo y por escrito del editor, salvo excepción prevista por la ley. La infracción de los derechos mencionados puede ser constitutiva de delito contra la Ley de propiedad intelectual (Art. 270 y siguientes del Código Penal). Si necesita fotocopiar o escanear algún fragmento de esta obra diríjase a CEDRO (Centro Español de Derechos Reprográficos – www.conlicencia.com).

Advertencia
para los adultos que se dispongan a leer este libro

Esta no es una biografía al uso. Tampoco es una novela al uso. Tiene un poco de ambas y es, a la vez, algo distinto. ¿Una historia para niños? Sí y no; para preadolescentes y adolescentes, más bien. Pero también, por qué no, para aquellos jóvenes, adultos y ancianos que aún conservan esa chispa de ilusión, de ternura, de inocencia y de humor propios de los primeros años de la vida. Es un relato íntimo, narrado desde una perspectiva peculiar; la de quien vivió sus años más tiernos junto a aquella a quien llamaba amorosamente «abuelita» y a quien nosotros conocemos como Madre Alberta Giménez Adrover: su nietecita Pilar.

Pilar vivió, creció y se hizo mujer al amparo y bajo el maternal cuidado de su abuela Alberta, quien la consideraba —en palabras propias— «la fibra más delicada de su alma», y quien volcó en ella cuanto de conocimiento, piedad y virtudes poseía. Su ejemplo, su solicitud y sus consejos fueron modelando el carácter y la personalidad de Pilar, y esta experimentó en primera persona la ternura, la rectitud, la humildad, la fortaleza, la serenidad y la templanza de esa mujer santa a quien todos llamaban «Madre», no solo por su condición de religiosa, sino por su corazón verdaderamente materno para con todos.

Narrado en primera persona y con un lenguaje fresco y jovial, el relato nos presenta las vivencias y los sentimientos, que bien pudieron ser, de aquella chiquilla que, a sus seis años, hubo de dejar su Zaragoza natal para irse a vivir con su abuelita al colegio que esta dirigía en Palma de Mallorca.

Si bien se ha procurado que los hechos narrados se correspondiesen tanto con el contexto histórico y social de la época como con la realidad de los acontecimientos vividos por sus protagonistas, debemos advertir al lector que no encontrará aquí una exactitud meticulosa en fechas y detalles, e incluso que, en algún caso, estos han sido alterados conscientemente para servir mejor al relato.

Realidad y ficción se entremezclan, pues, para conformar un retrato lo más fiel posible –basado en los numerosos testimonios que poseemos– de quien es la verdadera protagonista e inspiradora de esta historia: la Madre Alberta, una mujer que –como todas– fue antes niña, adolescente, joven; que llegó a ser esposa, madre y viuda, y más tarde religiosa y fundadora; y que, por lo mismo, tiene mucho que decir a la mujer (y al hombre) de hoy, cualesquiera sean su edad, estado o condición.

Que ella bendiga este humilde esfuerzo por hacerla conocer y amar por quienes no hemos tenido el privilegio de conocerla en vida, pero que también la llamamos y consideramos, de corazón, «madre» nuestra; y por aquellos que, aun sin haber oído hablar de ella, encontrarán en estas páginas el rostro amable de esa mujer dulce y fuerte cuyo único anhelo en la vida fue «cumplir la voluntad de Dios en todo y siempre».

Prólogo

Cuatro años atrás

Llovía. Era una noche extraordinariamente fría para la fecha (principios de septiembre), y hasta habíamos encendido la lumbre. Arrebujada entre las sábanas, contemplaba las llamas danzarinas que ardían en la chimenea. Una mezcla de ilusión y nervios me impedía conciliar el sueño. Era una sensación extraña, como la que experimentaba la noche de Reyes o la víspera de mi cumpleaños, pero también cuando papá me preguntaba la lección: me figuraba que un ratoncillo juguetón se revolvía dentro de mi estómago, corría hasta la garganta y descendía de nuevo, como por un tobogán, para volver a subir luego, laringe arriba, en un vaivén sin fin. Sería por eso que mamá decía que tenía demasiada imaginación.

—¿No duermes, hija mía? —Era ella, que acababa de entrar, como cada noche, a arroparme y alisarme las mantas.

—Lo intento, pero no lo consigo... —Me revolví en la cama, en mi noveno cambio de postura. Acabé con los pies sobre la almohada y la cabeza colgando—. Oye, mamá, ¿cómo es Mallorca?

—Pues es una isla muy hermosa, rodeada toda de mar y de montañas; casi siempre brilla el sol, y la suave brisa marina, al pasar, te deja un beso de sal —explicó sonriendo, mientras me ayudaba a incorporarme y acercaba sus labios a mi frente.

Eso del mar pintaba bien. El año anterior había conocido por primera vez la playa y me lo había pasado de miedo, haciendo castillos de arena y chapoteando en la orilla. Entre mis hermanos y yo habíamos llenado todo un cubo de conchas y caracolas que, al llegar a casa, mamá nos hizo tirar porque decía que un día no íbamos a caber, de tantos trastos como acumulábamos; así que cada uno elegimos la que más nos gustaba y la guardamos para el recuerdo.

—¿Y cómo crees que serán mis compañeras? –seguí tanteando.

—Pues imagino que serán buenas, estudiosas, dóciles y disciplinadas; educadas, respetuosas... y muy fervorosas.

Me sonó un poco aburrido.

—¿Y alegres?

Mamá sonrió de nuevo.

—Seguro.

Era algo que me preocupaba sobremanera. Temía encontrarme con unas compañeras repipis y remilgadas, que no supiesen reír ni jugar y cuyo único objetivo fuese sacar buenas notas y ser niñas de bien. O, peor aún, que fuesen unas santurronas, de esas que van de buenecitas y cumplidoras, que se escandalizan de las travesuras y que no se separan de las faldas de las monjas. Como Simona, del jardín de infancia, que siempre se chivaba cuando Felisa y yo nos escondíamos los guisantes en los calcetines para no tener que comérnoslos; o Carmela, que dedicaba cada rato libre a memorizar uno por uno los setenta volúmenes de la enciclopedia Espasa cuando las demás ni siquiera sabíamos leer; o Amelia, que decía que de mayor sería monjita y solo quería jugar a ser santa Teresa y fundar conventos descalza (¡menudas azotainas le daba su madre cuando llegaba a casa sin zapatos!).

No digo que a mí no me gustase estudiar, ni que no fuera educada y responsable o que no me moviese una dulce y sincera piedad; pero ¿qué queréis que os diga? Yo estaba hecha para correr, bailar, reír, cantar... y también –¿por qué no?– hacer alguna fechoría sin malicia de vez en cuando. Para mí, la santidad no consistía en seguir unas normas y mantenerse seria y estirada; la santidad, tal como yo la entendía, no era sino «estar siempre alegre» y cumplir con amor y sin pereza mis obligaciones. Esto último lo había leído en un libro muy bonito que me había regalado mi abuelita acerca de un niño llamado Domingo *Sabio* (dice mamá que lo corrija, que es *Savio*, pero me parece que se equivoca; lo buscaré más tarde en el diccionario).

—Mami, ¿me lees otra vez la historia de Domingo *el Listo?*

—Pero ¿qué tonterías dices, hija? Será Domingo Savio[1].

—¡Pues eso! Listo, *sabio...* lo mismo es, digo yo.

* * *

Me desperté sobresaltada. No supe cómo ni cuándo había llegado a dormirme. Mamá no estaba ya junto a mí, y el fuego había dejado de arder en el hogar. La lluvia había

---

[1] Domingo Savio fue un alumno de san Juan Bosco, en el oratorio de San Francisco de Sales, que se propuso ser santo y murió tres semanas antes de cumplir los 15 años de edad, siendo uno de los santos no mártires más jóvenes de la Iglesia católica.

cesado y el sol comenzaba a asomarse, tímido pero firme, por entre las cortinas.

Me incorporé, me desperecé e inspiré lentamente, como queriendo atrapar todos los rayos de luz dentro de mi pecho. Mamá había dicho que en Mallorca casi siempre brilla el sol, pero ¿quién sabe? Mejor era, por si acaso, llevarme un poquito del sol de Zaragoza, no fuera a hacerme falta. Permanecí así unos instantes, dejando que la luz bañase mi rostro y el calorcito invadiese todo mi cuerpo.

No tardé, no obstante, en dar un brinco y correr hacia la cocina, atraída por un aroma delicioso e inconfundible. Mamá, junto a los fogones, estaba calentando la leche; la abuelita sacaba del horno los bizcochos, que mi olfato había adivinado y cuya fragancia había despertado mi apetito; y papá, sentado a la mesa, leía en el periódico las últimas noticias. Joaquín y Albertito todavía dormían.

—Pero ¡mira a quién tenemos aquí! –Era la abuelita quien hablaba–. ¡Mi ratoncito madrugador!

Besé a papá, me dejé acariciar por mamá y, sin esperar a que la abuelita hubiera dejado la bandeja sobre la encimera, me hundí en su abrazo. ¡Cuánto la quería! Si me hubiesen preguntado a quién quería más: a mamá, a papá o a la abuelita, no habría sabido responder. No la veíamos con toda la frecuencia que nos gustaría, pero cada vez que venía a visitarnos –una o dos veces al año– era para nosotros como si vinieran los Reyes Magos.

—¿Tienes ya todo listo?

La pregunta iba dirigida a mí, pero fue papá quien respondió:

—Pero ¿no lo sabes, mamá? ¡Si hace lo menos dos semanas que tiene las maletas hechas! Me temo que este ratonzuelo está deseando deshacerse de nosotros.

—¡No digas eso, papaíto! —Fingí un puchero y saqué a relucir todas mis mañas de niña cautivadora; no en vano era el ojito derecho de papá. Me senté en su regazo y, rodeando su cuello con mis brazos, continué—: Sabes bien que os voy a echar mucho de menos y que no pasará ni un solo día sin que me acuerde de vosotros.

La respuesta pareció satisfacerle, a juzgar por los mimos y caricias que me prodigó.

* * *

La salida estaba programada para las doce. Llegamos al puerto de Tarragona media hora antes, a fin de contar con tiempo suficiente para despedirnos y decirnos todo aquello que, aunque sabíamos ya, de un modo u otro necesitábamos escuchar.

—Pilar, hija mía, sé buena y haz caso en todo lo que te diga la abuela —dijo papá al tiempo que me besaba la frente. Y, haciendo aparecer el brazo que escondía tras la espalda, añadió—: Por cierto, este polizón me ha dicho que quiere conocer Mallorca.

—¡Halaaa! ¡Gracias, papi! —exclamé, abrazando a una vez a papá y al osito de felpa que me tendía. Era uno de esos *teddy* que estaban tan de moda, surgidos a raíz de que Theodore Roosevelt, presidente de los Estados Unidos, rehusara disparar a un osezno durante una cacería. Era una auténtica preciosidad: tenía el pelaje suave y perfumado, y un hocico alargado sobre el que descansaban unos simpáticos lentes redondos de marco dorado; sus patitas articuladas permitían sentarlo sin dificultad. Vestía un lindo peto de cuadros escoceses, y sus ojillos, negros como el carbón, eran tiernos y muy expresivos. Parecía que fuera a cobrar vida en cualquier momento.

—Se llama Quirico, y ha cruzado todo el océano desde Norteamérica para estar contigo. Es muy bueno escuchando secretos –agregó papá con un guiño.

—Pero ¿entiende el español? –pregunté dudosa.

—¡Pues claro! ¿Por qué no habría de entenderlo?

—Bueno, como es gringo...

Papá rio de buena gana.

—Es que Quirico es muy listo, ¡sabe más de cinco idiomas!

—¿Cinco?

—Sí, ¡y más! Pero los que domina son solo cinco: inglés, español, francés, finés y zulú.

—¿Zulú? –Lo miré entre incrédula y fascinada–. ¿Y dónde ha aprendido tantas lenguas?

—¡Viajando por el mundo! ¿No te digo que es un polizón? Fíjate: una vez se coló en un globo aerostático que iba a París. Al poco de iniciar el recorrido, se cruzó con una cigüeña que cargaba un bebé en el sentido opuesto; el bebé, en cuanto vio a Quirico, se encaprichó con él. La cigüeña trató de disuadirlo, pero el pipiolo empezó a berrear y a patalear de tal manera que casi se precipita de la sabanita en que viajaba. Habría sido el tercer bebé que caía en el país equivocado en menos de un mes, con lo que la cigüeña, muy preocupada ante la posibilidad de perder su puesto de trabajo, terminó atrapando a Quirico y entregándoselo al pequeño, pese a las protestas del osito viajero, que quería ir a París a conocer la Torre Eiffel. Contrariamente a sus deseos, fue llevado a Perú, donde terminó viviendo con la tribu Chamicuro. Pasó allí unas siete semanas, comiendo ceviche y tacu-tacu y jugando con los niños indígenas, hasta que logró fabricar una balsa con troncos de zapotal y pudo al fin embarcarse rumbo a su destino.

—¿Fue a París en balsa!

—¡Sí! Pero no creas que fue sencillo; también en altamar tuvo sus desventuras: cuando navegaba a la altura de las islas Palomino, un enorme remolino originado en mitad del océano amenazó con tragárselo entero. ¡Fue un verdadero milagro que lograse salir a flote! Al retomar el rumbo, justo cuando su pelaje comenzaba a secarse gracias al sol de mediodía, le atacó un tiburón tigre, que lo confundió con una tortuga marina (pensó que su enorme panza era el caparazón) y por poco no le pega un buen bocado; suerte que un simpático delfín que pasaba por allí lo rescató y lo condujo sobre su lomo hasta un crucero de la Marina Imperial Alemana, donde un marinero muy amable se ofreció a llevarlo hasta Bremerhaven para que, una vez allí, nuestro amiguito pudiera seguir su camino por tierra.

—¡Atiza! ¿Y consiguió llegar a Francia?

—¡Por supuesto! Es un osito muy tenaz y, cuando se propone algo, no ceja hasta lograrlo. Aunque las aventuras que le acaecieron hasta arribar a la capital francesa te las tendrá que contar él mismo. Ahora vamos, ¡no vayáis a perder el barco! A Quirico le disgustaría mucho.

Papá me besó una vez más y se incorporó. Se acercó después a la abuelita y, estrechándola contra su pecho, susurró, quebrándosele la voz:

—Gracias por todo, mamá. Cuídamela mucho.

También la abuelita se mostraba emocionada. No lo puedo asegurar, pero sospecho que estaba evocando el día aquel, tantos años atrás, en que ella misma hubo de despedir a su pequeño. Pobrecita, ¡cuánto le ha tocado sufrir!

—Cielo, no olvides escribirnos todas las semanas. –Era mamá quien hablaba ahora–. Estudia mucho, no pases frío y cómete todo lo que te pongan en el plato. A ver, deja que te coloque bien el abrigo.

Me di cuenta de que trataba de contener unas lágrimas que, sin pedir permiso, asomaban ya a sus hermosos ojos negros. Por eso la dejé hacer y no le dije lo que en verdad pensaba: que estaba sudando como un pollo asado y me sobraban el abrigo, la bufanda, los leotardos, el refajo y la capota; hasta el vestido de franela me habría quitado yo con gusto y no poco alivio. Los guantes no, porque no me los había llegado a poner. Mamá siempre ha sido una exagerada con eso del frío; pero ¡si hacía apenas unos días mis hermanos y yo aún corríamos descalzos y medio desnudos por la pradera!

—Sí, mami, te lo prometo –respondí en cambio, sumisa, con una serenidad inusitada y sin derramar una sola lágrima. Me entristecía despedirme de mi familia, claro está, pero la idea de irme a vivir con la abuelita me resultaba tan maravillosa que no me era posible llorar.

Los que sí lloraban, berreaban y hacían pataleta eran Joaquín y Alberto. ¡Dios mío, qué escándalo! Tenían envidia porque yo me iba con la abuelita y ellos no.

—No lloréis más, mis niños. Prometo que vendremos pronto a veros y, si sois buenos, os traeremos alguna sorpresa de Mallorca.

La abuela trataba en vano de consolar a los caprichosos de mis hermanos. Solo se apaciguaron cuando les prometí que podrían jugar con mis muñecos y les encomendé el cuidado de mi colección de insectos disecados. ¡Sí que se conformaban con poco!

El barco zarpó a la hora prevista. Desde el puerto, mamá, papá y los niños agitaban sus brazos y lanzaban besos al aire en señal de despedida.

—¡Os quiero! —grité yo, abrazada a Quirico y agarrada a la mano de la abuelita, mientras sus figuras se empequeñecían y la mirada se me empañaba levemente. Sí, creo que al fin lloré.

—¿Quieres que recemos el rosario? —propuso la abuela con su habitual dulzura, cuando el puerto no era ya más que un puntito negro perdido en la inmensidad del mar.

Asentí. Tomamos asiento frente a una joven pareja de enamorados que se dedicaban sonrisas cómplices e intercambiaban miradas de ternura. Supuse que viajaban a Mallorca con motivo de su luna de miel.

Recosté mi cabeza sobre el hombro de la abuelita y del bolsillo del abrigo saqué el rosario que me regaló mamá el día que me enseñó a usarlo. Es sencillo pero muy bonito, con cuentecillas blancas de nácar y un medallón de la Virgen del Pilar. Me encantaba rezar con él, y aún hoy me resulta un consuelo inefable: es como tener, cogidas de una mano y de la otra, a mis dos mamaítas queridas: la del Cielo y la de la tierra.

Y así fue como, lentamente, al ritmo del dulce recitar de avemarías, emprendí mi viaje hacia una nueva vida.

1

COMIENZOS

Me llamo Pilar. Tengo diez años, dos hermanos, una mancha de nacimiento en el hombro izquierdo, un jilguero, cinco lunares, tres muñecas, cuatro pesetas, veintisiete insectos disecados y una cicatriz en la rodilla derecha, de cuando pretendí ganar a Joaquín trepando a la rama más alta del manzano, resbalé, y una de las ramas vino a incrustarse literalmente en mi carne. Y tengo también la abuelita más maravillosa que pueda existir sobre la tierra, en toda la galaxia y en el universo entero conocido y por explorar.

Mi color favorito es el arrebol, ese festival de colores de algunos atardeceres, cuando el sol, a punto de marcharse por el horizonte, hace una última travesura y prende fuego a las nubes, que adquieren preciosos tonos rosados y anaranjados sobre un cielo violáceo. Mis olores preferidos son el de la ropa limpia, la leña ardiendo y la tierra mojada; mi sabor, el del chocolate caliente con canela, y el sonido que más me relaja es el murmullo del viento cuando atraviesa los campos de trigo.

Me encanta que me acaricien el pelo, beber agua directamente del arroyo, pisar la hierba con los pies descalzos y brincar con los corderillos en la ladera. Necesito el sol como una planta en plena fotosíntesis, aunque confieso que sobrellevo mejor el frío que el calor. Adoro cuando en otoño los árboles hacen el cambio de armario y visten sus hojas amarillas, naranjas, rojas, verdes y marrones en perfecta combinación cromática. En su contra, debo decir que no me entusiasman los días grises y aún menos la lluvia, aunque disfruto saltando charcos y haciendo crujir las hojas bajo mis pies. Tampoco me gusta que papá me bese con el bigote recién cortado, porque pincha, y detesto que mamá me peine los rizos con el peine de carey de púas afiladas que me atraviesan el cerebro. Pero lo que en verdad me saca de quicio es que Joaquín mordisquee los curruscos cuando le toca ir a por el pan, y que Alberto se sorba los mocos *trompa* arriba como un repugnante oso hormiguero.

Dicen que estoy algo asilvestrada por haber crecido entre varones; lo que no saben es que, en realidad, son mis hermanos quienes han aprendido de mí a vivir al límite y sin miedos. Joaquín, hasta que llegué yo, era un crío modosito y timorato, seriecito y bien compuesto. Lo que se dice un muermo. Entonces vine yo y le tocó espabilarse y luchar por sus derechos, defender sus juguetes de mis manos curiosas y destructoras, aprender a pelear como un cachorro que pugna por su territorio. Alberto lo ha tenido más fácil: desde la cuna se ha visto en la necesidad de hacerse fuerte para sobrevivir a mis ataques de afecto (solía abrazarlo hasta casi asfixiarlo, mecerlo hasta volcar el moisés, meterlo en la bañera llena de agua hasta los bordes, cortarle el flequillo para que estuviera más guapo...). Mamá, la pobre, vivió en un constante ay de angustia hasta que cumplí los cuatro años y decidí que mi hermano pequeño ya no era tan divertido.

Disfruto observando a la gente desconocida que me cruzo por la calle y tratando de imaginar cómo será su vida. Esta mañana, sin ir más lejos, me he encontrado a la condesa de Pitiminí que paseaba de incógnito con su ayudante de cámara (un pequinés de melena bermeja y cara de malas pulgas), ataviada con un vestido de color avellana que le ha pedido prestado a su sirvienta, a fin de pasar desapercibida en medio de la plebe. Su amplio sombrero alado trataba de ocultar sus inconfundibles rasgos orientales, pero sus elegantes botines con tachuelas no dejaban lugar a dudas acerca de su noble condición. He querido acercarme a presentarle mis respetos, pero su fiel guardián y consejero ha comenzado a ladrar con tal ímpetu que he debido huir en la dirección opuesta.

En el colegio, lo que más me gusta es jugar con mis amigas, y lo que menos, hacer cuentas. La aritmética no es lo mío, qué le vamos a hacer. Papá me suele decir en broma que he traicionado a mi estirpe, pues al parecer mi abuelito fue un matemático de renombre que incluso llegó a publicar un *Compendio de Aritmética,* el cual se usa aún hoy como libro de texto en muchos colegios –incluido el nuestro–. Yo entonces, para compensar, le respondo que es que he salido a mi abuelita: alegre, inteligente, soñadora, simpática, risueña, decidida, cariñosa, afable, dicharachera, resuelta, carismática, encantadora... y muy muy humilde. Esto último le hace prorrumpir en grandes carcajadas.

Hoy hace cuatro años que llegué a la Pureza, ¡parece mentira! Recuerdo como si fuera ayer la impresión que me causó atravesar el umbral de este viejo caserón, que más que un colegio se me antojaba un castillo encantado, con sus enormes puertas, su escalera de mármol y ese halo de majestuosidad y dignidad que imprimen los tapices –tejidos, en su mayoría, por alumnas y profesoras del centro– que adornan sus paredes, muchos de los cuales han sido merecedores de importantes galardones y reconocimientos nacionales e incluso internacionales.

—¡Bienvenida, Pilar! —saludó una voz alegre e infantil a mis espaldas.

Yo, que esperaba junto al escritorio de mi abuelita a que esta terminase de poner un telegrama a la familia anunciando nuestro feliz desembarco en Palma, me di la vuelta, sorprendida al escuchar mi nombre.

—Te llamas así, ¿verdad? —continuó, sin darme tiempo a responder—. Yo soy Catalina, pero puedes llamarme Cati. —Tomé educadamente la mano que me tendía—. Duermo en la cama contigua a la tuya y voy a tu misma clase, así que pasaremos mucho tiempo juntas. He solicitado permiso a la madre Montserrate para obsequiarte este dibujo que yo misma he realizado, y la señorita Francisca, nuestra maestra, me ha pedido que te haga un recorrido por el colegio y te ayude a deshacer el equipaje; después, bajaremos juntas al refectorio para que tomes algo de cena, y finalmente acudiremos a la sala de recreación, donde las demás colegialas estarán haciendo la lectura y adelantando sus bordados.

No os dejéis llevar por la primera impresión: tras esa apariencia de niña encantadora y ejemplar, con su tono dulce y su corrección exquisita, su cuerpecillo menudo y grácil, sus ojos azules, su pelo rubio que casi siempre peina en dos trenzas y sus adorables pecas rodeando su nariz respingona... se esconde la más increíble compañera de aventuras que podáis imaginar. Claro que eso yo no lo sabía entonces; en ese momento, Cati apareció ante mis ojos como el prototipo de niña repipi del que me había propuesto decididamente huir.

Miré a la abuelita con gesto suplicante; pero, antes de que pudiera reclamar auxilio, Cati había ya cogido mi equipaje, asido mi mano y encaminado sus pasos con decisión hacia el dormitorio común.

* * *

—¿Para qué sirven esas barras de ahí? –pregunté, señalando dos palos de madera situados en posición horizontal y en paralelo, uno frente a otro, a un metro de altura sobre el suelo. Reconozco que pregunté más por cortesía que por verdadera curiosidad.

—Son para practicar el equilibrio. Las hizo instalar la madre Giménez, pues, según ella, es fundamental que, junto a las capacidades intelectuales, desarrollemos nuestras habilidades físicas y ejercitemos nuestra capacidad motriz y nuestra musculatura.

No reparé en que se refería a mi abuelita hasta bastante después, cuando, tras haberme enseñado el resto del gimnasio, la capilla, el aula de Música, la biblioteca, la sala de visitas, el laboratorio de Física y Química, el aula de labores, nuestra propia aula de clase –con varias decenas de pupitres adosados por parejas– y el terradito, se detuvo ante el despacho reservado a la madre superiora y añadió:

—Y este, como sabes, es el despacho de la madre Giménez.

¡La madre Giménez! Qué divertido. ¿Así la llamaban? ¿Y cómo debía llamarla yo? ¿Podría seguir diciéndole «abuelita»? ¿O quizá debería, como las demás, dirigirme a ella como «madre Giménez»? ¡Qué raro sonaba! Decidí que se lo preguntaría tan pronto como lograra librarme de Cati y pudiese regresar a su amparo.

—Y ahora prepárate, porque vamos a entrar en la sala más fascinante de todo el colegio: ¡el museo de Ciencias

Naturales! –anunció Cati con entusiasmo, sin percatarse de que yo hacía rato que había dejado de escucharla, entretenida en mis propios pensamientos y cavilaciones. Sin embargo, la palabra «museo» me trajo de vuelta a la realidad y despertó en mí un extraordinario interés.

—¡Tacháááán! ¿No te parece maravilloso?

En un instante me vi inmersa en un mundo mágico, rodeada de reptiles, aves de todo tipo y color, desde una gallina a un pavo real, pasando por canarios, águilas, abubillas, periquitos, gorriones... También había insectos y mariposas, ardillas de mirada pícara, caracolas, murciélagos... ¡hasta un mono travieso balanceándose en un columpio! Todos ellos –claro está– debidamente disecados, clasificados y organizados en vitrinas, lo cual no restaba un ápice al aire misterioso y fascinante que los envolvía.

—¿Has visto este enorme cocodrilo? Da la impresión de que nos estuviera mirando y se relamiera ya las fauces para pegarnos un bocado. ¡Suerte que está bien encerrado en la vitrina! –rio Cati, con su encantadora y contagiosa risa.

—¿Y dónde habéis conseguido todos estos animales? –pregunté yo sin poder apartar la mirada del cocodrilo, que, ciertamente, parecía tener un hambre voraz, y no me apetecía nada servirle de cena, la verdad.

—Es obra también de la madre Giménez. Siempre dice que el aprendizaje es más sólido y duradero cuando una misma puede tocar, manipular, observar directamente, experimentar... Así que, tras sopesar varias posibilidades, solicitó el permiso al Ministerio de Educación y Ciencia, quien no solo se lo concedió, sino que le facilitó las primeras piezas e instrumentos científicos; el resto, lo ha ido comprando poco a poco a distintos laboratorios de Francia, Cataluña...

¡Vaya con mi abuelita! Resultaba que era aún más dinámica e innovadora de lo que yo me imaginaba; y eso, combinado con su fortaleza, su inteligencia fuera de lo común, su alegría, su buen humor, su paciencia sin límites y su inigualable ternura, hacía que mi admiración y mi amor por ella se elevasen a cotas inimaginables. ¡Qué orgullosa me sentía de ser su nieta!

* * *

Cené sin hambre y, al terminar, fingí dolor de cabeza para no verme obligada a acudir junto al resto a la sala de recreación. Había sido un día largo, demasiado intenso y lleno de emociones, y no me sentía preparada para afrontar aún el encuentro con las demás alumnas. Me llevaron, pues, al dormitorio, donde había decenas de camas dispuestas una junto a otra a ambos lados de un pasillo central, separadas entre sí por una cortinilla.

Me desvestí despacio, como queriendo ajustar la velocidad a mi propio ánimo alicaído; me puse el camisón y me hundí en el colchón, ocultando la cabeza bajo las sábanas.

—Buenas noches, Quirico –susurré, y le besé suavemente el hociquillo. Él me correspondió en silencio, con una mirada que parecía querer decir: «No estés triste, Pilaruca; yo estoy contigo».

No sé si fue por el cansancio, por la añoranza o por encontrarme sola en medio de un cuarto enorme, pero confieso que se me hizo un nudo en la garganta y sentí unas ganas tremendas de llorar. Pensaba en papá y mamá, en Joaquín y Alberto, y me preguntaba dónde estaría mi abuelita, a quien no había vuelto a ver desde que Cati me «secuestrara», un par de horas atrás, en su despacho.

No sé cuánto tiempo estuve así, lamentando mi suerte y autocompadeciéndome, hasta que finalmente mis párpados cedieron y el cansancio dio paso al descanso.

Estaba justo en la duermevela, ese estado de ensoñación previo al sueño, cuando el leve crujir de la puerta y el sonido amortiguado de unos pasos en la habitación me trajeron de nuevo a la consciencia.

—Ratoncillo, ¿no te encuentras bien?

—¡Abuelita! —Me abracé a su cuello, sin poder contener por más tiempo las lágrimas, que rodaban al fin, gruesas, por mis mejillas.

—¿Qué te pasa, tesoro? ¿No estás a gusto aquí? ¿No te gusta tu nuevo hogar? —preguntó mientras se sentaba a mi vera y me acomodaba las sábanas.

—Claro que sí, abuelita, me gusta mucho. Pero echo de menos a papá y mamá, y me asusta un poco encontrarme con las demás niñas y maestras; no sé si les caeré bien, si sabré comportarme como ellas, si seré capaz de estudiar y aprender a su ritmo... Todo me resulta nuevo y extraño, y añoro que papá me tome la lección y que mamá venga a arroparme y a rezar nuestras oraciones antes de dormir.

—Así que eso es lo que tiene angustiada a mi pequeña... No sufras, cielo. Deja venir las cosas por sus propios pasos, y verás que no hay nada que temer.

Sacó de su bolsillo una medallita de la Virgen y, tras besarla con unción, la colgó de mi cuello.

—Ella es tu Madre y protectora: a partir de ahora, Ella te arropará por las noches y te mecerá bajo Su manto; a Ella debes acudir cuando no sepas qué hacer o te sientas perdida o triste. Pequeñas cosas que tengas: alegrías, preocupaciones, inquietudes, tentaciones... cuéntaselas todas a Ella, que, como buena Madre, sabrá protegerte y aconsejarte. Ya lo verás, mi niña: con la protección de la Virgen Santísima, todo resultará bien.

Rezamos juntas un padrenuestro y un avemaría; hizo luego la señal de la Cruz sobre mi frente y, tras besarme, se incorporó, dispuesta a marcharse.

—Dulces sueños, ratoncillo.

Entonces me acordé:

—¡Abuelita, espera!

Volvió sobre sus pasos y sonrió con dulzura.

—¿Qué tiene ahora mi Pilaruca?

—¿Cómo debo llamarte? He escuchado que las demás colegialas y maestras se dirigen a ti como «madre Giménez», y me ha entrado la duda. ¿Con qué nombre debo llamarte yo?

Acarició mi cabello en silencio, pensativa, y con un gracioso guiño respondió:

—¿Qué te parece si me dices, sencillamente, «madre»?

¡Madre, sí! Y más que una madre... Eso ha sido mi abuelita para mí.

* * *

Me hace ilusión comenzar quinto curso, ¡el penúltimo de la primaria! Nos hacemos mayores sin darnos apenas cuenta. Cuando marché en agosto a Zaragoza para las vacaciones, Cati me sacaba medio palmo de estatura; al reencontrarnos anoche, un mes y medio después, pude comprobar que ya estamos casi a la misma altura. Eso sí, yo le sigo ganando en musculatura y corpulencia; y es que ella, por más que coma (¡y mira que es glotona!), nunca engorda. Yo la llamo la *musaraña enana:* según nos explicó doña Mercedes (nuestra maestra del año pasado), este pequeño roedor de hocico puntiagudo, que pesa menos de 30 gramos, ingiere cada día tres veces su peso en insectos; y un rato sin comer... ¡puede colocarlo al borde de la muerte por inanición!

Ayer en el puerto, antes de partir, mamá me regaló un cuaderno precioso, con las páginas cosidas al lomo y las tapas forradas en una tela estampada de pajarillos.

—Estás creciendo tan rápido, hija mía –suspiró con nostalgia–; me pregunto dónde estará la chiquitina que despedí en este mismo puerto hace cuatro años.

—¡Soy yo, mamá! –respondí, tomando su rostro entre mis manos y rozando mi nariz con la suya–. No estés triste, te lo suplico.

—No, si no estoy triste, no creas; me llena de satisfacción y de orgullo verte crecer y hacerte una mujercita. Es solo que... ¡ay!, naderías de una madre...

—Pronto nos veremos, mami. Tres meses pasan volando, y en diciembre me tendréis por aquí dando guerra de nuevo.

—Así lo espero, hija. Ten, esto es para ti –dijo tendiéndome la libreta–; para que escribas lo más importante que vayas viviendo este curso y así puedas, después, compartir con tu madre tus memorias, todo aquello que no podré vivir junto a ti...

Nos fundimos en un largo y sentido abrazo, queriendo retrasar una partida que era ya inminente. Papá y los chicos no estaban esta vez: a papá le coincidió con una revisión médica ineludible, y mis hermanos habían marchado el día anterior al internado de los jesuitas.

El barco levó anclas. Durante todo el viaje estuve acariciando el cuaderno, pasando una tras otra sus hojas en blanco y tratando de imaginar qué aventuras las llenarían...

Aquí comienzo la primera; hoy, 2 de septiembre de 1911, empiezo mi quinto año en la Pureza.

* * *

Lo primero que hago siempre, cada vez que vuelvo al colegio, es ir a la capilla a saludar a Jesús en el Sagrario y a la Virgen de la Pureza, que es la advocación mariana más bonita que existe. Tallada en madera policromada, viste una túnica sencilla y delicada en color champán, y un amplio manto azul con remates dorados, bajo el que me figuro nos cobija a todas. Tiene la mirada dulce de las madres, las manos juntas para orar y los labios entreabiertos, como quien está a punto de decir algo; me gusta pensar que le está hablando a Jesús de nosotras. Yo, a mi vez, le cuento mis cosas, y estoy convencida de que siempre me escucha.

Esta mañana he estado echando un vistazo al horario de este curso, colgado por varios lugares del colegio, y no dista mucho del de años anteriores:

A las 6:	Despertarnos, vestirnos, hacer la cama y retirar la cortina.
A las 6 y cuarto:	Bajar al oratorio con orden y silencio para la meditación de la mañana y la misa.
A las 7:	Lavarnos, peinarnos y prepararnos para el desayuno. Una de las hermanas pasa revista para comprobar que ninguna se ha saltado el aseo y que todos nuestros enseres están limpios y en orden.
A las 7 y media:	Desayuno.

A las 8:	Prepararnos para las clases. A esta hora empiezan a llegar las alumnas externas y las mediopensionistas.
A las 8 y media:	Empezamos las clases.
A las 10:	Rezo del trisagio y recreo breve.
A las 10 y media:	Retomamos las clases.
A las 12:	Rezo del Ángelus y fin de las clases de la mañana. Las externas regresan a sus casas, y las internas y mediopensionistas tenemos un rato de recreación.
A las 12 y media:	Labor o estudio hasta la comida.
A la 1:	Comida.
A la 1 y media:	Recreo.
A las 2 y media:	Labor o estudio.
A las 3:	Vuelven las externas. Media hora de Catecismo, preguntando una y contestando las demás.
A las 3 y media:	Clases de la tarde (los jueves, en lugar de clase, tenemos paseo, en honor del Santísimo Sacramento).
A las 6:	Bajar al coro las internas y a la Iglesia las externas y mediopensionistas, para hacer la visita al Santísimo, rezar un Credo, la corona de la Virgen, la letanía, siete padrenuestros a san José, otro por los bienhechores y uno más por las almas del Purgatorio. Terminamos con el Ángelus y el Bajo tu amparo.

Al salir del oratorio, las externas y mediopensionistas marchan a sus casas; las internas tomamos la merienda y disfrutamos de tres cuartos de hora de recreo. A continuación, hacemos una hora de estudio en común y labores hasta la cena.

A las 8 y media: Cena. Al terminar, tenemos un rato de recreación.

A las 9 y cuarto: Lectura de la meditación del día siguiente, oración de la noche y examen de conciencia.

A las 9 y media: Echar la cortina y acostarse.

A las 10: Se apagan las luces. Una hermana hace la ronda en la habitación hasta que comprueba que todas dormimos.

Los sábados, domingos y festivos nos levantamos a las 7 y seguimos un horario distinto, como es natural.

Durante las vacaciones cortas (como Semana Santa), en verano antes de irnos a casa y algunos fines de semana durante el curso, subimos a Valldemossa –una villa al noroeste de la isla, a unos veinte kilómetros de Palma– y nos alojamos en la casita que tienen allí las hermanas... ¡un sueño! Al ser un pueblo, tenemos mayor libertad para pasear y disfrutar de la naturaleza, algo en lo que insiste siempre mi abuelita. Por las noches, si el clima acompaña, sale con nosotras al jardín y, tumbadas sobre la hierba, observamos las estrellas, buscamos constelaciones, escuchamos a los grillos, aspiramos el aroma del galán de noche... Y es que está convencida, como decía Gustavo Adolfo Bécquer, de que «el espectáculo de lo bello, en cualquier forma que se presente, levanta la mente a nobles aspiraciones», y de que la contemplación de la Creación nos conduce de modo inequívoco a su Creador.

Entre ayer y hoy vamos llegando las internas que, tras las vacaciones, regresamos al colegio para el inicio de un nuevo curso. Es agradable saludarnos de nuevo y comprobar los cambios físicos que, a lo largo de estas semanas –para algunas, incluso meses–, ha ido experimentando cada una. Micaela, por ejemplo, está altísima, ha ensanchado las caderas y ha empezado a desarrollar una incipiente curvatura en el busto; Cati –que de estas cosas sabe mucho más que yo– dice que eso es señal de que se está haciendo mujer. Lluc sigue igual de bajita que siempre, pero ha ganado peso y tiene un aspecto más saludable; todo lo contrario que Loreto, su amiga inseparable, que ha dado un estirón y pareciera que no ha probado bocado en todas las vacaciones, de tan escuchimizada como está. Martina, por su parte, con su melenaza trigueña y ese tipito que quita el hipo a los chicos, ha vuelto tostadísima por el sol, lo cual hace resaltar aún más sus hermosos ojos color miel. Cati y yo la llamamos «la niña diez», no solo porque siempre saca dieces, ni porque dé la casualidad de que es el número diez de la lista, sino porque es sencillamente perfecta: guapa, simpática, inteligente, atlética; tiene carisma natural y un innegable don de gentes que la hace irresistiblemente atractiva. No es altiva ni soberbia y, aunque consciente de su belleza y de su talento, no es presumida ni jactanciosa. Lidera todas las causas solidarias y es el ojito derecho de todo el personal del centro, tanto hermanas como maestras. Es, por lo demás, sobrina de don Cipriano, nuestro capellán.

Paquita está igual que se fue; un pelín más alta, tal vez. Margarita se ve algo paliducha: ha pasado el verano en Azpeitia con la familia de su padre y, al parecer, no ha disfrutado de un solo día de sol. Juana, visiblemente más rellena, anda por ahí taconeando, presumiendo de zapatos nuevos...

Y así, una por una, las voy redescubriendo a todas.

María Rosa, tan despistada como siempre, ha olvidado las gafas en casa; menos mal que mi abuelita tiene guardadas en su despacho las que perdió en marzo, cuando hubieron de hacerle unas nuevas, y que al final resultaron estar en su bolsa de labores.

—Toma —me dice Cati después del desayuno, tendiéndome un paquetito cuidadosamente envuelto—, lo he hecho con mi abuela en el pueblo. Para celebrar tu cuarto aniversario en el colegio.

—¡Oh, mi Catiulis! —Me encanta adaptar su nombre a mi antojo—. ¡Gracias!

Retiro el envoltorio despacio, con emoción contenida, tratando de imaginar qué tesoro escondido alberga dentro.

—¡Date más prisa, niña! Si fuera comida, para cuando terminases de abrirlo ya se habría estropeado. Y si fuera una bomba ya habría explotado.

Descubro una singular figurita de arcilla, que representa algo así como un hombrecillo con sombrero montado en un borrico. Está toda ella pintada de blanco y moteada de verde y rojo, y en la parte inferior lleva adosado un silbato hecho del mismo barro.

—¡Está fetén! ¿Y dices que lo has hecho tú?

—¡Sí!, con la ayuda de mi abuelita. ¿Sabes qué es?

—Un silbato, ¿no?

—Sí, aquí lo llamamos *siurell*. Es una pieza de alfarería tradicional de Mallorca, hecha por mujeres, y cuya técnica se transmite de madres a hijas, de abuelas a nietas... Los ganaderos y pastores lo usan a menudo para controlar a sus rebaños. Los modelos pueden variar, aunque siempre suelen ser representaciones de la vida del campo, generalmente payeses. Yo, como sé que te apasionan los animales, le pedí a mi abuela que me ayudase a modelar este burrito, y después lo completamos con el aldeano.

—¡Me encanta! Verás cuando se lo enseñe en Navidad a mis hermanos, se tornarán verdes de la envidia. Ten –añadió, sacando de la cartera una bolsita de tela y una caja de madera–, yo también te he traído un detalle de Zaragoza; mamá me ayudó a escogerlo.

Es un decenario de plata con la Virgen del Pilar, acompañado de unas Frutas de Aragón, que son –como su nombre indica– frutas confitadas en azúcar, propias de mi tierra, y que están, sencillamente, exquisitas.

—Estuve enormemente tentada de comerme las frutas durante la larga travesía en barco, pero logré contenerme; así que… ¡ya puedes valorarlas!

—¡Qué delicia! Y el rosario es bellísimo. ¡Mil gracias, Piluca! —Me abraza—. Ven, sentémonos ahí, bajo el jazmín; así me cuentas cómo han ido las vacaciones y saboreamos juntas este manjar hasta que suene la campana para el trisagio.

Hace un día precioso. Un sol cálido y radiante acaricia nuestra piel, y una brisilla suave juega con nuestros cabellos, que bailan alborozados a su compás. Huele a hierba recién cortada, y los árboles, que en breve comenzarán a perder sus hojas, ofrecen aún una verde y placentera sombra. El jazmín es nuestro favorito; se supone que es un arbusto trepador, pero el nuestro se yergue digno en mitad del jardín, sin otro apoyo que el de su firme tronco, bien enraizado en la tierra. Nos encanta jugar en él, escondernos tras el cortinaje de sus ramas colgantes, sentarnos a su sombra a leer o a conversar...

—¡Pili, Cati, qué alegría veros! —Se aproxima Carlota con una sonrisa, recién llegada de las vacaciones en casa de sus tíos. Trae la piel ligeramente bronceada y se ha cortado su larga melena castaña por encima de los hombros, lo cual le confiere un aire aún más infantil y encantador. Lleva, como siempre, un libro bajo el brazo: es una lectora empedernida.

—¡Tita, niña, qué bonita estás! —la piropeo—. ¿Cómo lo has pasado? Te he echado de menos.

—¡Y yo también a vosotras! No sabéis lo aburrido que es estar en el pueblo rodeada solo de chicos todo el día.

—¡Ven —la invita Cati—, siéntate con nosotras! Mira qué delicias nos ha traído Pilar de Zaragoza. Toma, prueba. ¿Sabes algo de Magda?

—Solo que llega esta tarde —responde Carlota, lamiéndose el azúcar de la punta de los dedos—. ¡Ya sabéis que ella apura hasta el último minuto de sus vacaciones!

Y es cierto. Magdalena es ese tipo de criatura disfrutona que le saca partido a todo y exprime la diversión al máximo. Siempre va despeinada: opina que cepillarse le resta tiempo a lo importante, cosa que no comparten las hermanas y maestras, quienes la reprenden constantemente por su desaliño.

—¿Ya habéis visto en qué aula nos toca? –pregunta Carlota.

—Sí –confirmo–, en el primer piso a la derecha, junto al despacho de la Madre.

—¡Al lado de tu abuelita! –se alegra–. Así podremos visitarla a menudo. Por cierto, ¿dónde está? Esperaba verla al llegar, y me ha extrañado que no saliera como cada año a recibirnos.

—No creo que tarde. Salió hace un par de horas a casa de doña Marcela, que está desolada porque su hijo partió ayer a hacer el servicio militar. Ha ido a confortarla y darle ánimos.

—¡Vaya, pobre mujer! Tiene que ser muy duro para una madre despedirse de su hijo pensando que, tal vez...

—¡La Madre! –anuncia alguien de pronto, al ver a mi abuelita pasar por la puerta.

Todas las que han llegado en el ferrocarril de las nueve –Carlota entre ellas– corren a saludarla, compitiendo por ser las primeras en besarla, por darle el abrazo más fuerte, por recibir sus caricias... Ella, sonriente, afable, va correspondiendo uno por uno a cada gesto de cariño. Luego se sienta en un banco del patio y, con todas a sus pies, se interesa por cada una: por su familia, su salud, sus vacaciones, los amigos del pueblo, las travesuras, los novietes del verano... logrando que todas se sientan importantes y especiales.

—Hace un día estupendo –propone al fin–, ¿qué os parece si rezamos el trisagio en el jardín, frente a la imagen de la Virgen, y luego salimos todas a dar un paseo?

Ni que decir tiene que la propuesta ha sido recibida con vítores y ovaciones.

Si grandes comienzos auguran mejores finales... ¡este promete ser un curso increíble!

2

AMISTAD

—... Y así fue como Napoleón, tras su derrota en la *batalla de las Naciones* en octubre de 1813, se vio obligado a abdicar. Regresó después a Francia, donde siguió gobernando durante el periodo llamado de los *Cien Días*, hasta que finalmente fue vencido... ¿en qué otra batalla, señorita Balmes?

La pregunta es para María Rosa, mi compañera de pupitre, quien permanece extática en brazos de Morfeo; vamos, que solo le falta roncar. ¡Qué chiquilla! Le meto un codazo.

—¡... La tibia y el peroné, señorita! –despierta de golpe, dando un respingo.

¡Menuda se ha armado! No ha habido fuerza alguna capaz de apaciguar nuestras carcajadas. La maestra, irritada, ha amenazado con avisar a la madre Montserrate Juan –la vicerrectora y nuestra prefecta de estudios– si no nos callábamos de inmediato, pero ni aun así ha logrado aplacar el jolgorio.

—¡Cuidado, tienes a Napoleón subiéndote por la tibia! –le indica Magda a Lluc con sorna.

—¡Mira que te doy un puntapié en el *Waterloo*! –replica esta.

—Cálmense y dispónganse a degustar la especialidad de la casa –interviene Loreto, simulando llevar una bandeja en la mano–: ¡manitas de cerdo y *pata de emperador!*

—Señor camarero –reclama Paquita–, esta pata de emperador está *tibia;* haga el favor y métale un par de cañonazos para calentarla.

Los disparates se han ido sucediendo uno tras otro:

—A partir de ahora, en lugar de «sufrir una de*rrota*» se dirá «tener la tibia *rota*».

—Y se pierden las *batallas* si el peroné no da la *talla*.

—Con razón siempre han dicho que Napoleón era bajito.

—¡Peroné, pero no, así perdió Napoleón! –exclamo yo haciendo bailar la zanca, y todas me siguen a coro.

¡Ha sido fabuloso! La lección de historia más divertida de toda mi vida, y dudo que hayamos tenido otra más eficaz: ¿quién de nosotras olvidará jamás que Napoleón fue derrotado en el peroné, digo en la tibia, digo en Waterloo?

Como era de esperar, la «hazaña» nos ha costado el recreo –además de una buena reprimenda por parte de la madre Montserrate–. Hoy, en lugar de salir al terradito, tenemos que quedarnos en el aula y escribir 100 veces en una cuartilla: «No armaré alboroto en clase y me someteré con respeto a mi dedicada y paciente maestra». ¡Menuda lata!

Aun así, debo decirlo: ¡ha valido la pena! La que ha salido peor parada es la pobre María Rosa, quien, además de quedarse sin recreo toda la semana, tiene que llenar una segunda planilla que diga: «No debo ser perezosa sino aplicada, y atender con esmero y diligencia todas mis lecciones».

—¡Pssst! —me susurra Cati desde el pupitre de atrás—. ¿Cuántas líneas te faltan?

—Dieciocho, ¿y a ti?

—Cuarenta y tres.

Se la ve apurada.

Miro a un lado y a otro: las niñas escriben, la maestra vigila con rostro severo. Me mira. Bajo la cabeza y sigo escribiendo.

Alzo de nuevo la vista: parece que está distraída. Es el momento.

—¡Toma, date prisa!

Dejo atropelladamente mi hoja sobre el pupitre de Cati y agarro la suya en un único y veloz movimiento.

Vuelvo la vista en torno: bien, parece que nadie se ha dado cuenta. ¿O sí? Martina Galmés —la «niña diez»—, que hace un momento caligrafiaba con precisión, me observa ahora con fijeza. ¿Se habrá percatado de la maniobra?

Empiezo a sudar, nerviosa; sobre todo cuando Martina levanta la mano y, sin apartar de mí la mirada, sonríe maliciosamente. No hay duda: me ha visto y va a acusarme.

—¿Sí, señorita Galmés?

—Disculpe, doña Remigia, ¿tendría la amabilidad de escribir en el encerado la palabra «alboroto», por favor? No estoy segura de haberla escrito bien.

La maestra asiente y sonríe con complacencia; no puede ocultar que Martina es su alumna predilecta. Esta, por su parte, me dirige una sonrisa triunfal que no logro descifrar.

Y entonces, ocurre. Lo impredecible, lo maravilloso, lo sublime; lo que me hace seguir creyendo en la bondad de la humanidad. Tan pronto como la maestra se voltea hacia la pizarra, Martina toma ágilmente la planilla de María Rosa –que aún hipa del disgusto– y deposita la suya, ya terminada, en su lugar. ¡Caramba con Martina!

Acabo de hacerle una promesa a la Virgen: jamás volveré a juzgar por las apariencias...

* * *

Al finalizar nuestro «encierro», la abuelita me ha mandado llamar a su despacho.

—¿Se puede?

—¡Adelante, adelante!

La encuentro sentada, garabateando algo sobre su escritorio; por las palabras y frases inconexas que –ausente, pensativa– pronuncia entre susurros, adivino que está escribiendo una carta.

—Comparto su justo y natural sentimiento... tome el debido descanso... Dios, que nada deja sin recompensa, se las pagará por mí... Estuve el 4 en Manacor... Trabaje usted mucho con sus párvulos... orden y paciencia sin cansarse... Se trabaja por Dios... Desearía mejorara usted su letra... un poquito de Geometría... ¡Confianza y buen ánimo!...

Aprovecho la concentración de la abuela para curiosear y echar un vistazo en derredor. Un amplio ventanal otorga luminosidad a la estancia. Las paredes del despacho, blancas e impolutas, aparecen carentes de toda decoración, excepción hecha de un crucifijo y de una imagen de la Virgen con el Niño en brazos. El escritorio, no muy grande, permanece limpio y ordenado; apenas dispone de un tintero en la esquina superior derecha y de un retrato enmarcado sobre la esquina opuesta. Estirando un poco el cuello, alcanzo a ver en él el bello rostro de una joven muchacha, quizá excesivamente delgada, tal vez incluso enferma; no me resulta conocida. ¿Quién será?

Completan el mobiliario un par de butacas frente al escritorio y una repisita junto a la ventana, sobre la que descansan un puñado de libros y un retrato familiar.

—... Sabe usted la quiere en Jesús su madre que la abraza y la bendice —concluye la abuelita.

Levanta la vista al fin.

—Siéntate, Pilar. —Obedezco—. Ten, esto es para ti.

¡Una carta de casa! Hace días que la espero. ¡Qué alegría! Me dispongo a leerla con avidez, pero un gesto suave de la abuela me indica que espere.

—Cuéntame, y te ruego que me digas la verdad: ¿qué ha pasado en la clase de Historia? Doña Remigia está muy disgustada: según ella, le habéis faltado al respeto; y la madre Montserrate ha solicitado prolongar vuestro castigo hasta finalizar la semana. Dime, ¿qué habéis hecho?

—¡Cómo? —Me pongo en pie, indignada—. ¡Eso es injusto!

Un nuevo gesto de su mano me insta a la calma y me fuerza a retomar el asiento. ¿Cómo hará esta abuelita mía para permanecer siempre ecuánime y serena? Si no la tuviera a ella para aplacar mi fosforescencia, creo que me habría metido ya en más de un buen lío.

—Perdona, abuelita, no he sabido contenerme. Pero te prometo que ninguna de nosotras ha faltado al respeto a la maestra, y creo poder afirmar con honestidad que una semana entera de aislamiento es un castigo excesivo y del todo desproporcionado a la niñada que hemos cometido.

Le he contado todo, sin obviar ningún detalle —ni siquiera aquellos que me dejaban en peor lugar (como el coro que he iniciado y al que se ha sumado la clase entera)–. A medida que relataba lo acontecido, he podido percibir que su semblante se iba relajando y sus rasgos se suavizaban, y casi podría jurar que he visto asomarse una sonrisa a sus labios.

—Está bien, hablaré nuevamente con la señorita y con la madre Montserrate para ver qué medida adoptar; en cualquier caso, confío que os mostraréis sumisas y acataréis con docilidad la decisión de vuestras educadoras, que, habéis de saber, buscan únicamente vuestro mayor bien.

—Sí, abuelita; digo madre.

¡Qué hermosa sonrisa me ha regalado!

—¿Hay algo más que quieras decirme?

Como no me gusta ocultarle nada, le he contado también lo sucedido durante el castigo y la promesa que le he hecho a la Virgen. No me lo ha dicho, pero he notado que se sentía orgullosa.

Iba a despedirme ya, pero me ha vencido la curiosidad:

—¿Quién es la joven del retrato que tienes sobre el escritorio?

Una nubecilla ha venido entonces a opacar sus dulces ojos; y su mirada, tan luminosa hace apenas un momento, se ha oscurecido levemente. Me he arrepentido al instante de haber formulado la pregunta, pero ya era demasiado tarde.

—Se llamaba María; María Aloy. Fue mi apoyo en los momentos más oscuros, mi consuelo en las desventuras, mi compañera en las más duras fatigas, mi más leal consejera, mi fiel amiga. ¡Ah, María –se dirige ahora al retrato–, cuánto te he querido y cuánto te echo de menos! Quiera el Señor reunirnos un día en el Cielo, donde tú gozas ya de la eterna Presencia del Amado.

He salido del despacho conmovida. Ya suponía que la abuelita tendría amigas –¿quién no las tiene?–, pero no alcanzaba a imaginar que les profesara tan tierno y sincero afecto, ni que este pudiera traspasar las fronteras de la vida presente.

* * *

La cama de Micaela ha amanecido hoy vacía. Las hermanas entran y salen de nuestro dormitorio con premura y rostro grave, recogiendo parte de su ropa de cama y de sus enseres personales, sin detenerse a darnos ninguna explicación.

—¿Qué le habrá pasado? –pregunta Carlota con preocupación.

—Yo creo que se ha fugado –conjetura Martina.

—¿De madrugada? –cuestiono.

—¡Pues claro! ¿Cuándo mejor? Así nadie puede verla ni detenerla.

—¿Y a dónde habrá ido? –inquiere Cati.

—Quién sabe... A su casa seguro que no, pues a Menorca no se puede ir en ferrocarril, y dudo mucho que tenga dinero para tomar un barco.

—Pobrecilla –comenta Paquita–, espero que esté bien.

—¿Y si se ha muerto? –dilucida Juana, yéndose al extremo trágico.

—¡Calla, niña, no seas pájaro de mal agüero! –la increpa Magda–. Escuchad: tenemos que averiguar dónde está y qué le ha pasado. Estad atentas a cualquier información que podáis interceptar al vuelo en la conversación entre las hermanas o con las maestras; otead los alrededores, escuchad tras las puertas, observad con disimulo... y ved si podéis descubrir algo. Después del desayuno, nos encontraremos en los lavabos para poner en común nuestras pesquisas.

—Vamos, niñas, al oratorio –interrumpe la madre Bou, que acaba de entrar a por nosotras. Antes de formar, chocamos nuestras manos en señal de aceptación.

Tras el *Veni Creator*, justo cuando me dispongo a comenzar la meditación, me doy cuenta, sobresaltada, de que la abuelita no está en su sitio. ¡Algo muy grave tiene que haber sucedido para que ella falte a la oración!

—Cati, necesito que me cubras –musito–. Mi abuelita no está, y tengo que averiguar por qué. Temo que estuviera con Micaela y les haya pasado algo a las dos...

—¿Y si alguna hermana repara en tu ausencia?

—Invéntate lo que se te ocurra; confío en ti.

Salgo sigilosamente del coro, pasando por delante de algunas niñas que imitan el «sí de María»; es decir, que no dejan de cabecear, como quien asiente sin parar. Supongo que, en el fondo, tampoco está mal descansar en la presencia del Señor...

Llamo al despacho sin obtener respuesta. Con delicadeza hago girar el picaporte y empujo la puerta, asomando la cabeza. No veo ni oigo a nadie, así que me decido a entrar, cerrando cuidadosamente a mi paso.

El despacho está aparentemente en orden: la mesa, los retratos, los libros, las butacas... Nada parece sugerir algo extraño o fuera de lo normal; y, sin embargo, tengo un terrible presentimiento. Inspecciono el escritorio en busca de cualquier indicio que me permita esclarecer el misterio, pero solo encuentro una carta a medio escribir... ¡Un momento! La pluma. No está en el tintero, como cabría esperar –y más teniendo en cuenta lo cuidadosa y pulcra que es mi abuela–, sino que ha sido abandonada sobre la carta, claro signo de que ha tenido que partir inesperada y apresuradamente. Sabiendo que la abuelita escribe habitualmente por las noches, antes de dormir —o en pequeños ratitos que, con dificultad, logra sacar durante el día—, llego a la conclusión de que... ¡anoche no llegó a acostarse!

Con el corazón en un puño, me abalanzo contra la puerta de su dormitorio y la empujo con violencia, sin cuidado alguno esta vez. Como suponía, la cama está intacta, prueba inequívoca de que no ha dormido en ella. Bueno, también puede ser que la haya hecho al levantarse... Pero, en cualquier caso, ¿dónde está ahora, y por qué no ha acudido a la capilla?

Mi imaginación volátil y exorbitada me atormenta; empiezo a figurarme las situaciones más dramáticas y catastróficas... «¡Por favor, Señor!». Estoy por echarme a llorar cuando escucho la campana llamando a misa. ¡Tengo que correr! Salgo a toda prisa y regreso a mi lugar en el oratorio.

—La madre Togores ha preguntado por ti —me comunica Cati cuando llego.

—¡Cielos! Estoy perdida. ¿Qué le has dicho?

—Que te sentías indispuesta y habías tenido que ir al lavabo.

—¡Es mi fin! Seguro que ha ido a comprobarlo y...

—No; ha sido extraño. Solo se ha demudado y ha dicho: «¡Dios santo, otra no!». Y se ha marchado apresuradamente, santiguándose.

Las palabras de Cati me quedan resonando en los oídos, rondándome los sesos e impidiéndome prestar la debida atención a la Eucaristía. ¿Qué ha querido decir la madre Togores con «otra no»? Cada vez tengo más claro que las cosas no van bien, y lo peor de todo es que... ¡mi abuelita está implicada! Dirijo mi mirada a la Virgen de la Pureza y le rezo con más fervor que nunca: «Madre, te lo ruego: ¡que no les haya pasado nada! A ti, que viviste la angustia de perder a tu Hijo por tres días y lo recuperaste al fin sano y salvo en el templo, te suplico que cuides de mi abuelita y hagas que aparezca pronto y con salud. Te pido también por Micaela. Confío en Ti, Madre, ¡no me desampares...!».

Un pensamiento fatal me asalta súbitamente: «¿Y si todo esto es un castigo del Cielo por nuestro mal comportamiento de ayer?». No, no puede ser; lo rechazo con fuerza, sabiendo que, en realidad, es la voz de la tentación la que me habla y busca turbarme...

Durante el desayuno se respira un ambiente extraño; las hermanas que nos sirven entrecruzan miradas circunspectas, y las colegialas murmuran entre sí, cada una elaborando sus propias hipótesis de lo acontecido. Yo, incapaz de probar bocado, doy vueltas a la leche con la cuchara, absorta en mis pensamientos...

—Estará bien, ya lo verás –me alienta Cati, colocando su mano sobre mi antebrazo. No respondo nada, pero le agradezco infinitamente el gesto.

* * *

—Bien, chicas –pregunta Magda cuando nos encontramos en los lavabos–. ¿Habéis averiguado algo?

—Bueno, por lo que yo he logrado captar en la conversación entre la madre Ginart y la ayudante de cocina –comienza Loreto–, parece que sucedió algo poco después de acostarnos, pero no he alcanzado a escuchar el qué.

—Cierto –corroboro–, yo he llegado a la misma conclusión. Y, además, parece que la Madre está involucrada también.

—¡La Madre? ¡Tu abuelita? —se alarma Carlota, quien no puede ocultar lo mucho que la adora—. ¡No le habrá pasado nada?

—Confiamos que no —interviene Cati—. Por mi parte, lo único que sé es que las hermanas andan muy preocupadas, así que algo grave ha tenido que ser.

—Yo he oído algo de un ataque —aporta Martina.

—¿Qué! —exploto—. ¿Quién las ha atacado!

—No lo sé —reconoce—, quizá alguien irrumpió en mitad de la noche... No he logrado enterarme.

No puedo contenerme por más tiempo y rompo a llorar. Me siento aturdida, confusa, preocupada, triste. Todo me da vueltas y me parece que me voy a desmayar. Carlota se acerca y, colocando mi cabeza sobre su regazo, me abraza como solía hacer mamá cuando era pequeña. Cati permanece también a mi lado, agarrando mi mano en silencio.

—Tranquila, Piluca, seguro que están las dos bien —me asegura Magda—; y, si alguien les ha hecho daño, se lo haremos pagar caro.

—¡Bien dicho! —la apoya Martina—. Nadie que se atreva a atacar a una de las nuestras saldrá indemne. ¡Y menos si se trata de la Madre!

Todas las demás se unen, valientes, solidarias, a las amenazas y rotundas afirmaciones de ambas.

¡Qué precioso regalo es la amistad! Ahora comprendo que Jesús quisiera tener amigos y que buscase su compañía en los momentos más importantes de su vida, sobre todo en los más tristes y decisivos. Yo, desde luego, no sé qué haría sin estas locas.

* * *

He pasado unas horas en la mayor angustia, sin otro consuelo que el apoyo de mis amigas y la confianza en que la Virgen no me defraudará. Sin ánimo, sin fuerzas, sin ganas... me dejo arrastrar hasta nuestra aula.

—Siéntense, señoritas —nos indica doña Remigia al entrar—. Tengo algo importante que comunicarles.

Intercambiamos miradas inquietas. ¿Será que por fin vamos a conocer lo que ha ocurrido? Las piernas, como resortes, me brincan bajo el pupitre, sin que sea capaz de controlarlas. La maestra, por su parte, coloca sus bártulos con una parsimonia que me exaspera. Es el minuto más largo de toda mi vida.

—Verán, muchachas —comienza por fin—. Me figuro que se habrán percatado de la ausencia de su compañera, la señorita Fernández...

¡Y cómo no nos íbamos a percatar? ¡Como si no fuera evidente! Vamos, por favor, ¡al grano! Me va a dar un síncope.

—Resulta que anoche, mientras ustedes dormían, sintió unas punzadas muy intensas en el vientre, como si la estuviesen apuñalando...

—¿Que la han apuñaladoooooo? —grita Lluc, aterrorizada.

—¿Pero qué disparates se le ocurren? ¡Déjeme terminar!

—Lo siento —se disculpa avergonzada.

—Con dificultad se presentó en el despacho de la madre Giménez, quien voló con ella al hospital...

—¿La Madre sabe volar! —se asombra María Rosa.

—¡Por Dios bendito, dejen de interrumpir y de decir majaderías!

Eso digo yo: ¡que dejen terminar de una vez a la maestra! Estoy empezando a tener taquicardias.

—Ha pasado toda la noche en observación, y hace apenas un rato hemos recibido noticia de la Madre: al parecer, lo que ha sufrido la señorita Fernández es un ataque de apendicitis aguda. Van a operarla de urgencia a lo largo de la mañana, así que quería proponerles que, en lugar de nuestra lección de Gramática, dedicásemos esta hora a rezar para que la cirugía se desarrolle con éxito.

¡Así que era eso! Dios mío, ¡cuánto he sufrido innecesariamente! Mis amigas me hacen señas, sonrientes, felices, aliviadas como yo; de pronto siento ganas de saltar, de bailar, de cantar dando gloria a Dios.

—Parece que se alegra usted de la desgracia de su compañera, señorita Civera.

—¡Oh no, maestra, en absoluto! Es, sin duda, una situación preocupante, y me conduelo con la pobre Micaela –procuro reprimir mi contento.

—Bien entonces; si les parece, comenzaremos rezando un rosario a Nuestra Señora. Señorita Galmés, empiece.

—Misterios gloriosos. Primer misterio: La triunfante Resurrección del Señor. *Pater noster, qui es in caelis*[1]...

* * *

—Chicas –plantea Martina durante el tiempo de recreo en la clase–, ¿qué os parece si pedimos permiso para ir a visitar a Micaela?

Magda, que se apunta a un bombardeo, es la primera en apoyar la moción:

—¡Genial!

—¡Y podríamos llevarle un regalo! –sugiere Carlota.

---

[1] Comienzo del padrenuestro en latín.

—¡Eso! –la secunda Paquita–. ¿Qué se os ocurre?

—¿Por qué no le hacemos entre todas un bordado y luego, con él, cosemos un cojín mullidito sobre el que pueda reposar cómodamente? –sugiere Cati.

—¡Fenómeno! –opino.

—No es por quitaros la ilusión –nos devuelve Loreto a la realidad–, pero creo que olvidáis un pequeño detalle...

—¿Cuál? –pregunta Lluc.

—Que seguimos castigadas. ¿O acaso no recordáis que la madre Montserrate Juan logró, finalmente, confinarnos hasta el viernes?

—¡Maldita sea! –perjura Magda–, tienes razón.

De repente se me ocurre una idea brillante.

—Creo que tengo la solución –les digo–; id preparando el bordado, y dejad el resto de mi mano...

Las demás me miran con cara de interrogante; yo, sin soltar prenda, sonrío divertida.

—De verdad, ¡confiad en mí! Mañana por la tarde estaremos en el hospital, palabrita de Pilar Civera.

—Mientras tu idea no nos procure un castigo perpetuo hasta el día después del Juicio Final, tienes mi apoyo –aprueba Magda.

—El mío también –se une Cati.

—¡Y el mío! –proclaman las otras.

Es hora, pues, de jugar mi baza.

* * *

—Madre Togores –me dirijo a ella en el tono más dulce y zalamero que soy capaz de expresar–, vengo a usted porque siempre ha sido buena y comprensiva con nosotras, y sé que también ahora nos entenderá...

—Dígame usted, señorita Civera, qué la trae por aquí —responde secamente, señal de que mis halagos y lisonjas no han surtido demasiado efecto. Con todo, no pierdo la esperanza y vuelvo a la carga—. Verá, mis compañeras y yo estábamos pensando en lo dura y difícil que tiene que estar siendo toda esta experiencia para la pobre Micaela...

—Muy dura, sí, y dolorosa, sobre todo; pero no entiendo qué tiene que ver todo esto conmigo.

Enjabona uno de los platos que tiene en remojo dentro de la pila y, con las mismas manos mojadas, espanta una mosca que no deja de incordiar.

—Usted —continúo—, que tiene esa capacidad de ver más allá, en nuestro corazón; que siempre se adelanta a nuestras necesidades; que busca en todo nuestro mayor bien... seguramente comprenderá nuestro deseo de consolar a nuestra compañera.

Me estoy empleando a fondo.

—¿Y cómo pretenden ustedes manifestarle ese consuelo, si están aquí y ella en el hospital?

—Ese es el punto. Quisiéramos pedirle...

—No, ni hablar. ¡Están ustedes castigadas!

—¡Por supuesto, por supuesto! No se me ocurriría por nada del mundo pedirle a usted que se saltase la normativa, ¡líbreme Dios! En realidad, lo que quería pedirle es que le hiciera llegar un regalo de nuestra parte. La pobrecita Micaela debe estar sufriendo tanto, y debe echarnos tanto de menos: nuestros juegos, nuestras risas, nuestra compañía... estando, además, tan lejos de su familia —estoy jugándomela al todo por el todo—... que hemos pensado que se sentirá mínimamente reconfortada si recibe, al menos, una diminuta muestra de nuestro cariño.

Por la cara que pone, me doy cuenta de que he ganado la partida.

—Se me está ocurriendo que, tal vez –saca del fregadero el último plato y lo coloca en el escurridor–, puesto que mañana es jueves y toca paseo (y eso es algo sagrado e intocable, por órdenes de la Madre)... podríamos desviarnos un poco de nuestra ruta habitual y hacer un breve alto en el hospital, de modo que puedan ustedes darle esa sorpresa a Micaela, que tan feliz ha de hacerle.

—¡Oh, madre, qué idea tan maravillosa! ¡No se me había ocurrido! –miento–. ¡Es usted un genio! ¡Ah, qué contenta se pondrá Micaela! –Le tomo la correa y beso la insignia repetidamente–. ¡Gracias, gracias y mil veces gracias!

—¡Ande, márchese, trapacera, antes de que me arrepienta!

* * *

Llegamos al hospital justo en el momento en que el doctor sale de la habitación de Micaela. Percibo que nos está contando con la mirada: una, dos... ¡diecisiete! Consternado, masculla un «buenas tardes» y se aleja presuroso, meneando la cabeza, con su batín impoluto y el fonendoscopio colgándole del cuello.

La cara de Micaela al vernos entrar es un auténtico poema.

—Pero ¿qué hacéis aquí! –exclama, sin poder disimular su alegría.

El rostro de mi abuelita refleja también agrado y satisfacción, pese al cansancio que denotan sus abultadas ojeras.

—¡¡SORPRESAAAA!! —voceamos a coro.

—Hemos venido a traerte esto —se adelanta Martina, entregándole el cojín—. Lo hemos hecho entre todas las de la clase. Cada una ha puesto su toque personal.

Micaela lo contempla pasmada, examinando y acariciando uno por uno cada pequeño bordado. Yo he hecho un jilguero como Pascal (mi mascota), y creo que me ha quedado bastante logrado; otras han hecho flores, mariquitas, mariposas, palomas, tordos... Ha resultado un conjunto muy bucólico y primaveral.

—¡Vosotras habéis bordado esta maravilla? —se emociona—. ¡Es el regalo más hermoso que me han hecho nunca!

—Este colibrí lo he hecho yo —presume Lluc—, ¿verdad que está perfecto?

—¡Más que perfecto!

—La mía es la margarita —comenta Margarita.

—Seguro que no puede imaginar por qué —se mofa Magda.

—Yo he hecho unas violetas, pues sé que es tu flor favorita —añade Carlota tímidamente.

—Qué detalle tan hermoso, niñas —alaba mi abuela, conmovida—. ¡El Señor bendiga esta delicadeza!

—Las demás internas te mandan saludos también —explica Loreto—; les habría gustado venir, pero solo nos lo han permitido a las de la clase. De lo contrario, las enfermeras nos habrían echado a patadas.

—Bueno, niñas, no hay tiempo de más; es hora de marchar —anuncia la madre Togores. Y, dirigiéndose a la abuelita, añade—: Madre, permita que me quede yo esta noche.

—No, hija —le agradece la abuelita—; usted es joven y necesita descansar, pues trabaja usted mucho. Yo, en cambio, soy anciana ya, y no tengo mayor ocupación que cuidar de mis hijas.

Nos despedimos con un beso de Micaela y de la Madre, y partimos gozosas de regreso a casa.

De camino, oigo a María Rosa decir:

—Paquita, tengo miedo...

—¿De qué?

—¿Y si la señora esa que ha atacado a Micaela... me ataca a mí esta noche?

—¿Qué señora? —pregunta Paquita extrañada.

—Pues ¡quién va a ser? ¡La Apendicitis Aguda esa!

Nuestras risotadas se escuchan hasta en Marte.

3

ÁNGELES

Todos los años se incorporan alumnas nuevas al pensionado. A cada una, al llegar, se le asigna un «ángel»: una compañera que habitualmente es de su mismo curso −salvo en el caso de las pequeñas, cuyo ángel siempre es mayor− para que la ayude, la instruya y la acompañe durante el proceso de adaptación. El «ángel» ha de poseer una serie de cualidades: ser acogedora y cercana, tener una conducta que pueda servir de ejemplo, estar atenta a las necesidades de su tutelada, ser capaz de escuchar, animar, consolar... Su función, a menudo, no es otra que procurar que su compañera se sienta arropada y lo menos añorada posible; también es la encargada de explicarle las normas, los usos, las costumbres y el funcionamiento general de la vida escolar y «familiar» del internado. Cati fue −y sigue siendo, aunque ahora de modo distinto− mi «ángel». Hoy mi abuelita me ha pedido que me encargue de una pequeñuela recién llegada que todavía no cumple los cinco años −los hará el mes que viene−, de nombre Teresa.

—Sé que lo harás bien —me ha dicho—. Trátala con dulzura, cuídala con solicitud, atiéndela como si de tu hermanita menor se tratase... No olvides que esta pequeña necesita aún el calor de su madre y, no teniéndola cerca, ha de encontrar en esta casa lo más parecido al hogar que ha dejado. Sus papás nos la han encomendado como su más preciado tesoro, y como a tal la hemos de recibir y custodiar.

—Así lo haré, abuelita —le he prometido—. Gracias por confiar en mí.

Teresa (o Teresita, como la llamo yo) es una preciosidad de cría, de perfectos tirabuzones dorados y mejillas sonrosadas. Tiene la naricita redonda y chica, y unos ojazos de color gris azulado que cambian de tono según les da la luz del sol. Sonríe constantemente, con una sonrisa amplia, dulce y sincera, y su mirada inocente transmite la nobleza de un corazón que aún no conoce la malicia. Cuando ríe lo hace con tantas ganas que parece un angelillo contemplando el Rostro precioso y alegre de Nuestro Señor.

—Mira, Teresita —le digo, abriendo ante ella mi cajita de tesoros—: ¿has visto alguna vez una mariposa disecada?

—¡Ala, qué grande y qué bonita es!

—¿Verdad? En casa, en Zaragoza, tengo otras muchas, pero ninguna como esta; esta es especial. Me la regaló mi papá cuando cumplí cinco años (los mismos que vas a cumplir tú). Es una *Mariposa Alas de Pájaro*, y es propia de bosques tropicales, aunque está en peligro de extinción. Papá la trajo de Uruguay.

—¿Ha estado en Uruguay tu papá?

—¡Sí! Vivió en Montevideo cinco años, desde los diecisiete hasta los veintidós, trabajando y haciéndose un hombre; pasado ese tiempo, regresó a España y se instaló en Zaragoza para estudiar Veterinaria. Fue entonces cuando conoció a mi mamá, a quien conquistó con su maravillosa sonrisa, su trato afable y educado y su inigualable sentido del humor. Se enamoraron, se casaron y entonces nacimos mis hermanos y yo.

—¡Qué suerte tienes! Yo siempre he querido tener hermanos; se lo he pedido muchas veces a papá y mamá, pero nunca me traen uno. A ver –cambia de tema, hipnotizada por la exótica belleza del insecto–, ¿puedo mirarla más de cerca?

—Por supuesto, y puedes cogerla también, si quieres. Mira, si la tratas con delicadeza, te dejo que me la guardes todo el día de hoy.

—¡De veras? –añade extasiada–. ¡Eres la niña más buena que he conocido! Ojalá fueras mi hermana.

—Puedo ser tu hermana, si lo deseas.

—¿En serio?

—¡Claro! En este colegio todas somos como hermanas. Y, al fin y al cabo, tenemos un mismo Papá y una misma Mamá en el Cielo, ¿o no?

—¡Es verdad! –se da cuenta, en el colmo de la alegría–. ¡Por fin tengo hermanas!

Y, recogiéndose repentinamente, con las manitas juntas, los ojos cerrados y la barbilla hundida en el pecho, murmulla:

—Madrecita María, ¿me coges un momentito en brazos? Quiero decirle algo a tu Hijo Jesús. Jesusito, gracias por haberme concedido lo que tanto he soñado. Te pido que cuides a mi hermanita con el mismo cariño con que ella cuida de mí. Hazla buena y santa, y llévala un día al Cielo, donde jugaremos juntas, con los ángeles y los santos, por toda la eternidad. Amén.

Tras este breve instante de oración, alza la vista y, con un halo de misterio y ternura a la vez, me pregunta:

—Pilar, ¿tú crees en los ángeles?

—¡Pues claro!

—¿Y cómo crees que son?

—Pues no sé... Siempre los representan con un aire infantil, con esponjosas alas de algodón, vestidos con largas túnicas blancas o con pañalillos de recién nacido; con rostro dulce y llenos de júbilo.

—Pero tú –insiste–, ¿cómo crees que son?

—No lo sé... Supongo que, en el fondo, como son seres espirituales, no tienen una forma o rostro definido. O tal vez puedan adoptar la forma y el aspecto que les plazca. Lo que sin duda es cierto es que son criaturas felices, repletas de amor, de alma pura y buena, que Dios nos envía para servirnos, atendernos, animarnos y guiarnos al Cielo.

—¿Alguna vez has visto uno?

—No...

—Pues yo sí –declara, con una seguridad apabullante.

Y, sin dar explicación alguna, me estampa un sonoro beso en la mejilla y sale brincando alegremente, mariposa en mano, hacia su clase.

Me pregunto quién de las dos es el «ángel» aquí...

* * *

Esta mañana ha venido el fotógrafo a hacer el reportaje para el anuario y, de paso, a sacar algunas fotografías para la Revista Mater Purissima: una publicación interna que hermana y hace de nexo familiar entre nuestro colegio y los que ha fundado mi abuelita en Manacor, Agullent, Onteniente y Ollería. Incluye crónicas de la actualidad de cada centro, historias ejemplares, artículos de opinión, ensayos pedagógicos, noticias de premios obtenidos... ¡y hasta sección de humor y recetas de cocina!

Lo bueno de este día es que nos perdemos clase; lo malo, que es agotador tener que obedecer sin chistar a las infinitas indicaciones del fotógrafo, las hermanas y maestras.

—Señorita Ramis –amenaza la madre Siquier–, o se peina usted, o no permitiré que aparezca en ninguna de las fotografías.

—Sí, madre –responde Magda con supuesta sumisión; pero, en cuanto la hermana se da la vuelta, le hace una mueca de burla que provoca nuestras risas.

—¿Ha dicho usted algo? –Se gira la hermana con cara de pocos amigos.

—No, madre; solo que tiene usted razón. –Y hace como que se peina, la cuatrera.

La hermana entrecierra los ojos y, sin desviar la mirada, frunce el ceño en gesto de sospecha e incredulidad; nosotras nos miramos unas a otras con complicidad, apretando los labios para contener la risa. ¿Por qué será que cuando menos conviene es cuando más ganas tiene una de reír?

El fotógrafo es un hombrecillo enjuto y arrugado, más viejo que Matusalén. Hace unos doscientos años que debería haberse jubilado, pero le apasiona tanto su trabajo que, según dice, desea que la muerte lo encuentre con la cámara en la mano; claro que lo de la mano es un decir, pues para hacer las fotos utiliza un trípode.

Nos ha hecho colocarnos por orden de estatura en el patio de entrada para la foto grupal. Afortunadamente, este año he subido de «categoría»: ya no tengo que sentarme en el banco con las manos entrelazadas sobre el regazo y las piernas ladeadas y recogidas una junto a otra, en una postura tan incómoda como ridícula; ahora que he crecido, puedo colocarme en la segunda fila, de pie, con la mano levemente apoyada sobre el hombro de la niña que se sienta delante.

—Muy bien, niñas, miren a la cámara... La rubia de la derecha, póngase recta... No, usted no, la de al lado... La del pelo rizado de la última fila, estese quieta... Tú, pequeñina, coloca las manos sobre la falda... La de los lentes, ¿se puede saber a dónde mira?... Bien... La del extremo, métase más, que no sale... Sí, así... Ustedes dos, júntense un poco... No tanto... Vale... A la de tres... Uno... dos... Miren al pajarito... ¡flash! Perfecto, vamos a hacer otra por si acaso. La morena del medio, retírese el flequillo de los ojos...

Media hora hemos tardado en lograr una foto aceptable de la clase. Tras ella, nos ha hecho posar en pequeños grupos, cada uno en un rincón diferente del colegio: unas, frente al encerado, simulando una lección de Geometría; otras, en el gimnasio, en posición absurda, como si se estuviesen ejercitando; algunas, en el aula de bordados con el bastidor entre las manos; unas más, en los pupitres, atendiendo a la maestra; otras tantas en la capilla con gesto de recogimiento... Y las más afortunadas, jugando en el terradito en un recreo adelantado.

Pero el momento de mayor tormento es, sin lugar a dudas, el de las fotos individuales: que si baje usted la barbilla, que si suba la frente, que si mire hacia un lado, que si no sonría, que si tome la pluma, que si déjela en la mesa, que si ponga la mano así, que si póngala asá, que si colóquese el lazo, que si no parpadee, que si no se mueva, que si no respire, que si, que si, que si... Y, al final, sales con la boca torcida, con los ojos cerrados, con cara de expresidiaria o congestionada y al borde de la asfixia.

Con todo, hay que reconocer que el pobre don Minervo (el fotógrafo) tiene más paciencia con nosotras que el santo Job. Ha pasado la mañana entera tratando de obtener nuestra atención, procurando los encuadres perfectos, fotografiando tanto a las niñas repipis como a las rebeldes, a las fotogénicas y a las que ni colocándolas mantienen la pose, a las tranquilas y a las inquietas, a las desgarbadas y a las que se tiran horas frente al espejo, a las distraídas y a las que deliberadamente no quieren atender... Aguantando nuestros remilgos, soportando estoicamente nuestros mohínes y cansancios...

Al final, la abuelita lo ha invitado a comer y le ha ofrecido una copa del vino que sacan únicamente cuando hay convidados, y hasta le han servido helado de postre.

—Don Minervo —le ha dicho durante el almuerzo—, se me está ocurriendo una idea y necesito de su colaboración. ¿Puedo abusar de su generosidad y pedirle que nos acompañe por un rato más, o tiene usted prisa?

—¡Sabe que todo lo que sea colaborar con usted es para mí un honor y un gran placer!

—¡Muchísimas gracias! Nos vemos, entonces, a las tres en la puerta del laboratorio; ahí le explicaré mi idea. Mientras tanto, la madre Sureda ha acondicionado el cuarto de invitados para que pueda echarse una siesta.

—¡Usted siempre tan amable! Gracias, madre, a las tres en punto estaré en el laboratorio. ¡Ya me tiene intrigado!

* * *

—Estando Samuel dormido, oyó una voz que lo llamaba en mitad de la noche...

—¡Toc, toc, toc! —Un repiqueteo en la puerta interrumpe la clase de Religión.

—¡Adelante! –invita la madre Siquier, e inmediatamente nos ponemos en pie.

—Muy buenas tardes, hermana –saluda la abuelita–. ¿Sería mucha molestia pedirle que me preste por un rato a las niñas?

—El tiempo que usted precise, madre, solo faltaría. Niñas, atiendan.

Siguiendo las indicaciones de mi abuelita, recogemos nuestros útiles. Un murmullo de libros que se cierran y plumas que regresan al tintero envuelve por un instante la clase, para dar paso después a un disciplinado silencio. En fila y por orden de lista nos encaminamos tras sus pasos.

—Vayan entrando y busquen asiento.

El laboratorio está en penumbra. Los amplios ventanales que dan al jardín han sido cubiertos con grandes telas negras, de manera que solo la luz que penetra por la puerta nos permite distinguir los taburetes en que ordenadamente nos vamos situando. Cuando entra la última, la abuelita cierra tras de sí y quedamos completamente a oscuras.

—Bienvenidas al interior de una cámara de fotos –se escucha la voz de don Minervo desde algún lugar de la sala–. Permanezcan atentas, porque van a poder observar con sus propios ojos cómo se realiza una fotografía. Estamos ahora mismo en la caja llamada «cámara oscura», bien pueden entender por qué.

Aguardamos expectantes, deseosas de conocer qué mecanismos secretos se ocultan en el interior de este artilugio llamado cámara fotográfica, en el cual, como por arte de magia, nos hallamos inmersas.

—Al principio, creó Dios el cielo y la tierra –comienza de repente la abuelita, dando un giro inesperado a la dinámica–. La tierra era una soledad caótica y las tinieblas cubrían el abismo, mientras el espíritu de Dios aleteaba sobre las aguas. Y dijo Dios: «*¡Que exista la luz!*».

En ese preciso instante –¡oh, prodigio!–, un potente haz de luz penetra la estancia y proyecta en la pared un maravilloso paraíso, un vergel tapizado de tierna hierba, salpicado de florecillas y con un robusto y frondoso jazmín que se alza imponente en el centro, cuyas ramas colgantes caen como en cascada. ¡Qué hechizo es este! Solo hay algo extraño: el jardín... ¡está del revés! Como si lo hubieran volteado de arriba abajo.

—¿De dónde ha salido ese paisaje y por qué está invertido? –pregunta Paquita, atónita, haciéndose eco de los pensamientos de todas.

—Antes de responderle –dice don Minervo–, permítame que solicite una voluntaria para realizar lo que le indicaré.

Todas las manos se levantan y la abuelita escoge a Lluc, quien, después de recibir en secreto las directrices de don Minervo, abandona el laboratorio. Las demás permanecemos en silencio, sin comprender todavía lo que está sucediendo. De repente, y desde no se sabe dónde, aparece una niña junto a la imagen proyectada del jazmín; una niña que viste nuestro mismo uniforme, que saluda alegremente y que... ¡es Lluc!

—¡Qué hace Lluc ahí? –se sorprende Loreto.

—¿Y por qué, si está cabeza abajo, no se le mueven las coletas ni se le levanta el vestido? –razona Micaela.

—Ja, ja, ja, enseguida lo sabrán. Vamos a esperar que regrese.

Instantes después, se abre la puerta y aparece Lluc como si nada hubiese sucedido, como si momentos antes no hubiera estado en un escenario paradisíaco y extraño patas arriba, más propio del *País de las Maravillas* de Lewis Carroll que de este mundo nuestro.

—Se estarán preguntando qué es todo esto que han visto –interviene de nuevo la abuelita–. Pues bien, lo que han presenciado es nada menos que el proceso de creación de una fotografía, cuyo fundamento se halla (como el de la Creación misma) en la irrupción de la luz.

—Veamos ahora cómo ha ocurrido –toma el relevo don Minervo–. Ustedes han entrado en un espacio de completa oscuridad que, como les he dicho anteriormente, se conoce como «cámara oscura». A continuación, he abierto un pequeño orificio en la tela que recubre las ventanas, y así ha sido cómo la luz del jardín, concentrándose en ese punto, ha penetrado en la estancia y ha impactado en la pared de enfrente, proyectando en ella la imagen del exterior.

—Pero ¿cómo? No lo entiendo –confiesa María Rosa.

—Es algo más sencillo de lo que imaginan –explica la abuelita–. Los cuerpos u objetos que vemos todos los días (incluidos nosotros) reflejan la luz que cae sobre ellos, y es por eso que podemos verlos: porque los rayos de luz que el objeto devuelve entran a nuestros ojos y pasan al cerebro, que se encarga de procesar la información recibida para formar una imagen conocida.

—Efectivamente –corrobora don Minervo–, y eso mismo es lo que hace una cámara: recibe los rayos de luz del exterior y los transforma en una imagen.

—Es decir –recapitula María Rosa–, ¿que ese hermoso paisaje que hemos visto proyectado es nuestro propio jardín, cuya imagen ha llegado a nosotros a través del haz de luz que ha entrado en la sala por el orificio de la tela?

—¡Eso es! –confirma don Minervo–, es el mismo jardín de ustedes, con sus mismas flores y su hermoso jazmín, bajo el que tanto les gusta jugar y conversar.

—¿Y por qué está al revés? –consulta Cati.

—Porque ese es el comportamiento físico de la luz. –Es la abuelita quien responde–. De hecho, todo lo que vemos se forma al revés en nuestros ojos, y es nuestro cerebro el que se encarga de girar la imagen de nuevo.

Como no terminamos de entenderlo, la abuelita hace un dibujo en la pizarra. Es algo así:

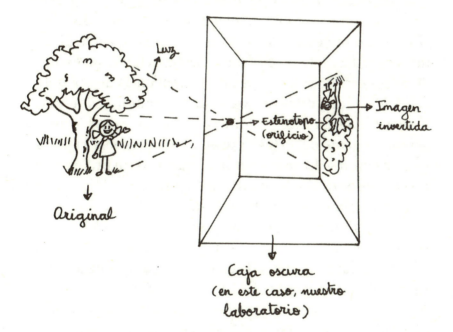

—¡Qué maravilla! –exclama Carlota, alucinada.

—Pues bien, muchachas –prosigue don Minervo–, lo mismo que han visto suceder en este laboratorio ocurre en el interior de la cámara: a través de un orificio denominado «estenotopo»...

—*Este no topo,* ¡este, erizo! –interrumpe Magda entre risitas.

—Magdalena, por favor... –la reprime la abuelita con paciencia.

—Lo siento, madre.

—Déjela –repone el bueno de don Minervo–; es normal que les cause gracia. También yo, a su edad, gozaba jugando con las palabras y distorsionando el lenguaje. Pero sigamos, que esto les ha de interesar.

»Tal como decía, los rayos de luz entran en la cámara a través del estenotopo, que se encarga de agruparlos en un solo punto, e impactan sobre una placa situada en el extremo opuesto, plasmando en ella la imagen. Hace unas décadas, esta placa estaba hecha de plata (el llamado «daguerrotipo»); hoy se utilizan películas flexibles de celuloide, recubiertas de una sustancia química altamente sensible a la luz. En cualquiera de los dos casos, la imagen procedente del exterior queda impresa sobre la placa y es así como se forma el negativo que, tras un proceso de revelado, se convertirá en una fotografía.

—¡Totalmente asombroso! –declara Martina.

—Y así ocurre también en la vida espiritual –concluye la abuelita–: la luz del Espíritu Santo penetra en nuestro corazón a través de cualquier rendija que le abrimos, y deja impreso en él el Rostro de Cristo, la belleza de Dios mismo, que enciende en nosotros el deseo del bien, de la verdad, de la virtud, de la paz, del amor... Y, aunque de momento no lo veamos con claridad (como esa imagen que han visto girada), llegará el día, cuando estemos en el Cielo, en que se nos «revelará» al fin en toda su perfección y su Gloria.

Esta abuelita mía es increíble. ¡Qué lección más fabulosa de Ciencias... y de Catecismo a la vez! Es que no sé cómo lo hace, pero no hay realidad humana que no le haga trascender y llegar a Dios.

* * *

No sé a quién se le ocurrió que sería una buena idea poner media hora de estudio después del recreo de la comida. Al menos hasta el curso pasado hacíamos labores, pero a partir de quinto, como se supone que ya somos mayores, debemos dedicar este tiempo al estudio en silencio de nuestras lecciones. Para mí es un auténtico suplicio, y más los días que hace sol: ¡con la de cosas maravillosas que se pueden hacer y aprender al aire libre! Si a eso le añades el hecho de que, estando en plena digestión, la mayor parte de nuestra sangre se encuentra en el estómago –y, por tanto, el cerebro está menos oxigenado–, tenemos la combinación perfecta para una somnolencia garantizada.

María Rosa ha bostezado ya catorce veces (sí, las he contado). Paquita no hace más que mirar el reloj. Loreto y Lluc intercambian notitas de una mesa a otra. Magda hace como que estudia, pero le he visto un tebeo escondido entre las tapas del libro. Unas dibujan, otras escriben; algunas incluso hablan consigo mismas, moviendo los labios sin emitir ningún sonido, tratando todas de luchar contra las fuerzas soporíferas que nos asaltan.

Yo miro por la ventana y busco formas en las nubes: un rinoceronte bebé subido a la copa de un pino, una cabra comiéndose una ristra de salchichas (y yo que pensaba que las cabras eran herbívoras), un molino de viento, un camello con cinco jorobas, una señora vieja montando en bicicleta, un cerdo volador, tres loros en una competición de canto, un caracol persiguiendo a un avestruz, una morsa con sombrero mejicano...

—¡Madre Siquier, por favor, venga enseguida, es una emergencia! –irrumpe la madre Bou en el aula solicitando su inmediata presencia, y ambas religiosas marchan aprisa, dejándonos solas y sin vigilancia.

—Bien, señoritas –Magda se pone en pie y avanza hacia el estrado, imitando los ademanes y la forma de hablar de la hermana–, cierren sus libros; vamos a hacer un examen sorpresa. El tema serán los seres celestes.

Se sienta en la silla de la maestra y se coloca sobre la punta de la nariz los lentes que, en su salida atropellada, la madre Siquier ha dejado olvidados encima de la mesa. Nos miramos unas a otras y reímos entre dientes, sabiendo que va a comenzar la diversión.

—Usted, señorita Civera. Según la tradición copta, ¿cuáles son los nombres de los siete arcángeles?

Me pongo en pie y respondo muy seria, como si se tratase de un verdadero examen:

—Miguel, Gabriel, Rafael, Uriel, Zedequiel, Seratiel y Ananiel.

—¡Incorrecto! –reprueba–. Son Sabio, Gruñón, Bonachón, Dormilón, Tímido, Mocoso y Tontín.

Nos explotamos de la risa. ¡Esta Magda está como una regadera!

—Ahora usted, señorita Ribera. ¿Cómo se llama el ángel caído?

—Lucifer, señorita –responde Cati participando del juego.

—¡Falso! Es Tontín, que de tan torpe tropezó con sus propias alas y cayó de morros al suelo.

Más carcajadas.

—No puedo creer que sean ustedes tan cazurras. Tal vez usted, señorita Fernández, sepa decirme por qué algunos ángeles llevan «el» al final de su nombre.

—Por supuesto, señorita –responde Micaela–. Eso es porque «el», por su traducción teofórica, hace referencia directa a Dios. Así, por ejemplo, el nombre de Miguel significa «¿Quién como Dios?»; el de Rafael, «Medicina de Dios»; Gabriel es «Fuerza de Dios», etcétera.

—Traducciones teofóricas, catafóricas, anafóricas, metafóricas, fosfóricas y eufóricas le voy a dar yo, ignorante. Los nombres de los ángeles llevan «el» detrás porque, si lo llevasen delante, resultaría muy vulgar. Imagínese: «El Migue», «El Rafa», «El Gabri»...

Me duele la tripa de tanto reír.

—A ver, señorita Galmés –le pregunta ahora a Martina–; usted que es tan inteligente, dígame la clasificación de los coros angélicos.

—Existen nueve coros angélicos agrupados en tres jerarquías: jerarquías supremas, compuestas por serafines, querubines y tronos; jerarquías medias, compuestas por dominaciones, virtudes y potestades, y jerarquías inferiores, compuestas por principados, arcángeles y ángeles.

—¡Mal, mal, muy mal! Tendrá que copiar cien veces que los coros angélicos se dividen en: coros de voces graves (bajo, barítono, tenor y contratenor) y coros de voces blancas (soprano, mezzosoprano y contralto).

Martina se lleva los puños a los ojos simulando el llanto, lo cual provoca aún más nuestra hilaridad.

—Confío que usted sí sabrá responder a esto, señorita Ruiz: ¿Qué cantaban los ángeles la noche en que nació Jesús?

—*Gloria in excelsis deo et in terra pax hominibus.*

—Pero ¿qué dice usted de ómnibus! ¡No, hombre, no! En ese tiempo se viajaba en burro, so burra. Lo que cantaban era: «Pero mira cómo beben los peces en el río, pero mira cómo beben por ver a Dios nacido...».

Creo que me voy a hacer pis encima.

—Veamos si usted lo hace mejor, señorita Ribas. ¿Por qué le dijo el ángel en sueños a José que debía huir a Egipto?

—Porque Herodes iba a buscar al Niño para matarlo –responde Carlota sin titubear.

—¡No, por Dios, qué barbaridad! Fue porque el buey, que estaba con descomposición, se había *cagao* y apestaba a boñiga en el establo y en veintiocho manzanas a la redonda. El bastón de nardos de san José no era suficiente ambientador, y al pobre Niño ya le estaban dando arcadas.

Aquí ya lloramos de la risa.

—Una última pregunta, señorita Sureda. ¿Es cierto que todos tenemos un ángel custodio?

—Sí, señorita –responde Juana con rotundidad.

—¡Falso! Los más temerarios tenemos dos, para evitar que uno solo sufra un paro cardíaco o caiga en depresión.

»Bien, visto lo visto, están todas suspendidas. Les haré una repesca la semana que viene, espero que para entonces hayan estudiado. Ahora saquen sus cuadernos de dibujo y hagan un retrato de mi hermoso, perfecto y angelical perfil griego.

Obedecemos con más diligencia que si nos lo hubiera ordenado nuestra verdadera maestra. Unas le añaden bigote, otras le ponen nariz de payaso, algunas la dibujan bizca... En lo que todas coincidimos es en la melena alborotada y enmarañada.

Estamos reconcentradas en nuestra tarea, cuando de pronto se escucha un chillido agudo y ensordecedor procedente de la clase de al lado.

—¿Qué ha sido eso?

Nos lanzamos al pasillo y nos asomamos a través de la ventana.

Todas las alumnas de cuarto están puestas en corro, con rostro horrorizado, alrededor de María Antonia, que se ha clavado en el dedo el ganchillo de acero con que estaba trabajando. Las madres Siquier, Bou y Togores hacen intento de sacárselo; pero, cada vez que una de ellas se acerca, la chiquilla grita con espanto.

—¡La Madre, llamen a la Madre! —vociferan las demás—. ¡Ella sabrá quitárselo sin dolor!

A los pocos minutos aparece ella, mi abuelita, que ha escuchado los gritos y acude con presteza a conocer lo sucedido.

—¡Aquí está! ¡La Madre ha venido!

La abuelita se abre paso por entre las niñas hasta el interior del círculo donde, sentada en una silla y sin dejar de llorar, María Antonia muestra su dedo atravesado por el gancho. Las otras religiosas se retiran para dejar paso a su superiora.

Con suma delicadeza, la abuelita levanta a María Antonia en sus brazos y se la sienta en el regazo. Solo entonces cesan los gemidos.

—A ver, tesoro, ¿me dejas ver ese dedito? No te lo voy a tocar, solo quiero verlo.

María Antonia se lo enseña, confiada.

—¿Es que querías bordarte un sombrerito en el dedo? –bromea, logrando al fin arrancarle una risa a la niña.

—¿Has escuchado alguna vez la historia del dedito friolero? –le pregunta.

—No...

—Pues te la voy a contar:

Éranse una vez
los deditos de una mano;
todos bien distintos,
unos gordos y otros flacos.

El más gordete y bajito
era además muy simpático;
muy alegre, muy activo,
siempre faenando.

Su hermano mayor,
que era harto más flacucho,
era bastante mandón,
pero le ayudaba mucho.

Juntos cogían la pluma,
atusaban bigotes,

señalaban la luna,
hacían recortes...

No tenía tantos dones
el dedito mediano,
pero tocaba los bemoles
en las teclas del piano.

Al cuarto dedito,
sin duda el más vanidoso,
le encantaba lucir
sortijas y anillos de oro.

Por último, había un dedito,
de entre todos el pequeño,
que siempre siempre tenía
mucho frío y mucho sueño.

Como sus hermanos no querían
ponerse nunca los guantes,
decidió que él solito
se haría un turbante.

Con ayuda de un ganchillo,
teje que teje, cose que cose,
se hizo un gorrito
parecido a un capirote.

Era tan lindo,
era tan bello,
que todo el mundo
admiró a aquel dedo.

Los otros cuatro,
muy envidiosos,
decidieron robar
de su hermanito el gorro.

Y así, durante la siesta,
mientras el peque dormía,
hurtaron la hermosa prenda
con alevosía.

A la mañana siguiente,
el dedito friolero
lloró amargamente
al no encontrar su sombrero.

Pero no termina aquí
la historia de esa mano;
que, llenos de arrepentimiento,
le dijeron sus hermanos:

«Aquí tienes, pequeñuelo,
el gracioso sombrerito
que tú solo habías hecho
para abrigarte del frío.

Ya nunca más
seremos tunantes
y siempre que quieras
nos pondremos los guantes».

Y colorín colorado...
este cuento se ha acabado.

Al terminar la historia, María Antonia aplaude entusiasmada, sin siquiera percatarse de que... ¡ya no tiene el ganchillo! Mi abuelita, mientras la distraía con la historia, ha logrado sacárselo con cuidado y sin causarle ningún dolor.

Me da a mí que no es Magda solo la que tiene dos ángeles de la guarda, sino que todas nosotras tenemos, además del custodio que nos ha asignado el Señor, un segundo ángel ya anciano, que viste hábito religioso y rebosa de amor y de ternura. Un ángel terreno, de manos suaves y mirada dulce; un ángel que ríe y juega, que llora y sufre. Un ángel que se deja abrazar y acariciar. Un ángel que nos canta, nos vela, nos cuida y nos consuela. Un ángel que cuenta cuentos. Un ángel que solo desea llevarnos al Cielo. Un ángel a quien todas llaman «Madre» y a quien yo, en la intimidad, todavía le digo «abuelita».

4

VALLDEMOSSA

Sábado, siete menos dos minutos de la mañana. Un silencio imperturbable, interrumpido únicamente por el alegre trinar de los gorriones en la ventana, domina aún el espacio cuasi sagrado donde descansan cuarenta chiquillas de entre cinco y doce años. La una sueña con las verdes praderas de su pueblo, donde pastan las reses y dormitan los corderos, mientras su abuelo y ella ordeñan a la cabra Ramona; unas camas más allá, la otra imagina ser una hermosa bailarina que danza sobre el escenario, aclamada por un devoto público; aquella de la esquina paladea en su ensueño un puñado de golosinas, que acaba de comprar con una «perra chica» (cinco céntimos de peseta) que le ha dado su padrino; la más pequeña de todas se figura estar en brazos de su madre, que la mece sobre su regazo y la colma de besos y de ternura... Y, sobre todas ellas, la dulce y atenta mirada de la Virgen de la Pureza, que, desde el cuadro que domina la estancia, las bendice y protege.

El sol se ha desperezado ya y no tarda en abrirse paso a través de los visillos; como cada mañana, juega a acariciar los rostros infantiles con suaves cosquillas de luz.

—¡Ave María Purísima...!

Con ojos aún legañosos y voces soñolientas, respondemos a la aclamación de la madre Bou, que acaba de entrar en la habitación:

—... ¡Sin pecado concebida!

—Bendito y alabado sea el Santísimo Sacramento del altar... –prosigue la religiosa.

—... Y la Pureza Inmaculada de María Santísima.

—De rodillas. Rezamos juntas: «Bendita sea tu Pureza, y eternamente lo sea, pues todo un Dios se recrea en tan graciosa belleza. A ti, celestial Princesa, Virgen Sagrada María, te ofrezco en este día alma, vida y corazón. Mírame con compasión, no me dejes, Madre mía». En el nombre del Padre, y del Hijo, y del Espíritu Santo.

—¡Amén!

En cuanto se marcha la hermana, cerrando la puerta tras de sí, comienza la algarabía. Ochenta piececillos desnudos corretean inquietos; cuarenta pares de manos se apresuran en cumplir con el requerido aseo, y algo más de tres docenas de chiquillas intercambian alegres saludos de buenos días.

Me abalanzo sobre Cati, que aún no ha logrado desprenderse del poder magnético de las cobijas.

—¡Arriba, perezosa! ¡Ha llegado el día! ¿No te acuerdas? ¡Nos vamos a Valldemossa!

Parece que he dado con la palabra clave. Tan pronto escucha Cati la palabra «Valldemossa», se lanza de la cama como un resorte, con tal ímpetu que no solo queda inmediatamente liberada del influjo de las sábanas, sino que viene a dar con mis pobres huesos en el suelo. ¡Caray con la mozuela menuda!

—Conque esas tenemos, ¿eh? ¡Ahora verás!

Y doy inicio a una encarnizada guerra de almohadas, a la que enseguida se suma el resto de compañeras, entre estallidos de algazara y amenazas fingidas.

¡Hoy va a ser un gran día!

* * *

Los coches están preparados. Don Sebastián, nuestro cochero, nos ayuda a ubicar el equipaje en el compartimento trasero. Una tras otra, hasta diez, subimos en el carro tirado por Romeo y Goloso, dos jóvenes y elegantes rocines. Romeo es fuerte, rápido y vigoroso, de color pardo y hermosas crines azabache; a Goloso le cuesta un poco seguirle el ritmo, pero su alegre trote y su cabellera rojiza lo han convertido en nuestro favorito. Siempre que podemos, mis amigas y yo elegimos ir en su coche, y al llegar al destino le obsequiamos una zanahoria –que una de nosotras ha cogido del huerto– a escondidas de don Sebastián, que dice que lo consentimos.

«¡Mambrú se fue a la guerra, qué dolor, qué dolor, qué pena...!», «¿Dónde están las llaves, Matarile-rile-rile...?», «El cocherito, leré, me dijo anoche, leré...», «¡Que llueva, que llueva, la Virgen de la cueva...!», «Quisiera ser tan alta como la luna, ¡ey, ey!, como la luna...» –vamos cantando para alegrar el camino.

Llegamos a Valldemossa a eso del mediodía. Su paisaje escalonado, con sus almendros colmados de fruto y sus decenas de casitas recortadas sobre la montaña, nos resulta entrañablemente familiar. Hace un día espléndido y dan ganas de beberse a bocanadas ese cielo tan azul que nos hace de bóveda. Los labriegos se afanan en la siembra, los mercaderes extienden sus mejores mercancías a la vista de las señoras que eligen hermosas telas para sus labores, los niños corretean en la plaza, una cuadrilla de muchachos y jóvenes doncellas galantean junto al lavadero y un animado grupo de ancianos juega a la petanca a la sombra del gran olivo centenario. Desde cada casa comienza a difundirse una deliciosa fragancia de comida recién hecha.

No muy lejos, las campanas de la Cartuja invitan al rezo del Ángelus, al que todo el pueblo se une devotamente. Cada uno, desde su hogar o su lugar de trabajo o de ocio, detiene por un momento sus quehaceres y eleva su saludo a la Señora. También nosotras lo hacemos, con emoción contenida, sabiendo que, en ese preciso instante, a cientos de kilómetros de distancia, nuestras familias rezan con nosotras.

* * *

Acabamos de terminar de comer y estamos jugando y saltando a la cuerda en el patio, bajo la maternal custodia de las hermanas, que, a la sombra de la parra, conversan animadamente junto al pozo.

—Niñas, acercaos.

Es la abuelita quien nos llama, y el hecho de que nos tutee es clara muestra del ambiente relajado y distendido que se respira.

—Las hermanas y yo hemos pensado proponeros un juego: vais a ser reporteras por un día. Se trata de que vayáis por todo el pueblo, visitéis los hogares y los comercios y, allí donde os atiendan, pidáis que os cuenten aquello que sepan acerca de la Beateta.

—¿La Beateta? –pregunta Paquita con cara de extrañeza.

—Sí, la beata Catalina Thomás, que nació aquí, en Valldemossa, hace casi cuatro siglos.

—¡Recórcholis, qué vieja! –exclama María Rosa en su ingenuidad, y no podemos contener una risita ahogada.

—Recabaréis cuanta información os sea posible, y esta noche nos reuniremos para compartir el fruto de la investigación. ¿Qué os parece?

—¡Que ya estamos tardando! ¡Vamos, Loreto! –responde Lluc con decisión.

—Esperad, esperad –sonríe la abuelita con paciencia–. Para que os resulte más sencillo iréis, efectivamente, de dos en dos; podéis elegir con qué pareja queréis marchar. A las cinco deberéis estar todas de regreso para la merienda y la Adoración del Santísimo.

»Os ruego que seáis educadas y respetuosas; no olvidéis que es al colegio a quien representáis. Preguntad con cortesía, escuchad con interés, responded con amabilidad. Que cuantos os traten puedan decir: «Estas niñas tan agradables son de la Pureza».

—¡Sí, madre! –prometemos todas.

—No olvidéis llevar el abrigo –añade la madre Togores, siempre tan maternal–; aunque hace sol, el aire es fresco y podríais resfriaros.

Partimos animosas: nunca nos habían propuesto un juego tan estupendo y, sobre todo, jamás hasta ahora nos habían permitido pasear solas por el pueblo. Nos sentimos mayores y responsables.

Como es de suponer, Cati y yo vamos juntas. Caminamos sin rumbo fijo, dejando que nuestros pies tracen la ruta. Bajamos por la calle principal hasta el ayuntamiento, viramos en dirección a la Cartuja y nos encaminamos hacia la plaza.

—¿Qué tal si hacemos una paradita en el horno? El aroma irresistible de esas cocas de patata está provocando una sobreexcitación en mis glándulas salivales –propone Cati de pronto, con su obstinada corrección que tanta gracia me hace.

Lo cierto es que a mí también se me está haciendo la boca agua.

—Míralas, tan redonditas, tan esponjosas y apetitosas... Mmm...

—¡Pero qué dices, tonta? –objeto–. ¡Si no tenemos dinero!

—¿Ah no? ¿Y esto qué es? –Y saca, ufana, dos reales del bolsillo de su abrigo. ¡Esta Cati es una caja de sorpresas!

Salimos del horno con la cara empolvada de azúcar. ¡Santo cielo, qué delicia!

—Bueno, y ahora ¿dónde vamos?

—¿Te parece que llamemos a esa puerta de ahí? –Señalo una casona vieja, apartada del resto, situada en medio de un jardín descuidado, poblado de malezas, y rodeado por una verja alta y oxidada. Al frente de la casa hay una fuente de mármol cubierta de verdín, de la cual mana un chorrillo de agua verde y pestilente. Las ventanas están selladas con tablones, y apenas se vislumbra una luz mortecina a través de la rendija inferior de la puerta. Todo el conjunto exhala un aire de terror y misterio.

—¡Estás chalada! ¿No has escuchado lo que dicen?

—¿El qué?

—¡Que ahí vive una bruja!

—¡Anda ya! Cuentos para asustar a los niños.

—¡Que no! Se cuenta que ha descuartizado a toda su familia y que prepara brebajes a partir de la destilación en almíbar de los cuerpos de sus víctimas, para luego convertirlos en gelatina y comérselos en cubitos como si fueran delicias turcas.

—¡No me seas tontuca! ¿Cómo va a ser eso?

Antes de que pueda poner más objeciones, hago sonar el timbre y empujo la verja, haciéndola chirriar a mi paso. El cielo se ha encapotado y amenaza lluvia. Un zumbido persistente de insectos invisibles me ensordece. Siento un repeluzno. Me arrebujo en el abrigo, escondiendo el cuello entre los hombros. Cati camina unos pasos por detrás, haciendo crujir la hierba con cada pisada.

Una señora arrugada, de ojos penetrantes y entrecejo fruncido, con una horripilante verruga en medio de su enorme nariz aguileña y el pelo gris recogido en un moño estropajoso, sale a recibirnos escoba en mano. Está extremadamente delgada; luce un vestido negro hasta los pies, una bufanda de rayas y unos zapatos puntiagudos que en su día debieron ser negros, pero que ahora parecen más bien grises. Un escalofrío me recorre por los huesos y me corta la respiración. Siento el irrefrenable impulso de echar a correr, mas mis músculos no responden; estoy paralizada. Para colmo, la bruja ha extendido su huesuda mano hacia mí y me ha agarrado la solapa del abrigo.

—¿Qué quieres, niña? –pregunta con voz ronca y cara avinagrada.

—Di... di... disculpe, se... se... señora... nos... he... hemos... equiv... quiv... oc...

—Pero ¿qué dices, zagala? No entiendo nada.

—Discúlpela, señora –sale Cati en mi auxilio–. Lo que mi amiga quiere decir es que estamos realizando una investigación acerca de la Beateta, y andamos en busca de algún alma gentil que tenga la amabilidad de relatarnos cuanto pudiera resultarnos útil para nuestro fin.

La contemplo boquiabierta. ¡Mírala, la chiquilla asustadiza, con qué desparpajo habla ahora! Parece que se han vuelto las tornas.

—Pero qué niñita tan adorable.

La bruja le pellizca el moflete; apuesto a que está comprobando si tiene suficiente carne.

—¿Qué se supone que estás haciendo? —musito al oído de Cati, con el corazón en la garganta y los nervios de punta.

—Calla y sonríe —responde ella entre dientes, sin dejar de sonreír—. Debemos mostrarnos amables y fingir seguridad; si huele nuestro miedo, estamos perdidas.

—Anda, pasad —nos invita la bruja, haciendo gruñir la puerta en los goznes—. Estoy terminando de barrer el patio trasero, pero *podéi* acomodaros y enseguida estaré con vosotras. Y tú —se dirige a mí ahora— cierra la boca, *shiquilla*, que te van a entrar las moscas.

«Sí, sí, barrer... —me digo—. Todo el mundo sabe lo que hacen las brujas con las escobas». En realidad, no lo sé; pero todas las brujas tienen una, y no creo que la empleen para limpiar, precisamente. Me asomo disimuladamente al interior del domicilio, tratando de visualizar al gato negro que, sabido es también, sirve de compañía a cualquier bruja que se precie.

Entramos. La casa está prácticamente a oscuras, salvo por un par de candiles que arrojan una tenue luz titilante. Huele rancio, como a una mezcla de humedad y naftalina que me causa picor en la nariz y me provoca ganas de estornudar. Encerrado en una jaula colgante, un loro gris de cola roja y mirada extraviada mordisquea con ansia los barrotes, como si buscase huir. Me siento igual que él.

Nos acomodamos en sendas mecedoras junto a un brasero sobre el que pende un caldero humeante, repleto de un líquido de color sospechoso. Mi inquietud no hace sino crecer; nos imagino ya cocidas dentro de la olla de almíbar, y a mi abuelita sollozando por habernos dejado salir solas.

—Perdonad, mozas, ya estoy aquí. Es que la *humedá* de la noche es *mu* mala para mi reuma y, si no barro ahora, *despué* me resulta imposible moverme. *¿Queréi* un poco de té?

«¡No, por Dios bendito, di que no! –pienso–. ¡Seguro que es una poción para adormecernos y comernos luego con mayor desenvoltura!».

—Claro que sí, señora, muchísimas gracias.

—¿Tu amiga *e* muda, o qué le pasa?

La bruja se aproxima al caldero y, con un cucharón, sirve de su interior tres tacitas. Tomo la precaución de esperar a que sea ella quien dé el primer sorbo, por si las moscas. Veo que Cati hace lo mismo.

—Y bien, mozuelas, ¿qué *decíai* que os ha *traío* por acá?

—Quisiéramos, si no es molestia, que nos contara lo que sepa acerca de la beata Catalina Thomás.

—¡Ah, sí, la Beateta! Un encanto de criatura, la *pobriquiña*, huérfana de padre y madre con solo siete años, convertida en *criadica* de sus tíos...

Así ha comenzado su relato doña María, que al final ha resultado no ser una bruja sino una pobre anciana que vive sola y lejos de su familia, desde que, durante la primera guerra carlista –siendo ella apenas una niña–, sus padres la embarcaran con su hermana mayor rumbo a la isla, a fin de ponerlas a salvo de las contiendas que arreciaban en Andalucía. Su hermana, que se había establecido como costurera en el taller de una modista, falleció de fiebres tifoideas apenas unos años después, y ella –que no sabía coser y ni siquiera había aprendido a leer ni a escribir– se encontró sola y sin medios para su subsistencia.

Anduvo mendigando de pueblo en pueblo durante meses, hasta que, por fortuna, dio con un matrimonio caritativo que la acogió como criada en su hogar. No teniendo hijos a quienes legar sus bienes, los buenos amos le dejaron la casa como herencia al morir. Y aquí vive desde entonces. Nunca se ha casado ni ha tenido hijos, y apenas se relaciona con la gente, que se ha dedicado a difundir leyendas y maledicencias.

Nos ha contado un montón de increíbles anécdotas y detalles interesantísimos acerca de la beata valldemossina, que a ella le relataron sus amos cuando aún vivían. Una de esas anécdotas cuenta que, desde el molino donde la Beateta iba a moler el trigo, escuchaba la misa de la Catedral de Palma (a casi 20 kilómetros de distancia). También decían que el demonio quiso una vez tentarla y, al no lograrlo, estrelló el cántaro de agua de la niña contra el suelo, viniendo san Antonio a socorrerla.

Se nos ha ido el tiempo volando y, cuando ha llegado el momento de la despedida, ninguna de nosotras quería marcharse.

—¡Muchísimas gracias, doña María, hemos pasado una tarde maravillosa! Dios bendiga su amabilidad y su hospitalidad.

—Prometemos venir a visitarla cuando volvamos a Valldemossa.

Doña María, la pobrecita, no ha dicho nada; estaba visiblemente emocionada –¡a saber cuánto tiempo hacía que no recibía una visita!– y solo ha alcanzado a estamparnos un par de húmedos besos en las mejillas.

* * *

Después de cenar, arremolinadas todas –niñas y hermanas– en torno a la chimenea, hemos compartido nuestras impresiones con excitación, no logrando contener el torrente de emociones que nos desbordaba.

—Carmen y yo hemos conocido a un labrador muy amable llamado Tomeu —comienza Leti—; nos ha contado que, una vez, mientras la pequeña Catalina recogía espigas en el campo, ¡tuvo una visión de Jesús crucificado!

—A nosotras —continúa Martina— doña Nicolasa nos ha explicado que Catalina era una niña muy bonita y un poquito vanidosa, pero que luchaba siempre contra este defecto. Un día sintió envidia de los vestidos tan hermosos que tenían sus hermanas y, arrepentida por esta falta, lloró amargamente. Entonces se le aparecieron santa Práxedes y santa Catalina mártir para consolarla.

—¿Y qué tienen de malo los vestidos bonitos? —salta Lluc, que adora la moda y de mayor quiere ser modista—. Digo yo que será mejor ir chic que harapienta; y si no, que se lo pregunten a la Cenicienta.

Todas reímos. Razón no le falta a la muchacha.

—Cuentan también —prosigue Margarita— que una noche Catalina vio entrar en su habitación una luz muy luminosa. Creyendo que era de día, se fue a la fuente a por agua, pero entonces oyó las campanas de la Cartuja que invitaban a los frailes al rezo de medianoche. Asustada al verse lejos de casa a esas horas de la madrugada, rompió a llorar. En ese momento bajó del cielo san Antonio abad y la llevó de la mano de regreso a su hogar. Dicen que esa luz que ella vio era la misma luz de Dios.

—Magda y yo hemos estado en su casa natal —aporta Carlota—, ahora convertida en capilla, y el sacristán nos ha permitido besar una reliquia suya; asegura que su cuerpo permanece incorrupto en un convento de Palma, donde entró para hacerse religiosa y donde se santificó viviendo pobre y humildemente, siempre caritativa con cuantos se acercaban a ella.

—¿Qué es *inroputo*? —pregunta extrañada Teresita.

—Se dice «incorrupto», y significa que está igual que antes de morir —le explica Micaela.

—¡Anda ya! —ríe la peque—. Menudo embuste.

Y así, una tras otra, vamos narrando nuestras experiencias, detallando cuanta información sobre la Beateta hemos logrado obtener. ¡Qué velada tan fantástica! Creo que todas atesoraremos para siempre en el corazón los entrañables recuerdos de este día.

* * *

Ha amanecido un día radiante. La abuelita nos ha propuesto subir caminando a la Ermita de la Santísima Trinidad, desde donde se pueden disfrutar las vistas más alucinantes de Valldemossa y de toda Mallorca; y, de paso, visitaremos al hermano Elías, un anciano y sabio ermitaño, amigo nuestro.

—¿Falta mucho para llegar? —inquiere Juana a los diez minutos de partir; parece que nació cansada.

Ahí tenéis, en cambio, a Teresita —que, a sus cinco años recién cumplidos, es la más pequeña del grupo—, encabezando la marcha y avanzando con un garbo que ya quisieran muchas.

—Dame la mano, Juana, que yo te ayudo —se ofrece Carlota, siempre pendiente de las demás.

—«Cuando de mi patrona voy a la ermita, se me hace cuesta abajo la cuesta arriba...» —comienza a cantar Magda para animar la subida, y todas nos unimos con regocijo.

Y, por fin, llegamos. Enclavada sobre un acantilado, la ermita parece dominar la isla. Saludamos a Jesús en el Sagrario y salimos después al mirador, que cuelga sobre el ancho mar que besa suavemente la costa. El sol está en su punto zénit, y otorga a las aguas un aspecto refulgente y dorado, como el manto de un rey. Un par de gaviotas surcan el cielo en armoniosa danza. Permanecemos en silencio, sobrecogidas; solo se oye el murmullo de la brisa marina que refresca nuestros rostros aún congestionados por el esfuerzo. Un temblor reverente agita nuestras almas ante la belleza de la Creación.

Vienen a mi mente unos versos que escribiera una vez mi abuelita:

Ermita de Valldemossa,
nido de paz y consuelo,
que albergas entre tus muros
rebañito predilecto,
quiero orar en tu capilla,
bajo ese bendito techo
do no para el gavilán
ni se posa nunca el cuervo,
aunque haga oír su graznido,
de tu santidad huyendo.

En tu umbroso bosque cantan
el ruiseñor y el jilguero;
en tus frondas se respira
un ambiente no terreno,
que eleva las oraciones
hasta el trono del Eterno.

Me gozo entre las malezas
que limitan tus senderos;
tus zarzas y matorrales
forman festones muy bellos;
tus pinos y tus encinas
murmuran, cual blandos ecos

de lejanas melodías
atraídas por los vientos.

Admiro a Dios en tus cimas,
gigantes despeñaderos;
lo admiro en la mar tranquila,
que a tus pies sirve de espejo.

Envidio a tus moradores;
son de santidad ejemplo;
ángeles en forma humana,
sus virtudes encubriendo,
soportando privaciones,
orando siempre y sonriendo.

—Si así de hermosa es la tierra —dejo escapar, como
para mí–, ¡cómo no habrá de ser el Cielo!

—Así es, Pilar; ¡y qué tierno y amoroso no habrá de
ser Quien todo esto ha creado para nosotros! –añade la
abuelita, y todas asentimos en silencio.

El encuentro con el hermano Elías es, como siempre,
una fiesta. Al fin y al cabo, el anciano ermitaño es como
el abuelito de todas y, en cuanto lo vemos, corremos a
abrazarlo.

—Pero ¿son estas mis niñas, o me las han cambiado? ¡Cómo han crecido! –exclama encantado, dejándose
querer.

Le contamos nuestra incursión de ayer en el pueblo como reporteras, y le detallamos los pormenores de
nuestros descubrimientos sobre la Beateta. El buen hermano nos escucha complacido.

—¿Y no les ha contado la madre Giménez la historia
de esa otra santita de igual nombre?

Nos miramos unas a otras con desconcierto. No, la verdad es que la abuelita no ha mencionado ninguna otra santa...

—¿No? —finge extrañeza—. Pues entonces se la contaré yo.

Y, haciendo un guiño a la abuelita, comienza a relatar...

Érase una vez una hermosa niña redondita y risueña, de enormes ojos y encantadores bucles. Decíase que era un ángel disfrazado de criatura, enviado por Dios para consolar a unos afligidos padres que, poco tiempo ha, habían perdido a su hijito primogénito, que había partido al Cielo cuando apenas contaba unos meses de edad.

Catalina Thomás, que así se llamaba la nena, trajo la alegría de vuelta al hogar de Alberta y Francisco, sus papás; y no solo a ellos, sino que cuantos tenían la dicha de conocerla quedaban encandilados por su natural encanto, su adorable sonrisa, su bondad innata y su alegría a raudales. Se hacía querer de todos, y no había quien no se detuviese a hacerle una carantoña cuando salía a pasear de la mano de su orgullosa mamá; y ella, con su manecita regordeta, les obsequiaba florecillas arrancadas por el camino.

Tenía solo dos añitos cuando una terrible epidemia azotó la isla. Coincidió que Catalina y sus papás estaban en ese momento pasando las vacaciones en el pueblo y, siguiendo el consejo del abuelo Bernardo, decidieron no regresar a la ciudad —donde eran ya muchos los muertos—, sino prolongar su estancia en la villa hasta que la situación mejorase.

Pero la amenaza no solo no disminuía, sino que arreciaba, de suerte que el pánico empezó a cundir en la población. Todos, incluso en el pueblo, tenían algún amigo o conocido que había sido afectado por la enfermedad, y no eran pocos los que se decían: «Vayamos a doña Alberta, que nos animará». Y es que esta buena mujer, que enseguida se ganó el aprecio de los vecinos por su simpatía, su sencillez y su amabilidad, confiaba profundamente en Dios y dedicaba sus horas a escuchar, consolar e infundir esperanza a todo aquel que llamaba a su puerta.

Lo mismo que su mamá, Catalinita era una luz en medio del dolor y la incertidumbre, y sus papás se recreaban todos los días en su sonrisa dulce e inocente, que descansaba sin temor en el cariño y el cuidado de sus padres. Observándola, comprendían que ellos debían abandonarse de la misma manera en las manos de nuestro buen Padre Dios, que vela amorosamente por todos sus hijos.

La desgracia, no obstante, no tardó en alcanzarles a ellos también: pese a todas las precauciones de seguridad y de higiene, Alberta y su hijita enfermaron, y papá Francisco hubo de multiplicarse para atender a sus dos tesoros y procurar –como buenamente podía– el sustento de la familia, dado que la situación lo había obligado a cerrar temporalmente el colegio que dirigía en la ciudad. Con todo, su fe no se quebró, y tanto él como su esposa oraban confiados, sabiendo que, ocurriese lo que ocurriese, sería siempre para su mayor bien.

Con el pasar de los días, Alberta empeoró, al punto que los médicos temieron por su vida. Una noche en que deliraba por la fiebre, sintió una suavísima caricia en la frente. Abrió con esfuerzo los ojos, pero no vio a nadie. No podía haber sido su esposo, a quien escuchaba respirar en la habitación contigua (el pobrecito había sucumbido al fin al sueño, tras muchos días y noches sin dormir, velando, ahora a la esposa, ahora a la hija). Aparte de él y de ella misma, solo la pequeña Catalina estaba en ese momento en la casa, pero era asimismo imposible que la criatura hubiera salido sola de su cuna. ¿Quién, pues, habría sido?

«Serán figuraciones mías», se dijo Alberta, y trató de conciliar de nuevo el sueño. De pronto, oyó cabe sí[1] una vocecita dulcísima e inconfundible: era la voz de su pequeña hija, que le susurraba al oído:

—Mamaíta querida, no temas por mí, estoy bien. Me voy al Cielo a jugar con mi hermanito Ber, que me echa de menos. Desde allí, ambos cuidaremos de ti y de papá, y también de Bernardo Cleto y de Albertito, que vendrán después. Le pediré a la Virgen que os consuele. ¿Sabes, mamá? El buen Dios os ama mucho, y os tiene reservadas muchas bendiciones. Confiad siempre en Él.

Y, besando por última vez a su mamá, Catalina voló al Cielo, como había dicho, para unirse a los juegos de los querubines y cuidar mejor de sus papás.

—Hermano Elías —es Teresita quien rompe el denso silencio que ha seguido al relato—, es una historia muy triste.

—No, mi niña; no es triste... Es una historia hermosa, que nos enseña que nuestra verdadera patria es el Cielo, donde la alegría no se acaba y el amor no tiene fin, y desde donde aquellos que hemos amado en esta tierra nos aguardan y velan por nosotros.

No he podido evitar percibir que el rostro de la abuelita, aun dulce y sereno como de costumbre, presentaba un brillo especial, como de una tristeza transfigurada,

---

[1] «Cabe sí»: expresión en desuso que significa «junto a sí», «a su lado».

como de un dolor resucitado y glorioso. Entonces, lo he sabido; lo había sospechado desde el principio...

Esta noche, al decir mis oraciones, les he pedido a mis tíos Bernardo Hemeterio, Catalina Thomás y Bernardo Cleto que cuiden de mi abuelita –¡su mamá!– desde el Cielo, y también de su hermanito Alberto –¡mi papá!–, de mí y de toda nuestra familia.

No lo puedo asegurar, pero juraría que alguien me ha acariciado la frente.

5

TENSIONES

Contengo el aliento.

«Pilar, no respires, no te muevas, no hagas el mínimo gesto. Este instante es crucial, a vida o muerte. Si te mantienes ahora, tal vez logres ponerte a salvo; si flaqueas, puedes darte por perdida. Mira, ahí está: con su mirada amenazante y escrutadora. Se acerca peligrosamente, casi puedo escuchar su respiración acechante. Aún no me ha visto: hay esperanza. Oigo sus pasos apenas a unos metros de distancia. Tengo los nervios de punta, todos mis músculos están en tensión. Trato de pensar fríamente: si permanezco aquí unos segundos más, no habrá escapatoria, de seguro me encontrará; si trato de huir, no sé qué será de mí. Debo decidir. El tiempo se acaba. Cada vez está más cerca. Cierro los ojos y aprieto los puños. Sí, me la voy a jugar: ¡corre, Pilar, corre!».

—¡Te he visto, Pilar, detrás de la maceta! –grita animada Magda.

¡Jolines! He perdido. Otra vez.

—¿Jugamos a otra cosa? –me rindo.

—Por mí, vale. Carlota, ¿tienes la comba? –sugiere Cati.

—¡Sí, venga! –se entusiasma Martina–. Me pido entrar *prime*.

—«Allá arribita a lo alto-to, hay un castillo muy grande-de...».

Así transcurren nuestros recreos, entre emociones, juegos, bullicio y alegría. Siempre estamos las cinco: Cati, Magda, Carlota, Martina –la «niña diez», que, desde el día aquel del castigo común, es incondicional nuestra– y yo, y de vez en cuando se nos unen también Lluc y Loreto. ¡Somos las πk+! (Se lee *picamás,* y viene de *Pi*lar-*Ca*ti-*Car*lota-*Ma*gda-*Mar*tina). Yo fui la que propuso el nombre.

—¿Pi-ca-ma-s? –pronunció Martina, examinando su sonoridad–. ¡Me gusta!

—Pues si *pica más...* ¡no te *rasques menos!* –apostilló Magda, con esa chispa suya que siempre nos saca unas risas.

Hubo otras dos propuestas (las *Cinco magníficas,* las *Mosqueteras de la Pureza),* pero finalmente las πk+ fue elegido y aprobado por unanimidad.

Todos los días lo pasamos fabulosamente jugando al escondite, al pillapilla, a la cuerda o a la rayuela, al trompo o a las tabas, saltando a piola, intercambiando cromos de picar o –cuando las maestras descuidan su vigilancia– husmeando por los rincones cual detectives en ciernes. En el tiempo que llevo aquí hemos hecho incursiones secretas a la despensa, a la coladuría, a la sacristía y al entresuelo.

—¿Os habéis fijado en la escalera que baja desde la coladuría? –dice de repente Magda, con esa mirada entre pícara y retadora, que suele ser preludio de apasionantes aventuras.

Magda es, sin duda, la líder de la cuadrilla, la más atrevida y la más divertida también. Su cabecita loca y despelucada nunca deja de maquinar nuevas e ingeniosas correrías.

—¿Qué escalera? ¿Esa tan escabrosa que desciende hasta un cuarto más oscuro que boca de lobo? –titubea Cati, haciendo girar nerviosamente una de sus rubias trenzas alrededor de su dedo índice–. Seguro que está infestado de ratas.

—¿Estás asustada? –le digo, dándole un cariñoso codazo en las costillas–. Vamos, Catiusca, no me seas miedica; ya sabes que yo te protejo.

—Sí, como en Valldemossa, ¿verdad? –replica ella en tono burlón.

—Pues a mí me han contado que una de las externas bajó allí una vez... y nunca más se supo –añade Martina con aires de misterio.

—¿Qué dices! –se alarma Carlota.

—Lo que escuchas. Se llamaba Dolores, ¡y era un auténtico dolor de muelas! Insurrecta y holgazana, siempre que podía boicoteaba las clases: se ponía a cantar cuando era necesario el silencio; hacía preguntas impertinentes para dejar en evidencia a la maestra; hacía explotar petardos dentro del aula; pintarrajeaba la pizarra cuando la maestra se ausentaba; vertía el tintero sobre el cabello, los cuadernos o cualesquiera de los útiles de sus compañeras; hacía aviones de papel con las páginas del libro y los lanzaba ventana afuera... Una vez, incluso, llenó la clase de grillos; y, aunque se fumigó el aula de arriba abajo, meses después todavía se escuchaba el insoportable rumor de los molestos insectos cantores.

—¡Qué pesadilla de niña! ¿Y por qué no la expulsaron?

—Porque era la hija de un político muy poderoso e influyente. Así pues, hubieron de idear otra estrategia para deshacerse de ella.

—¿Cuál?

—La mandaron al cuarto oscuro, ese que dice Cati, a buscar una cuerda para la clase de gimnasia. Ella, ajena a lo que se le avecinaba, bajó (obediente por primera vez), imaginando todas las fechorías que podría llevar a cabo con esa cuerda. Es lo último que se supo de ella.

—¿Y qué le pasó? –pregunta Carlota aterrorizada.

—Se rumorea que fue pasto de un ser monstruoso, chepudo y contrahecho que las monjas mantienen oculto en ese zulo. Cuando el resto de colegialas comenzó a preguntar por ella, las hermanas inventaron la excusa de que sus padres se la habían llevado a otra ciudad; mas todas saben que la verdad es bien diferente, mucho más trágica y sombría...

—¿Cómo sabes eso? –intervengo.

—Me lo contó Lluc.

—¡Bah, esa es una correveidile y una fantasiosa!

—Pues yo me lo creo.

—Yo también he oído esa historia –comenta Cati–, pero dudo que tenga un ápice de veracidad. En cualquier caso, considero que no es buena idea tratar de desmentirla por nosotras mismas.

—Opino igual –asiento.

—Y yo –se une Carlota.

—¡Anda, cobardicas! –insiste Magda a la vez que enrolla la comba alrededor de su antebrazo–. Que no se diga que las intrépidas πk+ le temen a un jorobaducho de tres al cuarto. Venga, ¿qué decís? ¿Bajamos a conocer a nuestro deforme inquilino, o preferís pasar a la historia como *Las gallinas de la Pureza*?

¿Gallinas nosotras? Jamás. ¡Solo faltaría! Está en juego nuestra dignidad, así que no hay elección. Solo nos queda desear que nuestro jorobado sea como el de Víctor Hugo en *Notre-Dame de París:* un ser de extraordinaria corpulencia y vigor en su deformidad, sí, pero a la vez de alma «pobre, acurrucada y raquítica»; es decir, un ser poderoso pero apocado, enorme pero humilde... y sordo y patizambo; sobre todo, eso: nos daría algo de ventaja.

Tras asegurarnos de que la madre Perelló, la coladurera, se halla cosiendo a la sombra del jazmín –lejos, por tanto, de nuestro objetivo– y comprobar que doña Remigia, nuestra maestra, anda distraída releyendo por enésima vez el poema que don Evaristo (nuestro profesor de Dibujo) le ha dedicado por su reciente onomástica, nos encaminamos en fila india hacia la referida escalera.

Tiene razón Cati: presenta un aspecto verdaderamente tenebroso, y la habitación en la que desemboca se abre amenazante allá abajo, al pie del último escalón. Una colección de benditeras de todo tipo y color se extiende de modo desordenado a lo largo y ancho de la pared que desciende, y me pregunto si tanta agua bendita no será para mantener a raya a la maligna criatura que habita aquella mazmorra. Una de las benditeras muestra la figura de un angelote rollizo de rostro compungido que sostiene un cáliz –donde se vierte el agua– y una cruz, y me parece descubrir en su mirada una velada advertencia: «¡No bajéis!». Noto que voy dejando un rastro húmedo en el pasamanos: la tensión siempre me hace sudar.

Penetramos en la habitación a tientas, extendiendo los brazos a fin de no tropezar. El ambiente es espeso, y una humedad pegajosa se prende a la ropa y cala los huesos. No hay ventana alguna y, sin embargo, una gélida brisa se cuela por entre nuestras piernas desde no se sabe dónde, como una exhalación vaporosa y repentina. No sabemos si temblamos de frío o de temor. Las paredes, ásperas, dan la impresión de no haber sido encaladas, lo cual otorga al recinto un carácter aún más siniestro. Cuando nuestros ojos se acostumbran a la oscuridad, entrevemos al fondo un bulto enorme, que desprende un olor fuerte, entre ácido y amargo. «¡El jorobado!».

Busco con desesperación la salida, pero en mi huida tropiezo y voy a dar de bruces en el suelo. Una mano me agarra fuertemente por el uniforme. «¡Socorro!». Agito convulsivamente brazos y piernas en un intento desesperado por salvar mi vida.

—¡Para ya, Pilar, que me haces daño! –se queja Cati mientras intenta levantarme del suelo, pese a que no ceso de propinarle patadas y manotazos.

—¿Eres tú? –respiro con alivio.

—¿Quién si no?

—¡Dejad de meter ruido! –nos regaña Magda–. Vais a despertar a la bestia.

El silencio que reina en la estancia es ensordecedor; apenas se oye el murmullo de la brisa al rozar nuestros cuerpos y el aliento entrecortado de las cinco. Afinando el oído, logramos captar algo más: un rítmico «tip, tip, tip» que sugiere un persistente goteo, allá al fondo... justo donde se intuye el bulto.

—Chicas, creo que es mejor que nos vayamos –sugiere Carlota, temerosa.

Haciendo caso omiso de su opinión, Magda y Martina avanzan decididas hacia el interior. Cati y yo las seguimos a unos pasos de distancia; y Carlota, que no está dispuesta a abandonarnos a nuestra suerte, permanece vigilante al pie de la escalera.

—Quedaos aquí –dice Magda de pronto–; es preferible que se acerque una sola, de modo que no nos atrape a las cinco. Si preciso ayuda, os lo haré saber.

La vemos desaparecer en la negrura.

Transcurren varios minutos sin que nada suceda; tampoco se oye rastro de Magda. Comenzamos a inquietarnos...

—¿No debería haber dicho algo ya? –razona Carlota.

—Voy a buscarla –decide Martina.

—Espera –la detengo–; ¿por qué no buscamos primero el interruptor de la luz?

—¿Y quedar expuestas a la vista del jorobado? ¡Qué gran idea! –responde con ironía.

—Martina tiene razón –opina Cati–. Además, las hermanas nos descubrirían y, aunque el jorobado no nos atrapase, nadie nos libraría de un castigo seguro.

—Sí, es verdad –reconozco–; pero, si Magda no aparece, quizá tendremos que avis...

—¡¡¡AAAAAAAAAAHHHHHHHH!!!

—¡¡Magda!! –exclamamos todas a la vez, y echamos a correr en su auxilio.

—¡Ja, ja, ja, os lo habéis tragado!

—¡Eres tonta! –la increpa Martina, airada–. ¡Nos has dado un susto de muerte!

—Con todas ustedes... –anuncia Magda, ignorando el reproche e imitando el redoble de tambores–: *¡El Jorobado de Can Clapers!*[1].

Con los brazos abiertos extendidos uno sobre otro, apunta hacia un formidable tonel de unos cincuenta litros de capacidad.

—¡Un barril? –pregunta Carlota alzando las cejas en gesto de extrañeza.

—¡Claro! Qué tontas somos. ¡Esto es la bodega! –discurre Cati.

---

[1] *Can Clapers* era como se conocía el edificio donde se asentaba el Colegio de la Pureza, y que daba nombre a su misma calle.

—¡Eso es! –confirmo–. Y este ha de ser el barril del aceite o del vinagre.

—O del vino –aventura Martina.

—¿Del vino? –la corrige Cati–. Pero ¡si las monjas no pueden beber vino!

—¿Y eso por qué?

—Porque es pecado.

—¡Anda ya! Pecado sería si se embriagaran.

—Pues sería muy divertido ver a una monja borracha –ríe Carlota.

—Pues me da a mí –interrumpe Magda– que andáis todas equivocadas. Este depósito contiene un líquido muy diferente a los que apuntáis.

—¿Cuál? –pregunto inocentemente.

—Sangre –concluye, señalando el cerco cobrizo que el continuo goteo ha ido generando al pie del barril.

—¡No seas parva! –repone Martina con aires de madurez–. ¿Para qué guardarían sangre las monjas?

—Pues para hacer morcillas.

—Ya, claro. ¿Y de dónde la sacan, si puede saberse?

—¿De dónde crees tú? Te lo diré: de niñas díscolas y desobedientes como nosotras. La historia del jorobado probablemente no sea más que una argucia para mantenernos alejadas de este antro de torturas. ¿Os preguntabais cuál fue el destino de Dolores? Bien, aquí lo tenéis. ¿O no habéis percibido su presencia etérea y helada al penetrar en la estancia? Callad, veréis cómo se escucha aún el aullido de su alma en pena.

El silencio que sigue es tan denso que hasta se podría cortar. Una segunda ráfaga de aire nos atraviesa, erizándonos el vello y agitando nuestros ánimos. Casi se puede oír el latir de nuestro corazón desbocado.

↳ cerco
cobrizo (¿sangre?)

—¡Paparruchas! —exclama Martina al fin, fingiendo seguridad.
—¿Sí? Pues venga, ¿quién se atreve a probar? —nos reta Magda, desafiante.
—¡Estás chiflada? —le digo.
—¿Acaso tienes miedo?
—¡Por supuesto que no! —miento.
—Pues que se vea.
Y me empuja hacia el depósito.
Avanzo pesadamente, maldiciendo mi impulsividad. ¿Quién me mandaba a mí abrir la boca? Calladita me estaba mejor. Ya dice mi madre que en boca cerrada no entran moscas.
—¡Vamos, valiente, tú puedes! —me anima Cati, palmeándome suavemente el hombro; su mirada azul y su pecosa sonrisa logran infundirme algo de confianza.
Cierro los ojos. Respiro. Me inclino despacio, sin prisa, con miedo. Palpo el grifo con mis dedos, aproximo a él mis labios y, justo cuando empiezo a hacer girar la manija... un relámpago cegador y un rugido terrorífico a mis espaldas congela mis movimientos.

—¡¡VÁLGAME EL CIELO!! –brama la madre Bou, que acaba de encender la luz–. ¿Qué hacen aquí, granujas! –Blande en el aire una vinagrera vacía, que hace las veces de improvisada arma arrojadiza–. ¡¡Márchense inmediatamente, o daré cuenta a la madre Montserrate!!

Y huimos despavoridas, escaleras arriba, entre risitas histéricas y aullidos de pavor.

* * *

Adoro mi colegio. Su solo nombre, «Pureza de María», me inspira ya tanta dulzura... Su aspecto señorial y misterioso le confiere, además, la atmósfera perfecta para nuestras andanzas. Me encanta deambular por sus pasillos y acariciar sus tapices, investigar sus recovecos, respirar su característico aroma amaderado, imaginar su pasado... ¡Qué aspecto tan distinto tendría el día aquel –hace ya más de cuarenta años– en que la abuelita entró por vez primera en ese caserón ruinoso y destartalado, de paredes enmohecidas y puertas desvencijadas, de aspecto lúgubre y sombrío, todo cubierto de telarañas...! Y, sin embargo, aquí lo tenéis hoy, pulcrísimo y reluciente como un salón de baile. Es la «magia» de mi abuelita, que todo lo transforma.

A veces me da por pensar que mi corazón debe de ser un poco así: un caos informe, una estancia inhóspita y tenebrosa, con todos mis líos, mis enojos, mis defectos, mis temores y vacilaciones... hasta que llega ella, mi abuelita, a llenarlo todo de luz y de color, a poner paz y orden, a convertir en digna y acogedora morada para Jesús este pequeño corazoncillo mío.

Lo que más me gusta del internado es el ambiente que se respira, ese espíritu de familia que parece imbuirnos a todas, grandes y chicas, y que hace que todo lo que aquí sucede tenga ese inefable sabor de hogar. No es extraño ver a las mayores ayudando a las pequeñas con sus tareas escolares, y a las pequeñas prestando alegres servicios a las mayores, como hilvanar un ruedo, limpiar las mesas del comedor o remendar unas medias. Cada una aporta lo que es y lo que tiene, sin egoísmos, sin envidias, sin rivalidades. La abuelita siempre dice que, si en algo hemos de competir, sea solo en virtud –y que ninguna virtud es tal sin verdadera y profunda humildad– y en amor mutuo.

Las hermanas son para nosotras auténticas madres: nos cuidan con ternura, nos corrigen con firmeza; nos enseñan, ya a coser, ya a rezar; nos atienden sin consentirnos y nos educan sin humillarnos. Unas más maternales, otras más austeras; pero todas buenas, dedicadas y piadosas.

—Mica, ¿me peinas? –acabo de escucharle decir a Teresita, y la buena de Micaela no solo le ha hecho las coletas, sino que le ha puesto además un poquito de su propio perfume, ese que le manda su mamá desde Mahón y que ella reserva para los días de fiesta.

Hoy es precisamente el día de la Pureza, y la excitación se palpa en el ambiente. Las hermanas corren de aquí para allá, decorando la capilla, arreglando el comedor, atendiendo a las autoridades, ensayando los cantos; las colegialas visten sus mejores galas, repasan sus declamaciones, corretean inquietas, nerviosas, alegres. Y es que hoy, además de la Eucaristía solemne en honor de nuestra dulce Madre de la Pureza, tendremos velada literaria con actuaciones teatrales y declamación de poesías; y habrá también reparto de honores.

Me miro en el espejo: el uniforme de fiesta me está un poco corto. La última vez que me lo puse fue para el

Corpus, y es evidente que he crecido bastante desde entonces; tanto, que casi me asoman las rodillas.

—No puedes ir así, Pilar –me amonesta Carlota con delicadeza–. Deja que te baje un poco el dobladillo.

—Gracias, tita, eres un cielo.

No es que no pueda hacerlo por mí misma, pero me dejo mimar con gusto. Además, Carlota cose incomparablemente mejor que yo.

—Pilarica –me pregunta aguja en mano, con voz preocupada, sin levantar la vista de la tela–, ¿tú crees que recibiré algún galardón?

—Pero, tita, ¿de veras lo dudas? –Paso mi brazo sobre sus hombros menudos y, acercándome a su oído, añado en secreto–: Si no te lo dan, lo robaré para ti.

—¡Ni se te ocurra! –replica con cara de espanto, dejando inmediatamente de coser.

—Que no, tontina, que estoy bromeando. Anda, sigue con eso, que se hará la hora y tendré que acudir al acto vestida solo con las enaguas.

Y ríe con esa risa suya tan infantil, tan sin doblez, tan cargada de candor y de dulzura.

¿Cómo no va a recibir un premio ella, que es la bondad personificada? Si alguna de nosotras merece una medalla, esa es Carlota. No he conocido niña más dulce, más bondadosa, más abnegada, más humilde, más servicial; diría que solo mi abuelita es más tierna que ella. Siempre está cuidando de las demás, haciendo de madre de todas...

Muchas piensan que la llamo «tita» por «Carlotita», pero no; es porque es mi tía. Bueno, algo así. Sucedió que, cuando contaba solo cinco años de edad, su mamá falleció a causa de la tuberculosis. Mi abuelita fue quien recibió la noticia y la encargada de transmitírsela a la pequeña.

«Mi preciosa niña —la consoló sobre sus rodillas—, hoy tu mamá ha partido al Cielo, donde te espera para abrazarte nuevamente algún día. Quiero que sepas que aquí tienes otra madre cariñosa que cuidará de ti y velará para que alcances ese Cielo que también a ti está destinado. Si necesitas cualquier cosa, solo tienes que golpear con los nudillos en esta puerta —señaló la puerta del despacho— y aquí estaré para ti».

Y la estrechó entre sus brazos con toda la ternura de que solo una madre es capaz. Desde aquel día, Carlota se convirtió en la «hijita» predilecta de mi abuelita y, por tanto... ¡en mi tía! ¿No os decía yo que el colegio es como una gran familia? Pues ya veis que es verdad.

—Listo, Pilu. Pruébatelo ahora, a ver cómo te queda.

—¡Gracias, tita! No sé qué haría sin ti. ¿Cuánto te debo? —bromeo.

—Un rosario, un *Ad Sanctum Ioseph* y cinco *Memorares* —responde con picardía.

—¡Cara me sales tú! Está bien, luego te los rezo. Ahora, te hago una carrera hasta el planchador.

* * *

Este mediodía ha venido don Enrique, nuestro visitador, a presidir la Eucaristía, que ha estado sublime. En la homilía nos ha hablado de las virtudes de la Virgen y ha destacado sobre todo la virtud de su Pureza: María es esa muchacha que, por su «limpieza de corazón», no solo llegó a «ver a Dios» —como diría Jesús en las bienaventuranzas—, sino que tuvo el inmenso privilegio de llevarlo en su vientre, acunarlo entre sus brazos, besar su rostro, acariciar su piel, acompañar sus pasos, consolar sus lágrimas, aquietar sus miedos, educar su alma...

—Del mismo modo —nos ha dicho—, si mantenéis limpio y puro vuestro corazón, también vosotras podréis, en cierta manera, ser «madres» de Jesús y recibirlo en vuestra alma, ser su consuelo, abrazarlo en lo más íntimo de vuestro ser.

No he entendido muy bien eso de ser «madres de Jesús», pero me ha gustado lo de poder acariciarlo y abrazarlo en nuestra alma, y lo de ser su consuelo. ¡Debe de estar tan triste a veces, el pobrecito, cuando ve lo que hacemos y cómo nos portamos! Por eso, en el momento del ofertorio le he entregado a la Virgen mi corazón y le he pedido que lo haga puro como el Suyo, para que Jesús pueda venir y encontrarse tan a gustito en él como se encontraba en los brazos de Su Madre.

Después de la celebración y del besamanos, don Enrique nos ha felicitado a cada una con un beso y nos ha regalado una preciosa estampa de Nuestra Señora de Lluc, patrona de Mallorca. Es muy apuesto, don Enrique; tiene unas facciones viriles y un aire distinguido que lo hacen tremendamente atractivo. La madre Togores dice que es pecado hablar así de un sacerdote, pero a mí me parece una tontería. Si el hombre es guapo, ¿por qué no se va a poder decir, a ver? ¿Solo porque sea cura? ¡Señal de que Dios tiene buen gusto a la hora de elegir a sus pastores!

—Va a tener usted que confesarse —me dice cuando me oye hablar así.

Y yo, para hacerla rabiar, le respondo:

—Tiene razón, madre. Voy a pedirle a don Enrique que escuche mi declaración, digo mi confesión.

Y, aunque pone el grito en el cielo, sé que en el fondo me adora, y debo decir que yo a ella también.

* * *

Ha llegado el momento. El salón de actos se encuentra atestado. Cientos de padres orgullosos, tras las intervenciones poéticas y las representaciones teatrales de sus retoños, aguardan expectantes el momento de la entrega de premios, en que al fin verán recompensados sus esfuerzos en la educación de sus criaturas.

Mientras bajo al patio de butacas me voy fijando en los rostros y los gestos de la gente: el padre de Martina saluda cortésmente a la abuela de Lluc, que anda quejándose porque no le han dado sitio en el palco; la madre de Loreto, alta y espigada como ella, le atusa la corbata al esposo, bajito y rechoncho, que mira fijamente al escenario desde sus gafitas diminutas; lo cierto es que forman una pareja de lo más peculiar. La madre de Juana, con su cara redonda como pan de payés y un vestido algo escotado, hace aspavientos para captar la atención de su hija; los padres de Teresita, jóvenes y afables, no le quitan ojo a su pequeña, que les saluda con la manita desde los asientos reservados; el padre de Paquita, elegantemente trajeado con chaqué y pajarita, se abanica con el programa de actos junto a su esposa, que se retoca el maquillaje mirándose en un espejito de mano; la madre de Margarita regaña a su hijo pequeño, que se ha puesto de pie sobre el asiento porque el padre de María Rosa, un señor gordote y enorme, se ha sentado delante y no le deja ver...

Solo mis padres no están presentes, pues el viaje desde Zaragoza es demasiado largo y papá hace semanas que arrastra un mal catarro. Mamá ha enviado esta mañana un telegrama de parte de toda la familia, diciendo que estarían espiritualmente presentes y que me quieren con todo su corazón. Aprovechaban también para felicitar a la abuelita en este día especial.

Comienza el acto con las palabras de mi abuelita, que se dirige en primer lugar a las autoridades; a continuación, a los padres de familia; y por último a nosotras, a quienes dedica unos bellos versos, por ella compuestos:

¿Quién puede hoy desconocer
lo que vale la instrucción?
¡No hay en el mundo un rincón
do no se aprecie el saber!

Las rancias preocupaciones
otros tiempos sustentadas
quedan hoy ya desterradas
del seno de las naciones.
Y ya es dado a la mujer
cultivar su inteligencia,
pues la virtud y el coser
nunca excluyen a la ciencia.

Trabajad, pues, con afán,
hijas mías, no olvidéis
que lo que ahora aprendéis
quizás mañana os dé pan.

La instrucción es un tesoro
que nadie os podrá usurpar,
y que siempre os podrá dar
bienes más reales que el oro.

Pero si queréis hallar
el colmo de la ventura,
guardad la conciencia pura;
ni a Dios ni a nadie faltar.

Acostumbraos a sufrir;
sed humildes, laboriosas,
en el hogar hacendosas,
sin nunca jamás fingir.

No descuidéis la oración,
cosed, bordad y zurcid;
donde hagáis falta acudid;
repartid vuestra atención.

Si así lo hacéis, y estudiando
las ciencias y bellas artes
conseguiréis en mil partes
vuestro valor ir doblando.

Mi alegría será inmensa,
si veo que así lo hacéis,
y de Dios mereceréis
después, sin par recompensa.

Los aplausos duran cerca de dos minutos.

A continuación, viene la entrega de premios. Clase por clase, las maestras van llamando a aquellas alumnas que, por su aprovechamiento en los estudios o su comportamiento ejemplar, destacan entre sus compañeras. Las así distinguidas suben al estrado y reciben una medalla de honor que hace henchirse de orgullo a sus progenitores.

—Micaela Fernández Pons —comienza la maestra Remigia el reparto de nuestra clase—, medalla en Geometría. Loreto Oliver Torres —continúa—, medalla en Historia. Lluc Barceló Comas, medalla en Aritmética. Carlota Ribas Coll —¡lo sabía!—, medalla en Urbanidad.

—¡Bravo, tita! —No puedo contener mi júbilo. ¡Qué orgullosa ha de estar su mamá en el Cielo!

Busco con la mirada a su padre, quien, de pie en la tercera fila, sonríe y aplaude a rabiar, con los ojos anegados en lágrimas. Mi abuelita dice que es «un hombre de extraordinaria bondad, sencillez y santidad». Cuando su esposa enfermó, renunció a su reputado trabajo de arquitecto para dedicarse enteramente a su cuidado y al de sus cinco hijos (cuatro chicos y una chica de entre cinco y diez años). Contrató a los mejores médicos, quienes le aplicaron muchos y muy costosos tratamientos, sin que con ello lograsen hacer nada por su vida. Al fallecer ella, el pobre hombre se encontró solo y arruinado; pese a todo, los pequeños nunca percibieron las penurias por las que hubo de pasar su padre, tanto se esforzó en mantener su alegría y proteger su inocencia. A punto estuvo de sacar a Carlota del colegio por no poder seguir pagando; pero la abuelita se lo impidió, asegurando que, mientras ella viviese, no le habrían de faltar techo, comida y educación.

—Margarita Ruiz Perelló —prosigue la maestra—, medalla en Costura y Labores. Martina Galmés Ferragut, medalla en Francés. María Rosa Balmes Gual, medalla en Doctrina e Historia Sagrada.

Al subir los escalones, la pobre María Rosa tropieza y viene a dar de bruces sobre la tarima, ante el espanto de los presentes; un gesto rápido de Martina —que justo regresa de recoger su medalla— evita que se golpee y la ayuda a incorporarse, mientras ella saluda con mucho salero al público, que la aplaude animadamente.

—Juana Sureda Vives, medalla en Geografía. Catalina Ribera Llompart —¡esa es mi Cati!—, medalla en Oratoria.

¡No podía ser de otro modo, mi encantadora Cati, la

del vocabulario grandilocuente y la porfiada corrección al hablar!

—Magdalena Ramis Cardona, medalla en Dibujo. Francisca Seguí Pascual, medalla en Gramática. Pilar Civera Llonch –¿no es ese mi nombre?–, medalla en Aplicación y Conducta.

¡No doy crédito a mis oídos! Cruzo la mirada con mi abuelita, que aplaude y sonríe satisfecha desde el palco presidencial, junto a don Enrique, el obispo Pere Joan Campins y don Antonio Rosselló, el alcalde.

«¡Medalla en Aplicación y Conducta!», repito para mis adentros mientras subo al escenario. Me cuesta creerlo, aunque lo cierto es que me he estado esforzando muchísimo los últimos meses para portarme bien y estar muy atenta en clase, pues se lo prometí a papá cuando empezamos el curso.

Mientras regreso a mi sitio, la medalla tintinea al chocar con esa otra medalla, la que me regalara mi abuelita el día que llegué: la de la Virgen María. Y entonces comprendo que es a Ella a quien debo este éxito; Ella es quien ha velado mis pasos, quien me ha guiado y aconsejado, quien ha modelado con dulzura mi carácter encabritado. Gracias, Madre: esta medalla te pertenece.

* * *

Dos días. Eso es lo que me ha durado la medalla. Y todo por culpa de Fede y de Lorenza, dos de las alumnas mediopensionistas del sexto curso.

Las cosas han sido así: este mediodía me tocaba turno de secar cubiertos después de fregar. Margarita barría el suelo y María Rosa era la encargada de limpiar las mesas. Fede y Lorenza han entrado en la cocina bajo pretexto de pedirle a la hermana una infusión de camomila para el dolor de barriga; la hermana se la ha servido y ellas han regresado al comedor.

—Muy simpático el numerito que armaste en la velada de entrega de premios –han dicho, dirigiéndose a María Rosa–. ¿Te costó mucho ensayarlo?

María Rosa, sin comprender bien la pregunta, les ha sonreído con dulzura.

—¿Me dejas ver tu medalla? –le ha preguntado Lorenza, tirando con excesivo ímpetu de la cinta que María Rosa llevaba colgada al cuello, provocando que hubiera de inclinarse hacia ella. Con todo, María Rosa no ha dejado de sonreír, solícita y complaciente.

—Doctrina e Historia Sagrada –ha comentado Fede con desdén–; es la que les dan a las torpes que no saben hacer nada y, por compasión, les otorgan esa condecoración con tal que sepan recitar bien el padrenuestro.

Por primera vez María Rosa ha torcido el gesto, mientras las dos canallas reían a carcajadas.

—¿Qué tal se ve la vida con cuatro ojos? –han continuado su burla–. ¿Nos ves bien, o nos ves doble?

—Os veo bien –ha respondido la pobre.

—¡Pues claro que nos ves bien, si estamos divinas! En cambio, tú pareces el doble, con esas carnes que te sobran por todos los costados.

No pudiendo soportar por más tiempo el espectáculo de humillación a que estaban sometiendo a la buena de María Rosa, me he interpuesto.

—Ya basta. Dejadla en paz. Ella no os ha hecho nada.

—Uy, pero si es la nietecita de la superiora –ha dicho Lorenza, dejando caer a propósito el vaso con la infusión sobre una de las mesas ya limpias–. Vaya, qué torpe soy.

—¡Lo que eres es una canalla y una sinvergüenza! –le he gritado con ira.

—¡Eh, amarra el corcel, damisela! —ha intervenido Fede—. Solo estamos charlando con esta lacaya. No irás a lloriquearle a tu abuelita por eso, ¿verdad?

—Claro que lo hará. ¿Cómo, si no, crees que ha conseguido esa medalla, sino olisqueándoles el trasero a las maestras y dándoles el chivatazo acerca de cualquier infracción o desacato?

De nuevo han estallado en sonoras risotadas, ante la mirada cada vez más asustada de María Rosa. Y yo no he resistido más. Me he lanzado contra ellas. Puñetazos, patadas, tirones de pelo, pellizcos, insultos, mordiscos, gritos. Las sillas volaban y las mesas rodaban por el suelo. Han tenido que intervenir la madre Ginart y la madre Togores para separarnos.

Así que aquí estoy ahora, sentada frente a la mesa del despacho de mi abuelita, esperando que venga. Y no precisamente a consolarme.

—Pilar. —Acaba de entrar, y yo, por instinto, me he puesto en pie—. Siéntate.

—Abuelita, yo...

—¿Sabes el disgusto que me has dado? —me interrumpe, con tono francamente decepcionado.

Bajo la cabeza.

—No me lo esperaba de ti.

—Pero, abuela, esas niñas se estaban metiendo con María Rosa, y yo...

—Sí, ya sé que tu intención era noble, y no creas que no me gusta que hayas tenido el valor de salir en defensa de tu hermana más débil; pero eso no justifica la violencia. Te quiero más dueña de ti, más ecuánime, más serena. Te dejas llevar demasiado por los impulsos de tu corazón, y no diré que eso sea del todo malo, pero sí puede ser pernicioso a veces. Hay que obrar con el corazón, pero después de haber meditado y consultado bien con la inteligencia.

Callo, sabiendo que tiene razón.

—Quiero que vayas a esas dos compañeras y les pidas perdón.

—¿Qué! –exploto–. Pero ¡si han empezado ellas!

—Ellas también tienen su penitencia, y no precisamente baladí; pero aquí la cuestión no es qué harán ellas, sino qué harás tú. ¿Vas a optar por el rencor, o por el perdón? ¿Qué crees que hará mayor bien a tu alma? Y, sobre todo, ¿qué espera Jesús de ti? Déjame decirte una cosa: el que más perdona, más grande se hace. Y yo te quiero grande. ¡Te quiero santa!

¿Qué se puede objetar a eso?

—Está bien –concluyo a regañadientes–. Y me imagino que, además, estaré castigada hasta el Fin de los Tiempos.

—Tanto no –sonríe–; solo dos semanas. Prestarás servicios comunitarios durante los recreos hasta final de mes. Y luego habrás de poner por escrito tus reflexiones acerca de lo sucedido.

—De acuerdo –repongo malhumorada–. ¿Puedo irme ya?

—Si así lo deseas...

La miro a los ojos. Esos ojos que derrochan bondad, comprensión, ternura. Y me siento incapaz de permanecer enfadada. Me pongo en pie y me lanzo a sus brazos, llorando arrepentida. Ella me acaricia la cabeza en silencio.

No logro explicármelo, pero, cuando salgo de allí, siento hasta deseos de abrazar a Lorenza y a Fede y transmitirles ese perdón sanador, sin condiciones, que yo acabo de recibir.

6

Femenino plural

—Bien, cierren sus libros, vamos a practicar el análisis morfológico.

Un murmullo de protesta recorre la clase; la maestra, inalterable, se acomoda los lentes sobre la punta de su nariz picuda y procede al interrogatorio.

—Señorita Galmés, en la oración: «Con tu constante aplicación azotas la ignorancia que amenaza sumirte en el infortunio», ¿qué valor gramatical posee el vocablo «infortunio»?

—Infortunio –comienza Martina–: nombre común, abstracto, masculino, singular.

—Perfecto –corrobora la maestra–. Señorita Sureda, analice «constante».

—Constante: adjetivo calificativo en grado positivo, una terminación, femenino, singular.

—Bien. Señorita Barceló, «azotas».

—Azotas: nombre común, concreto, contable, individual, femenino, plural.

—Pero ¡qué barbaridades dice! ¡Yo sí que la voy a azotar! Siéntese y copie cien veces: «Azotas corresponde a la segunda persona del singular del presente de indicativo del verbo azotar, primera conjugación». A continuación, escribirá usted todas las formas verbales, simples y compuestas, en modo indicativo, subjuntivo e imperativo, en voz activa y pasiva, del verbo azotar y de sus sinónimos, fustigar y flagelar. Y, cuando haya terminado, meditará por espacio de media hora en la flagelación de Cristo Nuestro Señor, que hubo de sufrir tan cruel tormento a causa de nuestros pecados. Ahora, salga de aquí y preséntese ante la madre Montserrate Juan, a quien habrá de dar cuenta de su holgazanería.

—¡No, señorita, se lo suplico! –solloza Lluc–. ¡No me envíe a la madre Juan! Por favor, mándeme en su lugar a la madre Giménez, ¡se lo ruego!

De todas es conocida la severidad de la madre Montserrate, lo mismo que la dulzura con que mi abuelita, sin faltar jamás a la justicia, nos corrige siempre, conjugando firmeza con benevolencia; de ahí que todas prefiramos mil reprimendas de la madre superiora a una sola de las miradas airadas de nuestra prefecta.

—Vaya usted donde le plazca –responde la maestra con gesto cansando–. Pero sepan, señoritas –se dirige ahora a todas–, que están aquí con grande esfuerzo y no pocos desvelos por parte de sus padres, quienes confían que han de ser ustedes las impulsoras de un futuro en el que la mujer no quede relegada únicamente a las tareas domésticas, sino que vea al fin desarrollados al máximo sus talentos y capacidades en todos los ámbitos de las ciencias y las letras, y brille con la luz de sus predecesoras, las grandes mujeres de nuestra historia.

»Para que no se les olvide, su próxima tarea será investigar y elaborar una composición acerca de una de esas mujeres –a elección– que han cambiado el rumbo de la historia por su coraje, su virtud, su santidad o su valía científica, artística o literaria.

—¿Puede ser una mujer que aún esté viva? –pregunta Loreto.

—Ciertamente, siempre y cuando responda a las características mencionadas.

—¿Cuánto tiempo tenemos de plazo? –quiere saber Carlota.

—Hasta el final de esta semana; el viernes recogeré sus trabajos. Ahora, saquen una hoja: vamos a hacer un dictado.

* * *

Mañana es santa Úrsula. Por si no la conocéis, os cuento un poco su historia. Vivió en el siglo V, hija de un príncipe británico, y era una joven muy hermosa. Su nombre significa «pequeña osa». Pese a que sus padres pretendían casarla con un príncipe llamado Ereo, ella decidió entregarle su vida a Dios, y viajó a Roma en barco –a escondidas de sus padres– para pedirle al Papa que recibiera sus votos. En su regreso, fue sorprendida en Colonia (Alemania) por el ataque de los hunos. Atila, rey de este pueblo, se enamoró de ella, pero Úrsula lo rechazó; por eso, junto a las doncellas que la acompañaban, fue martirizada. Estas doncellas eran diez (once con Úrsula): Marta, Saula, Brítula, Gregoria, Saturnina, Sencía, Pinnosa, Rabacia, Saturia y Paladia, aunque un error en la documentación hizo pensar durante siglos que eran nada menos que ¡once mil! Qué locura, ¡a ver cómo iban a caber once mil personas en un mismo barco sin que se hundiera!

Bueno, todo esto os lo cuento porque, como decía, mañana (21 de octubre) celebramos su fiesta, y en Mallorca en general –y en la Pureza en particular– es un día grande. En Mallorca es conocido como el «Día de las Vírgenes», y la víspera –es decir, hoy–, los mozos acuden al balcón de sus enamoradas a cantarles serenatas y entregarles un clavel; por su parte, las muchachas les obsequian con buñuelos y un traguito de moscatel. Podéis imaginar que las mayores del internado están hoy especialmente atontolinadas y nerviosas. La madre Montserrate ha prohibido que nadie se asome al balcón y mucho menos que salgan a la calle; ha establecido vigilancia, pero hay algunas que planean el modo de salir a hurtadillas. Me lo ha contado Teresita, que las ha escuchado en el baño. A mí, sinceramente, me trae sin cuidado.

Mucho más me entusiasma la fiesta que tenemos preparada para mañana: como comentaba, también en la Pureza es un día importante, pues santa Úrsula es, junto con santa Teresa de Ávila, patrona del pensionado, y las hermanas suelen organizar concursos, bailes, juegos, recitales, obras de teatro... Este año, nuestra clase va a representar una comedieta que ha escrito mi abuelita para la ocasión: se titula «La Gramática», y es la mar de divertida.

La protagonista es Alejandrina, una niña rica y perezosa que no quiere estudiar. Su criadita, Manuela, envidia su suerte; desearía poder aprender a leer y escribir, pero no puede, pues debe dedicarse a las tareas del campo. Al comprender esta desigualdad, Alejandrina se entristece y promete aplicarse en adelante, de modo que, aprendiendo ella, pueda llegar a enseñar también a Manuela. Su mamá, que quiere ayudarla, organiza en casa un teatrillo, con la colaboración de las amigas de su hija, en el que comienzan a desfilar todos los elementos gramaticales: el verbo, el sustantivo, la interjección, el artículo, el adjetivo, el pronombre, el participio, el adverbio, la preposición, la conjunción... y cada uno se presenta simpáticamente, exponiendo ante el resto sus peculiaridades. De esta manera, logra que Alejandrina no solo comprenda la Gramática, sino que incluso se entusiasme en su estudio, que tan tedioso le había resultado hasta entonces. Finalmente, doña Luisa (la mamá de Alejandrina) decide apadrinar a Manuela y le ofrece la posibilidad de crecer y educarse junto a su hija, como si fueran hermanas.

—Vamos, niñas —nos convoca la hermana Togores en el salón de actos—, hagamos un último ensayo.

Nos situamos en fila india tras las cortinas, cada una con su atuendo distintivo en la mano, dispuestas a aparecer en escena cuando sea nuestro turno. A mí me toca ser la conjunción, y he elegido un disfraz de rosquilla de chocolate que he encontrado en la tramoya. A la hermana no le ha gustado y ha amenazado con expulsarme de la obra si no me ponía una indumentaria más acorde con mi papel, pero la he convencido de que iba vestida nada menos que de la letra «o». Al fin y al cabo, ¿cómo se ha de representar una conjunción?

—¡Fastidiosa Gramática! —exclama Martina sobre el escenario, en su papel de Alejandrina—. ¡Mil veces fastidiosa! —Golpea el libro—. Eres un rompecabezas; el mejor libro para hacer rabiar o dormir. Y es preciso aprender la lección. ¡Dios mío! Tantos casos y géneros y números y reglas y excepciones, ¡desenredaos un poco si queréis! —Se lleva la mano a la frente—. ¡No puedo —llora—, voy a dejarlo todo y a decirle a mamá...!

En este momento entra Carlota en escena, personificando a la criadita Manuela. Va vestida humildemente, con falda raída, zuecos y un delantalito remendado ceñido a la cintura. Un pañuelito a cuadros le cubre el cabello, que sobresale por detrás en una larga trenza. Trae en un brazo un cesto de frutas y se seca la frente con el dorso de la mano que le queda libre.

—¡Manuela! ¡Manuela...! –grita Alejandrina con tono desesperado.

La verdad es que Martina borda su papel. ¡Es una actriz nata! No me extraña que la hermana la haya elegido como protagonista. El año pasado, en la obra de Navidad, hizo llorar a todo el público con su interpretación de una huerfanita que se refugiaba entre las pajas del pesebre de la Catedral para huir del frío, y la Virgen la recogía en sus brazos y la cobijaba en su propio manto.

—Tenga usted muy buenos días, señorita –saluda Carlota en su papel de Manuela, dejando su cesta sobre el suelo–. ¡Oh, Dios mío! Llora usted. ¿Qué tiene?

—¿Qué tengo? ¿Qué tengo? Que me he de estar aquí con este maldito libro y no puedo correr tras las mariposas; y precisamente hoy, que las hay tan bonitas. Tú eres dichosa, Manuela, eres libre y te paseas; tú sí que gozas buenos tiempos.

—Y malos también, señorita, créalo usted. Alguna vez llego a la finca empapada en sudor hasta los huesos. ¿Que yo soy dichosa? Usted sí debe serlo, que tiene la fortuna de verse bien educada e instruida. Usted, que ha leído tantos libros que debe saber la historia de todo el mundo desde nuestro padre Adán. ¡Oh si, en lugar de estarme al sol apacentando mis vacas o segando, me viera como usted a la sombra de un lindo jardín; cuánto estudiaría! Pero yo, señorita, ni siquiera sé leer.

—Hablas como te parece, ves las cosas del mejor color, pero... ¡Lloras! ¿Qué tienes? –La abraza amigablemente.

—¡Ah, señorita! Estoy pensando que podría llegar un día en que me viera separada de mi madre y no podría recibir noticias suyas ni darle las mías. ¡Pobre madre mía, cuánto siente no haber tenido medios para instruirme! –Enjuga las lágrimas con el delantal y Alejandrina la mira pensativa–. Pero mire usted qué alto está ya el sol. –Toma su cesta–. Él adelanta su tarea y es preciso que yo adelante la mía. Todo el mundo trabaja, señorita, ya lo ve usted; los pajaritos mismos se ocupan todo el día en buscar su alimento y en fabricar su nido.

—¡Pero no estudian la Gramática!

—Y las abejas trabajan para darnos la miel; y hasta la hormiga trabaja.

—Sí, en verano; pero descansa en invierno.

—Recoge entonces el fruto de su trabajo. Es muy justo.

—Sin duda, pero ¿ves? –Le enseña el libro–. Aquí hay para secarse los sesos. –Se tapa la frente.

—Por más que diga usted, señorita –añade la criada tristemente–, si yo me hallara en su lugar... Es preciso que me vaya. Adiós, señorita.

—Adiós, Manuela. Vuelve a verme mañana. ¿Oyes? Voy a decirte algo que te gustará mucho.

—No faltaré, señorita.

Sale Carlota del escenario y queda de nuevo Martina sola, ensimismada y conmovida.

—¡Pobrecita! –comenta como para sí–. Creo que llora todavía. Yo la consolaré, le enseñaré a leer y escribir. Voy a decírselo a mamá. La pena de Manuela me ha hecho reflexionar; y veo que tiene razón. Yo no había pensado nunca en todo lo que me ha dicho. Bien lo veo; no bastan los libros. Aquí –pone la mano sobre el corazón– falta algo: el deseo, la voluntad de Manuela. ¡Oh! Cuán culpable soy por no haber aprovechado una educación que tantos sacrificios cuesta a mi buena mamá. ¡Oh, Dios mío! –Junta las manos–. Yo os prometo, y lo mismo a ti, querida mamá, ser en adelante muy estudiosa y aplicada.

Entra ahora en escena Cati, en su papel de doña Luisa. Va vestida elegantemente y, a la vez, con mucha modestia; apenas una medallita de la Virgen cuelga de su cuello, y en sus manos no luce más sortija que la alianza matrimonial.

—Todo lo he oído, hija mía, y me felicito de verte animada de tan buenos sentimientos.

—¡Mamá! –Le besa la mano–. Yo pido a usted perdón del tiempo que he perdido.

—Y yo favoreceré tus deseos aprovechando la reunión de tus amiguitas, que van a venir a pasar el día contigo, para ejecutar un proyecto que va a meter para siempre la Gramática en tu cabeza.

—¡Qué dicha!

—Oirás a todas las partes de la oración explicar las funciones que llenan en las frases, y creo que, viendo una Gramática viviente, quedarás vivamente impresionada.

—¡Cómo! ¿Viviente? ¿Podré tocar el sustantivo, el artículo... verlos y oírles hablar?

—Sí, hija mía.

—Reconozco en esa ingeniosa idea toda la ternura de mi buena mamá, y le prometo grabar en mi memoria cada personaje de modo que no lo olvide jamás.

—Está bien, hija mía; pero es preciso esperar a esas señoritas para pasar el día de una manera agradable.

—¡Aquí están!

Entramos las demás por orden. Disimuladamente, a la vez que pasamos la cortina, dejamos nuestros disfraces en el rincón del fondo, para cogerlos después. Saludamos a doña Luisa con una reverencia y a Alejandrina con un beso.

—Queridas –dice doña Luisa–, ¿cómo se va a pasar el día? Hace mucho calor para ir de paseo. Yo propongo hacer una comedia, aquí, a la sombra. ¿Qué les parece a ustedes?

—¡Sí, sí! –exclamamos a coro.

—¡Nos gusta la idea! –añade Micaela.

—Pero no sabremos los papeles –replica Margarita.

—¡Es verdad! –la apoya Loreto.

—Todas ustedes son bastante instruidas para desempeñar el papel que les indicaré –las tranquiliza doña Luisa.

—¿Y yo qué haré? –pregunta Alejandrina.

—Tú, hija mía, para no poner a prueba tu ciencia, serás la ignorantilla.

—¡Ah, mamá! Confieso que ese es el único papel que puedo llenar cumplidamente.

—Van ustedes a hacer una linda comedia: La Gramática –anuncia la señora.

—¡La Gramática? –reponemos con muecas de consternación, mirándonos unas a otras.

—Sí, queridas; habrá para ustedes un objeto, una recompensa. Sé cuánto quieren ustedes a Manuela. Ella ha vencido esta mañana la pereza de mi hija; Alejandrina les dirá a ustedes cómo, más tarde. Pues escuchen: si todas ustedes llenan bien sus papeles, dispensaré a Manuela de sus rudas faenas y se la daré a mi hija por compañera de estudios, para que renueve cada día con su ejemplo la emulación que hoy ha sabido comunicarle. La suerte de esta niña tan querida está en manos de ustedes; desplieguen, pues, su inteligencia.

—¡Sí, sí; por Manuela! –vuelve a exclamar Micaela–. ¡Valor!

—¡Valor! –coreamos todas.

—Procedamos a la elección de los papeles. ¿Quién hace el sustantivo?

—¡Yo, yo! –respondemos en tropel.

—¡Orden, orden! No hablen ustedes todas a la vez.

Nos arremolinamos y, entre susurros, hacemos como que nos repartimos los papeles. Nos aproximamos luego al rincón donde descansan nuestros disfraces, y cada una se pone el que ha elegido.

—¿Eres tú también una parte de la oración? –le pregunta Alejandrina a Lluc, que lleva puesto el disfraz de viento que fabricamos para la obra de las Cuatro Estaciones, el curso pasado.

—Sí –responde.

—¿Cuál?

—La interjección.

—Debería haberlo adivinado; pareces un suspiro. –La abraza–. Temo que se evapore entre mis brazos.

—Empecemos, queridas –apremia doña Luisa.

Comienza Micaela en su papel de sustantivo:

—Aquí tenéis, señorita, todas las partes del discurso; hemos sido tan maltratadas por diversos autores que muchas personas, sin conocernos, nos han reputado de confusas y difíciles, y habrá usted oído decir, y tal vez usted misma habrá repetido, que la Gramática es abstracta, árida, pesada...

—Es muy cierto –reconoce Alejandrina.

—Por esto, señorita, nos creemos afortunadas viniendo a probaros que no somos tan difíciles como se nos supone. Por de pronto, nos dividimos en variables y en invariables...

Así comienza el discurso del sustantivo, tras el que van presentándose, uno tras otro, todos los elementos gramaticales. A medida que se acerca mi turno, me voy poniendo más y más nerviosa; temo quedarme en blanco y que la hermana Togores cumpla su amenaza de expulsarme de la obra.

Pasan el verbo, el artículo, el adjetivo, el adverbio, la preposición, el pronombre... Me toca al fin. Respiro. Me acomodo mi disfraz de rosquilla y, con paso firme, me sitúo ante Martina, que sigue enteramente sumida en su papel de Alejandrina.

—Aquí viene una pequeñuela —dice—. La conjunción, tal vez.

—¡No tan pequeña! —finjo ofenderme—. Sin mí, vuestras frases carecerían de sentido; sin mí, serían precisas muchas repeticiones y mucho tiempo para hablar; mientras que, con el auxilio de estas palabritas: «y, o, si, pero...», todo se explica fácilmente. Soy invariable, uno las oraciones y creo tener más importancia que la que me concedéis.

—No había reflexionado sobre vuestra utilidad, pero ahora veo que sin vos sería el lenguaje muy difuso, y que hacéis fácil la expresión de los pensamientos.

—Esta es la verdad —corroboro—. Razonáis como un oráculo.

Me despido con una divertida cabriola, que hace reír a todas. Tras de mí, aparece de nuevo Lluc.

—¡Ah! Aquí viene mi suspiro. ¡Va a desvanecerse! Pequeñina, te quiero mucho; no he olvidado tu nombre, eres la sensible interjección.

—Sí, soy la interjección, invariable, modesta. Expreso todas las afecciones, todas las sensaciones del alma. Desde el niño que empieza a balbucear hasta el decrépito anciano, todos me tienen en sus labios; soy de todas las edades. Expreso la dicha y el dolor, manifiesto la admiración y el desprecio; puedo interrogar, llamar, imponer silencio. Ya veis que sería difícil prescindir de mí; y es tan sencillo y fácil mi empleo que bien puedo llamarme hija de la naturaleza.

—Sois, en fin, el lenguaje del corazón. Pero —prosigue Martina, mirando a la chicuela sonrosada y rechoncheta que se acerca, con vestido de lunares y coletas en forma de interrogantes—... ¿quién viene ahí? Una figura desconocida. Yo creía terminada la Gramática. ¿Qué parte de la oración es esta?

—No soy ninguna de las partes de la oración —se presenta María Rosa—; pero mi presencia entre ellas es indispensable. ¿Qué serían sin mí esos personajes confusos y desprovistos de sentido? Apurados se verían para expresar con seguridad las ideas. Soy la puntuación.

—¡Ah, es verdad!

—Bien, niñas —interrumpe la hermana nuestra escenificación—; es ya casi hora del rosario, debemos dejarlo aquí. Esta tarde practicaremos lo que falta. Suban a cambiarse, y recen para que su debut de mañana salga tan bien como lo han ensayado.

* * *

—¿Estás despierta? —pregunta Cati en un murmullo, mientras me levanta los párpados.

—Ahora sí —respondo de malas pulgas al verme interrumpida en mi descanso—. ¿Qué haces aquí? Como te vea la hermana, nos van a castigar. En breve darán las doce. ¡Acuéstate!

—Es que tengo miedo, Pilar; se oyen ruidos en el piso de arriba, y hasta me ha parecido escuchar un llanto lejano. Al principio pensaba que eran las mayores, pero he ido a su dormitorio y duermen todas como benditas.

—Lo habrás soñado, Cati. Ven, acuéstate conmigo si quieres; pero, cuando el reloj dé las cinco, te vuelves a tu cama, no vaya a encontrarte aquí la madre Bou y se arme la de San Quintín. Toma, te presto mi osito para que lo abraces.

—Gracias, Pilar, eres una buena amiga.

Estábamos a punto de conciliar nuevamente el sueño, cuando unos pasos junto a nuestra puerta nos han sobresaltado.

—¿Lo ves? –susurra Cati asustada.

—Será alguna hermana, que estará terminando de prepararse las clases de mañana –digo para tranquilizarla.

—¡A las doce de la noche?

—Qué sé yo, igual no ha podido hacerlo antes; ya sabes las muchas ocupaciones que llevan entre manos.

Antes de que pueda terminar la frase, escuchamos el sonido amortiguado de una puerta al cerrar, seguido de unos gemidos lastimeros, de un llanto ahogado y amargo...

La sangre se me hiela en las venas.

—¡Ay, Pilar! ¿Qué hacemos?

—Cerrar los ojos y rezar para que no nos suceda nada.

—Pero ¿y si es alguien que necesita ayuda? ¿No crees que deberíamos ir a ver?

¡Caray con Cati! Me viene con que tiene miedo, y ahora quiere meterse en la boca del lobo. ¡No hay quien la entienda! Pero es que, en eso, Cati es como Carlota: no es capaz de ver a alguien llorar y no acudir en su auxilio. Y he de reconocer que tampoco yo podría dormir ahora, sabiendo que hay alguien ahí fuera sufriendo sabe Dios qué tormentos.

—Está bien, vamos. Ponte la bata sobre el camisón, que, como nos resfriemos, nos va a caer una buena.

Salimos de puntillas a través de la hilera de camas que, a derecha e izquierda, acogen el descanso de nuestras compañeras. ¡Felices ellas!

Los sollozos se escuchan ahora provenientes del piso de abajo. Siguiendo su eco descendemos, escalón tras escalón, la gran escalinata de mármol, agarradas al pasamanos como si fuéramos a caernos; en realidad, es una forma de aferrarnos a algo seguro que nos permita huir con mayor rapidez en caso de necesidad.

Al llegar a la planta baja nos alarma descubrir luz en el salón de invitados. La puerta está levemente entornada; y el llanto, más templado cada vez, emerge claramente de su interior. Dudamos si acercarnos o no. ¿Y si es un fantasma? ¿El alma en pena de Dolores, tal vez? O, peor todavía, un asesino en serie que se está cobrando a la primera de sus víctimas. Si nos descubre, las siguientes seremos nosotras.

Cati y yo nos miramos, y adivino en sus ojos mi mismo temor. Nos debatimos entre avanzar o volver a nuestro dormitorio; entre ponernos a salvo o exponernos a la muerte; entre llegar al fondo del misterio o ignorar para siempre el porqué de tan extraño, escalofriante y quejumbroso lamento...

Finalmente, nos armamos de valor, nos santiguamos y, uniendo nuestras manos, avanzamos juntas hacia el peligro. A cada paso que damos rezamos muy bajito alguna jaculatoria:

—Sagrado Corazón de Jesús...

—... en Vos confío.

—Dulce Corazón de María...

—... sed la Salvación mía.

—Oh, María, Madre mía...

—... sed mi guía noche y día.

—Ángel tan bello, mi guardián tan tierno...

—... guárdame seguro, que soy tu pequeño.

—Jesús, José y María...

—... os doy mi corazón y el alma mía.

—Santa Bárbara, doncella...

—... líbranos de rayos y centellas. Pero, Pilar... ¡si hoy no hay tormenta!

—¡Y qué más da? En situaciones como esta, todo auxilio es poco. Santa Rita, Rita...

—... lo que se da no se qui... ¡Ahí ya te has pasado!

—Vale, vale.

Y llegamos. Nos santiguamos por última vez. Por la rendija que se abre entre la puerta y el marco nos asomamos muy discretamente, evitando por todos los medios hacer el mínimo ruido que pueda delatarnos. Tenemos los músculos rígidos y las manos cerradas en un puño, listas para hacer frente a cualquier eventual amenaza. Nos asomamos un poco más... y lo que descubrimos allí dentro nos deja totalmente fuera de juego.

¿Alguna vez os ha pasado que habéis sentido deseos de huir y, a la vez, de permanecer en el lugar del que querríais escapar? Eso precisamente me sucede ahora. Sé que no deberíamos estar aquí y que, si nos sorprenden, estamos fritas; pero, a la vez, me resulta tan entrañable la escena que veo ante mis ojos que desearía contemplarla para siempre...

La habitación se halla envuelta en una luz tenue y cálida, procedente de un quinqué de petróleo que titila sobre el candelero y de un brasero encendido junto a las mecedoras. Huele a leña. Sentada en un balancín, Jacinta —una alumna del último curso de secundaria— ahoga sus lágrimas en el abrazo de mi abuelita, quien, de pie junto a ella, le acaricia suavemente los cabellos y la frente. Ninguna de las dos pronuncia palabra. Los suspiros agitan aún el pecho acongojado de la joven, si bien las sacudidas son cada vez menos frecuentes. Mi abuelita, con suma ternura y paciencia, deja que termine de expresar su angustia a través del llanto.

—¿Te encuentras mejor ya? –le pregunta al fin, cuando el lamento se extingue.

Jacinta aparta despacio su rostro del regazo de mi abuelita. Parece mucho más niña, con esa expresión de perrillo desamparado y los ojos hinchados, aún anegados en lágrimas. Da verdadera lástima. La abuelita, sacando un pañuelo de su bolsillo, enjuga el rostro todavía húmedo de la muchacha.

—Sí, madre, ¡no imagina cuánto se lo agradezco!

—No tienes que agradecérmelo, hija mía; las madres estamos para esto. Y ahora, dime con libertad: ¿deseas que hablemos de lo sucedido? No necesito que me lo cuentes si no quieres; pero, si así te place, estoy aquí para escucharte.

—¡Oh madre, nada deseo más que contarle a usted mis cuitas! Por eso precisamente me he tomado la libertad de despertarla, pues no era capaz de conciliar el sueño sin abrir ante usted mi corazón y desahogarlo de sus pesares.

—Adelante pues, hija mía. Cuéntame qué es eso que tanto te aflige.

La abuelita toma asiento en otra mecedora junto a Jacinta y, asiendo delicadamente su mano entre las suyas ya callosas y arrugadas, escucha con atención lo que la joven, cabizbaja, comienza a relatar.

—Verá, madre... Espero no disgustarla... Es que esta noche, pese a las advertencias y prohibiciones de la madre Montserrate, algunas compañeras y yo hemos burlado la vigilancia para bajar a recibir a los muchachos que han venido a cantarnos...

Jacinta se detiene, aguardando la reacción de mi abuelita. Mi mirada se desvía de la una a la otra, tratando de encontrar alguna mueca o gesto de reproche; pero, contrariamente a lo que esperaba, la abuela no pierde su serenidad ni endurece el rostro en lo más mínimo.

—Dejaremos la cuestión de la insubordinación para más tarde –dice con voz apacible–; ahora continúa, hija mía, pues me parece que no es esa la razón de tu desasosiego. ¿Me equivoco?

—No, madre –reconoce Jacinta, elevando la mirada. Veo brillar en sus ojos enrojecidos una chispa de hondo agradecimiento.

—Pues adelante, hija. Nada temas.

—Pues verá... Una de nosotras (permita que no la delate) se hizo con la llave de la cochera, de modo que, bajando por la escalera de servicio, pudimos abrir la puerta trasera y dejar entrar a los chicos sin que nadie lo advirtiera. Habíamos dispuesto unas colchonetas junto a las carretas para acomodarnos, a un lado las chicas y al otro los chicos. Pasamos una velada fantástica, cantando, comiendo buñuelos (que otra de nosotras había comprado durante el tiempo de paseo) y charlando de nuestras cosas.

—Como se entere la madre Juan, ¡se les va a caer el pelo! –le digo a Cati entre dientes.

—¡Shhh! ¡Calla, boba, que nos van a descubrir!

—Entre los muchachos –continúa Jacinta– estaba Juan, un amigo del barrio que me hace la corte desde hace algunos meses y que, todo sea dicho, es bastante atractivo. Tiene un rostro alegre y hermoso; el cabello oscuro, no excesivamente corto, aunque tampoco largo;

la nariz afinada y perfecta, y unos ojos verdes y penetrantes que se cuelan hasta el fondo del alma. Durante todo el rato no dejó de mirarme y dirigirme las sonrisas más seductoras; yo notaba que me sonrojaba por momentos, pero reconozco que me complacía sentirme así mirada.

Estoy empezando a temblar. Me acabo de dar cuenta de que, con los nervios, he salido de la habitación con la bata... pero ¡no me he puesto las zapatillas! Y por mis pies descalzos me va subiendo todo el helor del pavimento, penetrando más allá de la piel y calándome hasta los tuétanos. ¡Seré tarada! Pero no; no voy a marcharme justo ahora, en lo más emocionante de la historia.

—Se hicieron las once y media —prosigue Jacinta— y, aunque lo estábamos pasando maravillosamente, comprendimos que era ya hora de despedir a los chicos. Uno tras otro se levantaron, hicieron ante nosotras una cortés reverencia y tomaron rumbo hacia la puerta. Todos menos Juan. Él permaneció quieto, en silencio, con su mirada clavada en la mía. Cuando los demás (incluidas las muchachas) se hubieron marchado, avanzó hacia mí. Yo estaba paralizada, sin saber qué hacer: por un lado, deseaba caminar a su encuentro y recibirlo entre mis brazos; por otro, me aterraba estar a solas con él y quería huir, cuanto más lejos mejor. Mis temores se desvanecieron en el momento en que Juan, con suma delicadeza, apartó el cabello que caía sobre mi hombro izquierdo y, con infinita suavidad y ternura, besó largamente mi mejilla. Perdí el aliento, creyéndome estar ya gozando las delicias del Paraíso.

Esto se pone cada vez más interesante. Miro a Cati y adivino que está pensando lo mismo que yo, a juzgar por su sonrisilla pícara y un tanto burlona. ¡Hay que ver, estas mayores! Se pierden por una cara bonita y se deshacen ante cualquier gesto galante que les hagan los chicos. ¡No sé qué gusto les encuentran a las zalamerías y los arrumacos! Mil veces prefiero yo correr por el parque y cazar insectos que andar detrás de un chaval. Eso no quita que el relato, que ha llegado a su momento culmen, me tenga enteramente atrapada.

—Tomó después mi mano —continúa, temblorosa—, acariciándola y haciendo que se estremeciera hasta el último rincón de mi ser. Acercó de nuevo su rostro al mío, y... —traga saliva—... hablándome al oído, me dijo que era la mujer más hermosa que conocía... y me propuso que me fuera con él.

A punto he estado de estornudar; menos mal que Cati, que se ha dado cuenta, me ha puesto un dedo bajo la nariz y ha evitado el desastre.

—No esperaba aquellas palabras y, aunque confieso que me hicieron sentir halagada, comprendí que era un despropósito aceptar su insinuación. «No puedo, Juan», le dije. «Sabe Dios que me gustas mucho, y que nada desearía más que prolongar esta velada contigo. Pero no me parece sensato. Creo que lo mejor es que te marches ahora, antes de que nos arrepintamos. Podemos quedar una tarde de sábado, si quieres, para ir al teatro o dar un paseo...». Sin dejarme acabar, Juan aproximó sus labios a los míos con intención de besarme; yo, turbada, volví el rostro para impedírselo.

Aquí Jacinta interrumpe su relato y estalla una vez más en sollozos amarguísimos. Las sacudidas son ahora tan violentas que temo que vaya a romperse en pedazos. La abuelita la abraza nuevamente.

—Calma, hija mía; ya pasó... No sufras más. Dime, ¿qué sucedió entonces?

—Soltó mi mano bruscamente —añade sin dejar de llorar— y me dijo que era una mojigata, una beatorra y una santurrona, y que, aunque no hubiera otra mujer en el mundo, jamás saldría conmigo. Entonces se dio la vuelta y se marchó, así, sin despedirse; sin volver siquiera la vista atrás.

Pobre Jacinta. Ese Juan es un miserable, y no se merece ni una sola de las lágrimas de esta pobre chica. Como me lo encuentre yo, ¡se va a enterar de lo que vale un peine, el barbilampiño ese!

—Pilar, tienes los labios morados –interrumpe Cati mis pensamientos–. Volvamos al dormitorio antes de que te dé una hipotermia.

—¡No, por favor, espera solo un momento! Quiero escuchar qué le dice mi abuela.

Cati me observa con preocupación, pero entiende que es inútil insistir; de todos modos, acabaré haciendo lo que me venga en gana.

—Niña mía –comienza mi abuelita con dulzura–, acabas de vivir tu primer desengaño amoroso. Sé que es doloroso y que no puedes acoger ahora mis palabras con la serenidad que se requiere; pero créeme si te digo que tu virtud te honra, y que un día encontrarás un muchacho a la altura de tus aspiraciones; un chico que te respete, te honre y vele por tu integridad; un joven que se enamore no solo de tu rostro, sino (sobre todo) de tu alma; que no busque huir contigo, sino iniciar de tu mano un camino al Cielo; que forje su carácter y domine su instinto hasta llegar a ser el hombre que te merezca. También tú habrás de prepararte para él y, aunque aún no lo conozcas, le dedicarás cada esfuerzo en la virtud, cada victoria en el autodominio, cada nuevo paso en tu crecimiento como mujer.

»Cuando iniciéis vuestra vida juntos, no te digo que se acabarán para siempre tus pesares, pero sí que serán más suaves y llevaderos, porque los cargaréis unidos. Él será tu motor, tu alegría, el dueño y señor de tu hogar y de tu corazón, el amor de Cristo encarnado en tu vida. Tú embellecerás su morada con tu presencia, convirtiéndola en mansión de la paz y de la dicha. Serás su encanto, su delicia; la inspiración en sus empresas, el sostén en sus dudas, el descanso en sus fatigas, el aliento y el consuelo en sus aflicciones. Por él, por guardarte para él, habrán merecido la pena estas lágrimas y esta espera.

El reloj marca la una.

—Pilar, ¡nos vamos! –exclama Cati en tono autoritario–. Ponte como quieras, pero no voy a consentir que pases ni un minuto más aquí. Mírate los pies, las manos, las uñas... ¡Estás cada vez más azul!

Tiene razón. De hecho, hace ya rato que no siento mis extremidades.

Volvemos a nuestra habitación con el mismo sigilo con que hemos venido y nos acostamos velozmente, cada una en su lecho. Solo entonces me doy cuenta de que estoy literalmente congelada y, por más que me cubro con las mantas, no logro entrar en calor. Estoy tiritando, siento el cuerpo entumecido y me duele tremendamente la cabeza. Creo que tengo fiebre, pero no me atrevo a avisar a nadie, pues temo que descubran la causa de mi malestar. Me abrazo, pues, a Quirico y comienzo a recitar avemarías hasta que me duermo...

* * *

—¡Santo Dios! ¡Tiene casi 40 °C! Hay que llamar al doctor enseguida. Mientras tanto, prepárenle un baño de agua con hielo.

¿Agua con hielo! ¡Por lo que más quiera, madre Ferrà, no me haga esto! Es lo último que me faltaba, después del frío que pasé anoche... Pero claro, no me atrevo a rechistar. ¿Qué pasaría si se enterasen de lo que estuve haciendo? Mejor me callo y las dejo hacer.

Lo bueno de estar enferma es que todo el mundo te cuida y hasta te consienten algunos caprichos. La madre Togores ha permitido que mis amigas vengan a hacerme compañía un rato, y eso que está terminantemente prohibido entrar en el dormitorio fuera de las horas destinadas al reposo.

—¡Qué bien te lo has montado, bandida! –bromea Magda despeinándome el cabello–. Todo el día en la cama, entre almohadones y frazadas de lana, ¡y encima te libras de la representación! Por cierto, que me han dado tu papel; ahora soy yo la rosquilla de chocolate.

—¡Soy la conjunción, boba!

—Ya nos contarás el truco –la respalda Martina, guiñándome un ojo.

—No os metáis con ella, chicas –habla Carlota en mi favor–; bastante mal lo debe estar pasando la pobre.

—Pero ¡si estamos de broma! –se defiende Magda–. ¿Verdad que no te has ofendido?

—Por supuesto que no –intervengo–. ¿Queréis saber, de verdad, el truco? Escuchadme bien: arrancadle tres verrugas a un sapo; untadlas con excremento de cerdo y moco de caracol; dejadlas reposar en un frasco con una mezcla de orín de gato, vísceras de rata, esencia de pedo de mofeta (cuatro o cinco gotas serán suficientes) y vinagre, hasta que las recubra una capa de moho denso y fétido, y, finalmente, saboreadlas una a una, lentamente, hasta que notéis que os sube la fiebre.

—¡Gorrina! –se carcajea Cati, mientras las otras ponen caras de asco.

—Chica –cambia de tema Martina–, qué pena que

te hayas perdido el concurso de esta mañana. ¡Ha estado reñidísimo!

—¿Sí? ¿Y quiénes han ganado?

—Pues quiénes van a ser, ¡las empollonas de las teresinas!

—Pobres ursulinas[1], siempre humilladas; confío que al menos nos hayáis dejado en buen lugar. Oye –recuerdo de repente–, y el trabajo aquel sobre las mujeres, ¿ya lo habéis terminado?

—Yo sí –dice Carlota–. Lo he hecho de Sacagawea.

—¿La que se *caga* y se *mea?* –se burla Magda, logrando que nos desternillemos todas de la risa. La buena de Carlota ríe también con paciencia; sabe que nada de lo que decimos tiene maldad alguna.

—¡No seas grosera! –la reprende Cati, aún entre risitas–. Cuéntanos, Carlota, ¿quién es esa Sacagawea?

—Fue una heroína del Nuevo Mundo, una mujer indígena que acompañó y guio la expedición de Lewis y Clark en su exploración de la parte oeste de los Estados Unidos; de hecho, fue la única mujer en dicha expedición.

—¡Qué interesante! –opina Martina con sinceridad–. ¿Y por qué la has elegido?

—Porque me parece una mujer muy valiente y, sobre todo, muy fuerte. ¿Sabíais que hizo los dos primeros meses de su andadura estando embarazada, dio a luz en el camino, y todo el resto del recorrido (que se prolongó durante unos dos años) lo realizó con su bebé a cuestas?

—¡Madre mía! –exclama Magda–. Eso sí que es amor de madre. Yo creo que, a la primera de cambio, habría dejado al crío en un matorral.

---

[1] Teresinas y ursulinas eran los dos bandos en que se dividía a las alumnas de la Pureza para que se agasajaran mutuamente en los días festivos y compitieran entre sí en los concursos que se organizaban. Era una forma de fomentar tanto el estudio como el afecto recíproco y el espíritu de familia.

—¡Qué bárbara! ¿Y tú de quién lo vas a hacer? —le pregunto.

—De Cleopatra.

—Eso es porque quisieras bañarte como ella en leche de burra[2] —le devuelve Carlota la broma.

—¿De qué le iba a servir? —sostiene Martina—. Ni un milagro de Nuestra Señora de Lourdes lograría embellecerla.

—Sí, sí, burlaos cuanto queráis; pero ya veremos quién se ríe cuando me pongan un diez en el trabajo. Y tú, Cati, ¿de quién lo harás?

—De Marie Curie.

—¿Esa no es la que acaba de recibir el Premio Nobel de Química?

—Efectivamente, y la que ganó también el Nobel de Física en 1903. Es la primera persona en recibir este galardón por dos veces y en campos distintos, así como la primera mujer en ocupar el puesto de profesora en la Universidad de París. Con todo, lo que más me atrae de ella es su capacidad de sobreponerse a las dificultades, que no han sido pocas en su vida, comenzando por las penurias económicas que atravesó durante su infancia. Tuvo además que asistir a clases clandestinas de cultura polaca, debido a que el Imperio ruso había impuesto su propia lengua y costumbres.

—Vaya con nuestra Cati —vuelve a la carga Martina—, ¡se nos ha vuelto culta!

—Eso lo dices porque tú eres una ignorante —remacha Magda con el mismo tono jocoso y desenfadado—. A ver, ¿de quién lo estás haciendo tú? ¿De Caperucita Roja?

—¡Anda, qué buena idea! —le sigue aquella el chis-

---

[2] Se suele decir que la belleza legendaria de la faraona Cleopatra provenía del hecho de que se bañaba en leche de burra.

te–. No sé por qué no se me habrá ocurrido antes; lástima que ahora ya lo tengo a punto de terminar. Lo estoy haciendo de Juana de Arco.

—Pues cuidado de no acabar como ella en la hoguera... –aporto yo con tono malicioso, y Magda me aplaude la ocurrencia.

—Y tú, Pilar –dice Carlota–, ¿de quién lo vas a hacer?

—Aún lo estoy pensando.

—¡Muchacha, apúrate, que te quedan dos días!

—Ya, pero es que me da una pereza...

—Pues ya sabes –me recuerda Cati– lo que dice siempre la Madre: «La pereza es tan mala consejera...».

—«... Que no se la debe escuchar nunca» –completo la frase–. Ya lo sé... pero es que no se me ocurre nada.

Justo entonces me asalta una idea brillante.

* * *

Real Colegio de la Pureza de María Santísima

Alumna: Pilar Civera Llonch
Curso: 5°
Fecha: 22 de octubre de 1911
Título: Grandes mujeres de nuestra historia

M. Alberta Giménez Adrover

Cayetana Alberta Francisca Luisa Giménez Adrover es, sin duda, una de las mujeres más notables e influyentes de nuestro tiempo. ¿No lo ha de ser quien, durante más de 40 años, ha formado a miles de mujeres de la sociedad mallorquina que, gracias a ella, han visto abierto ante sí un futuro prometedor? Mujeres ilustres (poetisas, artistas, abogadas, científicas, literatas...) y generaciones sin cuento de maestras que han pasado por sus aulas dan fe de su valía, su probada virtud y su dotada inteligencia.

Nació en Pollensa (Mallorca) el 6 de agosto de 1837, aunque, habiendo sido bautizada al día siguiente, siempre ha considerado como fiesta de su nacimiento el día 7 de agosto. «¿Por qué?», le preguntan a menudo. Y ella siempre responde: «Porque ese día nací para el Cielo, y es allí donde tengo puestas todas mis aspiraciones».

De padre aragonés y madre mallorquina, ha heredado las mejores cualidades de ambos. De los mallorquines se dice que son suaves, contemplativos, armónicos; de los aragoneses, que somos recios, nobles y enérgicos. Todas estas condiciones han confluido para conformar la rica personalidad de Alberta.

Discreta como pocas, no es mucho lo que comparte abiertamente acerca de su infancia y adolescencia; lo que sí sabemos es que fue siempre niña dócil y aplicada, despierta y vivaz, piadosa y reverente, bondadosa y afable, simpática, de convicciones firmes y talante sereno. Su característico buen humor -que tan buenos momentos nos ha hecho pasar a cuantos la conocemos- despuntaba ya desde aquellos tiernos años, y era difícil hacerla enojar. Esto lo conocemos gracias al testimonio de su hermano Saturnino, quien con frecuencia trató de hacerla rabiar, con poco éxito la mayoría de las veces.

Como su padre era militar, hubo de cambiar de residencia en varias ocasiones: vivió en Pollensa, Palma (Mallorca), Ciudadela (Menorca) y Barcelona.

En todos los centros donde estudió, se ganó el cariño y la admiración de sus compañeros, que quedaban sorprendidos de su inteligencia, y que ahora presumen —incluso muchos varones— de haber estudiado con ella. Hay quien afirma que su personalidad equilibrada y su mentalidad abierta se deben, en gran medida, a que supo captar lo bueno y lo bello de cada lugar donde estuvo.

Casó con Francisco Civera Llaneras, afamado profesor y pedagogo, que destacó sobre todo en el ámbito de las Matemáticas. ¡Qué hermoso, compartir amor, vida y misión! El mismo Francisco testimoniaba que eran «como una misma alma en dos cuerpos». Juntos abrieron un colegio y se dedicaron con esmero, asimismo, a la educación de sus retoños.

Tres hijos tuvieron que, habiendo cumplido tempranamente su misión en esta tierra, volaron al Cielo, uno tras otro, siendo aún pequeñuelos. ¡Cómo no habría de quebrarse el corazón de sus papás con cada nueva despedida! Y, sin embargo, Francisco y Alberta —a quien todos llamaban cariñosamente Albertita, incluso en su época de mujer casada—, con los ojos puestos en Dios, se mantenían firmes en medio de tanto dolor.

Albertito, el cuarto y último hijo del matrimonio, era un niño avispado y divertido; despierto y dulce como su madre, y recto y disciplinado como su padre. Él nos habla del profundo amor que se profesaban sus padres, y de cómo cada uno sacrificaba su propio interés en bien del otro. Luce orgulloso unos pantalones que antaño pertenecieron a su padre y que a su vez habían sido confeccionados por su madre.

El mismo Alberto nos cuenta cómo, siendo él un

crío (no tenía más que dos añitos), enfermó su papá gravemente del corazón. Y aquí se muestran de nuevo el carácter y la entereza de Alberta, quien, habiéndosele ofrecido la oportunidad de obtener una plaza fija como profesora en un pueblecito no muy lejano, la rechazó para atender y cuidar a su esposo. ¡Qué noble ejemplo dejó a su hijo! Él no lo comprendió entonces, pero ha llevado grabado para siempre en su corazón ese amor que se entrega hasta el sacrificio de uno mismo. Y es que, como decía Séneca, «la desgracia es ocasión para la virtud».

No debemos extendernos en más detalles. Francisco, tras largos meses de convalecencia, marchó al Cielo a hacer compañía a sus pequeños, que lo recibieron con honores y festejos. ¿Y Alberta? Con el alma adolorida pero esperanzada, se abandonó una vez más en su buen Dios y Señor.

Quienes han vivido en Mallorca conocen la historia del Real Colegio de la Pureza, fundado en 1809 por el obispo Bernardo Nadal; un centro en su día floreciente pero que, 60 años después, había caído en profunda decadencia. ¿Quién podía creer que ese colegio llevado a la ruina podría recuperar un día su antiguo esplendor? Alguien sí lo creyó, y fue la misma persona que lo consiguió: Alberta Giménez.

Respondiendo a la llamada del obispo –que, para ella, significaba la llamada misma de Dios–, entró por primera vez en el Colegio de la Pureza el 23 de abril de 1870. Treinta pesetas: eso es todo lo que encontró en las arcas del centro; ni siquiera una escoba había. Eso, y cuatro ancianas maestras de buen corazón, dispuestas a echarle una mano en lo que buenamente pudieran servir.

Con paciencia y tesón, y sobre todo con mucha fe en Dios, fue Alberta levantando su obra: primero, el colegio; después, la Escuela Normal de Maestras (el primer centro de formación para maestras de toda la isla); y, finalmente, la Congregación de Religiosas de la Pureza de María Santísima, que acumula ya fundaciones en varias ciudades españolas.

Se consagró a Dios en 1874 y, desde entonces, ha vivido tan íntimamente unida a Él que su sonrisa habla más del Cielo que de la tierra. Nuestra Madre, la Virgen María, es su mejor amiga y modelo.

A sus 74 años de edad, sigue siendo hoy el alma de la Institución que ella fundó. Alumnas, exalumnas, maestras y religiosas veneran a esta anciana de corazón tierno y bondadoso, y a la vez recio y valiente. Dios, en su amoroso designio, había querido hacer de su alma la de una verdadera «madre»; lo que ella no imaginaba es que esa maternidad iba a traspasar los límites de su familia para acoger en su regazo a cientos, a miles de almas que hoy, al contemplarla, descubrimos en ella a la tejedora de nuestros sueños.

Sé que, cuando ella lea estas líneas, se espantará y me mandará rectificar inmediatamente; pero eso solo se debe a su profunda humildad. Créanme si les digo que no hay mujer como ella: la mejor madre y abuela que existe en el mundo entero.

7

Dulce Navidad

Zaragoza, a 17 de diciembre de 1911

Mi querida hija:

Imagino que, cuando recibas esta carta, habrás comenzado ya tus vacaciones de Navidad. Qué raro se me hace no tenerte por aquí correteando, jugando o discutiendo con tus hermanos; cuánto echo de menos vuestras risas, vuestra alegría, el sonido de vuestras voces en el jardín e incluso el silencio que envolvía vuestras travesuras... Este año todo es diferente. Joaquín y Alberto marcharon hace dos días a casa de los tíos, y se quedarán con ellos hasta pasadas las fiestas; papá y yo partiremos mañana hacia Barcelona: hay allí unos médicos estupendos que atenderán muy bien a papá, y pronto estará recuperado. Precisamente lo tengo a mi lado mientras te escribo estas líneas: dice que está deseando ver a su ratonzuelo y que, cuando vengas, te ha de contar la historia de un loro que llegó hace unos días a su consulta, trayendo una pata rota y cantando *El Pirata Malapata*.

Hija mía, no estés triste porque no podamos estar juntos estos días: te prometo que, en cuanto papá esté bien, viajaremos los cuatro: papá, tus hermanos y yo, para veros a ti y a la abuelita, y os llevaremos guirlache y rosquillas de anís, tus favoritas. Mientras tanto, procura ser buena y disfruta de las hermosas tradiciones navideñas de Mallorca. ¡Me han contado que el *Canto de la Sibila* en Nochebuena es una auténtica maravilla!

¿Has escrito ya tu carta a los Reyes? No olvides pedir para todos mucha salud, especialmente para papá. Yo ya he enviado la mía y, si me hacen caso, me parece que te dejarán por aquí una muñeca nueva con vestidito de encaje y capota a juego. ¿De qué color te gustaría que llevase el vestido? Por cierto, ¿te gustaron las telas, los patrones y los hilos de bordar que te envié en la última encomienda? Los compré en la mercería de doña Blasina, recién llegados de París, y me parecieron divinos.

El martes estuve en la Pilarica; llevaba puesto el manto que le hicieron con motivo de su declaración como *Capitana General del Ejército Español*. ¡Es tan bello! Lo hubieras visto, todo blanco, de raso de seda bordado en oro, con motivos florales y el anagrama de María en el centro, y un fajín púrpura de Capitán General. Cantó el coro el *Sub tuum praesidium* y el *Salve Regina,* y no pude contener las lágrimas de emoción. En sus manos te puse una vez más, mi niña. Que Ella, nuestra dulce Madre, cuide de todos nosotros y nos proteja bajo su manto.

Dale muchos besos a la abuela de nuestra parte, y dile que Joaquín y Alberto han dado ya buena cuenta de las cocas de turrón que nos envió. Yo no alcancé a probarlas, pero papá pudo darles un bocadito antes de que los insaciables de tus hermanos las devorasen, y dice que estaban exquisitas. Desde luego, debían estarlo: eran cinco, ¡y apenas duraron lo que tres avemarías!

Cuídate mucho, cielo. Abrígate, come bien, ayuda a la abuelita, obedece a las hermanas. Si salís de paseo, no olvides ponerte la capota y la bufanda. Escribe a los tíos, que se alegrarán de recibir noticias tuyas, pues siempre me preguntan por ti. Si lo haces, acuérdate de darle las gracias a la tía Josefina por los botines.

No me alargo, que se me termina el papel. Te escribiré de nuevo cuando estemos en Barcelona.

Te quiere, te añora y te abraza tiernamente:

Mamá

P.D.: Papá ha llenado de besos el sobre; dice que tengas cuidado de que no escapen al abrir la carta. Yo le digo que, para cuando la leas, ya habrán volado todos, pero él confía que al menos uno, el más dulce de todos, venga a posarse sobre tu frente.

* * *

¿Alguna vez os habéis quedado solos en casa? Yo una vez, cuando tenía cinco años.

Estábamos Alberto y yo —Joaquín se había ido a pasar el día a casa de su amigo Fernando— trasteando en la cocina, mientras mamá tendía la ropa en el lavadero. Alberto hacía pasar su trenecito de juguete sobre las encimeras, haciendo *chuchú* y silbando, y yo removía con ahínco una pasta espesa a base de tierra, agua, hierbajos y piedrecillas del jardín, que pretendía convertir en papilla para Dorotea (mi primera muñeca de trapo, la que me hizo mamá cuando nací). Ya estaba alcanzando la textura deseada, cuando un *¡¡plaf, catapum, pum, plum!!* a mis espaldas me sobresaltó. Al volverme, comprobé horrorizada que mi hermanito se había echado la olla del puchero encima, y tal era el dolor que sentía —el caldo hacía rato que hervía—, que no tenía fuerzas ni para gritar.

Corrí a avisar a mamá, a quien faltó tiempo para volar a la cocina, alzar a Alberto y partir a toda prisa, con él en brazos, al consultorio de don Celedonio. Tan angustiada estaba que ni siquiera reparó en que me dejaba sola en casa. A punto estuve de echarme a llorar, pero comprendí que de nada serviría: nadie iba a ver mis lágrimas ni me iba a consolar; por tanto, ¿para qué hacer el derroche? Mejor era distraerme y no dejarme llevar por el temor. Entonces se me ocurrió una idea fantástica, que marcó el inicio de mi afición detectivesca: ¡explorar! No en vano tenía la casa entera a mi disposición.

Durante media hora gloriosa, rebusqué en los armarios, revolví los cajones, espié bajo las faldas de las camillas, oteé por encima de muebles y techumbres, husmeé en cada esquina, escudriñé hasta el último rincón. Y así, descubrí dónde escondía mamá el chocolate (no cogí, aunque estuve tentada); hallé la colección de cromos de Joaquín, puesta a resguardo bajo su colchón; recuperé dos de mis canicas favoritas, que se me habían perdido hacía no sé cuánto y que resultaron estar debajo de la alacena, y, con un pedacito de tela de raso que rescaté del cesto de retales de mamá, le hice un lazo nuevo a Dorotea. Finalmente, me acomodé en la mecedora y, en suave vaivén, me dispuse a esperar que volviese mamá.

Cuando al fin llegó, se asustó al darse cuenta de que había estado sola todo ese tiempo y esperó que me echase a llorar; pero, para su sorpresa, no lo hice. Al contrario: la recibí con una amplia sonrisa, corrí a besarla y, haciendo girar las dos canicas entre mis deditos, le ofrecí una a Alberto, que traía un bracito vendado y aún no había perdido la cara de susto.

Esa fue la primera y única vez que me quedé sola en casa. Hasta ahora.

Cuando la abuelita me dijo que estas Navidades no iríamos a Zaragoza me puse de muy mal humor, y más cuando supe que Joaquín y Alberto estarían con los primos.

—¡No es justo! –protesté.

—¿Acaso sabes tú lo que es justo? –respondió la abuela en tono un tanto adusto. Traía el semblante serio, como preocupado, y claramente no estaba dispuesta a ceder a mis quejas y lloriqueos.

—¿Por qué tengo que ser yo la única que no pueda pasar estos días con su familia?

—Da gracias a Dios de que al menos tienes familia –dijo esto con un deje de tristeza que me atravesó el corazón. Me arrepentí al punto de mi insolencia.

—Tienes razón, abuelita, perdóname.

Me apresuré a rodearla con mis brazos.

—Esto te hará fuerte, Pilar, ya lo verás –añadió, recuperando su acento suave de siempre, mientras correspondía a mi abrazo.

—¡Si ya soy fuerte, abuela! Mira. –Me aparté un poco y le mostré mis bíceps ligeramente abultados–. A Joaquín siempre le gano en las peleas.

No dijo nada, solo sonrió.

Me ofreció un traslado al pasillo de comunidad, donde las hermanas, hasta que regresaran las pensionistas, pero lo rechacé. No me da miedo dormir sola, ¿y cómo voy a perder la oportunidad de ser dueña y señora del internado? Creo que, después de todo, no estarán tan mal estas vacaciones.

* * *

Esta mañana he pasado un buen rato en la biblioteca, recorriendo con el dedo los lomos perfectamente dispuestos en orden alfabético y aspirando su maravilloso aroma a libro añejo. De mayor seré científica, bailarina, pianista, exploradora y bibliotecaria. Y en mis ratos libres, domesticaré animales (vivos o disecados, tanto me da). Como Arnulfo, el cocodrilo de nuestro museo de Ciencias. ¿Os he contado ya que nos hemos hecho buenos amigos? Hasta lo he nombrado guarda oficial de la exhibición: es, ante todo, el encargado de vigilar que el mono Catarino no haga rabiar a la pobre doña Eleuteria, la tortuga, que, como es tan lenta, no alcanza a huir de sus barrabasadas.

—Oiga usted, don Catarino —le amenazo a veces—: como me entere yo de que ha vuelto a hacer rodar por el salón el carapacho de doña Eleuteria, le pondré cara a la pared y le haré escribir cien veces en una cuartilla: «No importunaré a mi buena vecina ni me mofaré de su andar cachazudo y parsimonioso».

Y él entonces calla y me mira con cara de picaruelo.

Doña Rufina, la ardilla, es quien me pone al corriente de los chismes y de todo lo que acontece durante la noche, cuando niñas y hermanas duermen y los animales aprovechan para hacer de las suyas.

Una vez me llegó a contar que, el día del cumpleaños de don Petronilo (el esturión), organizaron un festejo colosal con orquesta incluida: las almejas traqueteaban como castañuelas mientras las caracolas servían de trompetas; grillos y cigarras hacían vibrar sus extremidades con armonía y precisión, y los pájaros cantores se encargaban de los coros. Hasta Catarino y Eleuteria se unieron para hacer la percusión: mientras que el mono golpeaba rítmicamente el caparazón de la tortuga, esta hacía castañetear sus maxilares, emitiendo un sonido metálico fabuloso. Bailaron toda la noche, emparejados el ratón con la mofeta, la iguana con el atún, el faisán con la gaviota, la polilla con el gusano de seda. El homenajeado tuvo el honor de sacar a bailar a doña Sisebuta, la serpiente, ¡que gira que da gusto! Tan animados estaban que llegó la hora de maitines sin que nadie lo advirtiera. ¡Menudo atropello al escuchar las campanas! Apenas había recuperado cada uno su lugar en la vitrina, cuando entró la madre Janer a abrir las ventanas. ¡Uf, por poco! A don Petronilo todavía le temblaban los bigotes.

Lo que más estoy disfrutando estos días es el poder pasar más tiempo con mi abuelita.

—¿Quieres que vayamos a dar un paseo por la ciudad? —me ha propuesto después de la siesta—. Podemos visitar belenes y luego tomar una taza de chocolate con coca de *quart* en *Can Joan de S'Aigo*. ¿Qué dices?

¡Campanas de Gloria no habrían sonado más celestiales a mis oídos!

* * *

Me encanta sentir el aire frío sobre el rostro, y el tibio olor a castañas asadas en todas las esquinas. Las calles están preciosas, llenas de luces, y aquí y allí se amontonan chiquillos cantando villancicos y pidiendo el aguinaldo. La gente se saluda al pasar y se desea felices Pascuas. El cielo condensa un ovillo de nubecillas pálidas que, en un par de días, se derramarán —como dice la abuelita— en copiosa lluvia de bendiciones.

Qué época tan bella es la Navidad. Parece que la tierra entera se transforma y la gente se vuelve más tierna, más sencilla, más inocente, más pura... ante el Misterio inmenso de Dios hecho Niño.

—¿Tienes frío?

—Solo un poco en las manos —confieso—. Bueno, a decir verdad... tengo los dedos ateridos.

—Ten —me indica, sonriente, acercándome el cucurucho de papel de periódico lleno de castañas que acabamos de comprar—, coge una en cada mano y métetelas en los bolsillos; verás qué pronto se te calientan.

Callejeamos sin prisa, arriba y abajo, de plaza en plaza y de iglesia en iglesia. Hemos visitado ya los belenes de Santa Clara, de San Alonso, de la Catedral, de San Nicolás, de San Miguel, de los Capuchinos, de San Jaime, de San Felipe —mi favorito—, de la Merced... y vamos de camino a Santa Eulalia y San Francisco. Y después... ¡ñam!, a por una taza de chocolate espeso y humeante, con un pedacito del bizcocho más suave y esponjoso que existe sobre la tierra. ¡Estoy salivando solo de pensarlo!

—¡Mira, abuelita, por ahí va Nicolasín!

Nicolasín es el hijo de nuestra portera, un zagalillo de unos ocho años, despierto y vivaracho, flacucho y nervioso como rabo de lagartija. Si no fuera por los tirantes, estoy segura de que los pantalones se le caerían a los tobillos, tan grandes le vienen. Trae consigo una gallina vieja y raquítica, que da la impresión de estar tan seca y desnutrida como el propio Nicolasín.

—¡Buenas tardes, madre! ¡Buenas tardes, *señita* Pilar! —saluda retirándose la boina y esbozando una graciosa reverencia. El flequillo castaño oculta parcialmente unos ojos grandes, oscuros y brillantes; su mirada me recuerda la de un manso borriquillo.

—¡Buenas tardes, Nicolasín! ¿Dónde has comprado esa gallina? —pregunta la abuela.

—En el *mercao* de Santa Catalina, madre. Es *pa* la *Nochegüena*, ya sabe.

La abuelita contempla con lástima la gallina famélica que trata de zafarse de las manos de Nicolasín, que la sujeta con fuerza por las patas. Tiene el cuello desplumado, la cresta descolorida y los ojos saltones, y se ve a cien leguas que tiene menos chicha que pellejo.

Con sumo cuidado, la abuelita extrae del bolsillo de su abrigo el monedero, y, sacando un duro de plata, lo coloca en la palma del chaval.

—Mira, Nicolasín, hazme un favor. Regresa a Santa Catalina y compra dos pavos tiernos bien cebados, los más hermosos que encuentres. Uno se lo llevas a tu buena madre, que mucho lo merece; y el otro, si no es molestia, se lo acercas a doña Calista, la frutera, que debe alimentar a muchos hijos y bien le ha de venir. Le dices que la Providencia se lo envía. Con lo que sobre, puedes comprarte un buen puñado de golosinas para ti y tus hermanos.

A Nicolasín se le salen los ojos de las órbitas, mientras observa atónito la brillante moneda plateada.

—¡A mandar, madre, faltaría! ¡Muchísimas gracias!

—¡Gracias a ti, Nicolasín!

—¡Bendición, madre! –grita, ya de camino.

—El Señor te bendiga, hijo mío; el Señor te bendiga –queda diciendo la abuelita; pero Nicolasín, que ha puesto pies en polvorosa, ya no puede escucharla.

Cuando sea mayor, quiero ser como mi abuelita. Monja no, pues me parece que no tengo vocación, pero sí tan buena. Y tan delicada. Y tan compasiva. Y tan generosa...

—Abuelita, ¿tú también visitabas belenes cuando eras niña?

—¡Todos los años! Papá Alberto, tu bisabuelo, nos llevaba cada 24 de diciembre a mi hermano Saturnino y a mí, cada uno de una mano, a hacer este mismo recorrido, mientras mamá Apolonia se quedaba en casa preparando la cena de Nochebuena, para la que siempre teníamos invitados: todos aquellos amigos que, en estas fechas, estaban lejos de su hogar o de sus familias. Al acabar el paseo, nos asomábamos al mercado de artesanías, donde papá nos dejaba escoger una figurita nueva para nuestro belén. Tras la cena, la colocábamos junto al Niño en el pesebre, como para presentársela al Pequeño, que la miraba complacido. Luego salíamos todos, cantando villancicos, hacia la Misa del Gallo.

—¡Qué tradición más bonita! ¿Cuál era tu figurita favorita?

—Hmm... diría que la última que compramos, cuando yo tenía ocho años: una pastorcita niña, vestida con falda de payesa y rebocillo, que llevaba entre sus brazos un corderito dormido.

—¡Oh, qué figurita más tierna! ¿Y por qué fue la última?

—Porque entonces destinaron a papá a Ciudadela (ya sabes que era militar), y permanecimos allí unos cuatro años. Luego retornamos a Mallorca, pero por muy breve tiempo; apenas unos meses después, le enviaron a Barcelona. No volvimos a instalarnos definitivamente en Palma hasta que tuve catorce años.

—¿Fue entonces cuando conociste al abuelo?

—¡No, qué va! Al abuelo lo conocía de siempre. Vivíamos en la misma escalera, aquí en Palma, en la calle Brondo, y sus padres eran muy amigos de los míos; íntimos, diría.

—¿Y cómo era?

—Francisco era un jovencito bien parecido, algo tímido y muy educado. Era el cuarto de cinco hermanos (dos chicos y tres chicas), y me sacaba diez años, pero siempre que nos veíamos me saludaba con cariño. Su hermana Manuela, solo un año mayor que yo, era mi mejor amiga, y pasábamos juntas casi todo el día, ya en su casa, ya en la mía. Puedes figurarte que, por aquel entonces, Francisco me veía solo como lo que era: una chiquilla; tampoco él era para mí nada más que el guapo hermano de mi mejor amiga. Pero, a medida que fue pasando el tiempo, sentí despertar en mí, muy lentamente, una admiración profunda, un afecto inocente, infantil, puro. Su hermoso porte y su exquisita educación me embelesaban. Él se preparaba para maestro, y yo soñaba con ser maestra como él y trabajar juntos, codo con codo, en la misma escuela. Siempre que sabía que lo iba a ver, me arreglaba especialmente; y, al encontrarnos, le dedicaba la más encantadora y coqueta de mis sonrisas.

—¡Qué pillina, abuela! ¿Y cuándo se fijó él en ti?

—No sabría precisarlo. Lo que sí recuerdo es que fue al regresar de Menorca que a papá se le ocurrió pedirle a Francisco que me impartiera algunas nociones avanzadas de cultura general que, unidas a la educación que había recibido en Ciudadela, completasen mi formación y me dispusieran para obtener, en un futuro, el título de maestra. Yo era por entonces una adolescente piadosa, responsable y algo soñadora; él, un joven cabal, galante y distinguido, que dirigía su propia escuela. Cada tarde acudía allí y, por espacio de un par de horas, le escuchaba hablar de Geometría, Aritmética, Historia... Al terminar, caminábamos juntos de regreso a casa por el paseo marítimo, viendo atardecer y charlando de todo y nada: de la vida y de la muerte; del hombre, de Dios; de la tierra y del Cielo al que aspirábamos... Fueron, pienso, los meses más maravillosos de mi vida. Yo estudiaba con tanto más esmero cuanto que deseaba ganarme la admiración y el aprecio de Francisco; y él, intuía yo, comenzaba a corresponder a mi limpio afecto.

Hasta entonces, nos habíamos querido como hermanos; ahora empezábamos a querernos y entendernos como verdaderos amigos.

—¿Solo eso?

—Sí, solo eso. Un afecto tierno y fraternal, que fue dando paso a un entendimiento mutuo y a una recíproca admiración. Solo con el tiempo y la madurez que dan los años, habría de florecer en un amor íntimo, verdadero, fiel y fecundo.

—¿Y qué pasó cuando te fuiste a Barcelona?

—Bueno, figúrate, ¡un drama! ¡Qué disgusto y qué llantina, cuando papá nos anunció que habíamos de partir una vez más! Yo fingía llorar por Manuela, de quien ya te he dicho que era inseparable; pero mamá, con esa intuición que tienen las madres, sospechaba la verdadera razón de mi desasosiego. Tuvo entonces la delicadeza de propiciar un encuentro a solas entre Francisco y yo, por espacio de unos minutos, para que pudiéramos despedirnos mientras ella y doña Catalina –la madre de Francisco– ultimaban los preparativos del viaje.

—¿Y qué os dijisteis?

—Apenas lo recuerdo, ¡estaba tan nerviosa! Solo sé que su finura y gentileza fueron tales que mi corazón quedó grandemente consolado. Si Dios lo quería, sería solo cuestión de tiempo el que volviésemos a encontrarnos.

—¡Y lo quiso!

—Así es –sonríe la abuelita, con la mirada perdida en el imponente arrebol sobre el que se recorta en este instante el Palacio de la Almudaina–. En aquellos días le pedí a la Virgen que, si Francisco era el hombre que Dios había elegido para mí, me permitiese guardarme para él y prepararme como se preparó Ella para unirse a José en casto matrimonio; pero antes tenía que esforzarme mucho en estudiar y prepararme para ser una buena maestra, como siempre había soñado.

—¿Y cómo mantuvisteis la amistad en la distancia? ¿Os escribíais cartas?

—No, nada de eso; yo era aún demasiado joven. A mis trece años, apenas comenzaba a ser mujer, y haber pretendido mantener una relación, siquiera por correspondencia, habría sido impropio y prematuro. No, no debía apresurar lo que, si era de Dios, llegaría a su debido tiempo. Me bastaba con pensarle y rezar por él. Solo en una ocasión, con motivo de su cumpleaños, le envié un obsequio: una pluma de plata con remates de oro que mamá había comprado y mandado grabar con su nombre, junto con un bordado que yo misma le hice y al que añadí mi propio nombre.

—¡Qué detalle tan bonito! ¿Qué respondió él?

—Me envió el poema más dulce que he recibido nunca.

—¡Oh, abuelita, quiero leerlo!

—Cuando estemos en casa te lo muestro; ahora, vamos: está anocheciendo y ya van a tocar a vísperas.

* * *

Hoy el día ha amanecido lluvioso, lo cual me impide subir al terradito a jugar y asolearme, y temo que se vean frustrados también mis planes de salir, como las últimas tardes, a pasear con mi abuelita.

—Toma —me ha dicho al terminar mi rato de estudio matutino—, para que te entretengas.

Y me ha tendido un cuidado libro de tapas azules y letras doradas.

Siempre que recibo un libro, me gusta primero dedicar unos minutos a contemplar pausadamente la portada, acariciar sus cubiertas, olisquear sus páginas y escuchar el sonido de sus hojas al pasar... ¡Es un auténtico festín para los sentidos! El tomo que me ha prestado la abuelita posee un aroma terroso y a la vez dulce; el tacto de su portada es áspero, al contrario que sus hojas, que son como seda suave y finísima; al pasar, sus páginas emiten un sonido semejante al aleteo de un pichón. La ilustración de cubierta, en delicada acuarela, muestra una escena campestre en la que unas cabritas pastan apaciblemente bajo el cuidado de dos tiernos pastorcillos.

—«Heidi» –leo en el título–, de Johanna Spyri. Ilustrado por Maginel Wright Enright.

Le doy la vuelta para leer la sinopsis:

«*Heidi* nos cuenta la historia de una pequeña huérfana de cinco años, que tiene que irse a vivir con su abuelo, un hombre solitario y algo rudo, a los Alpes suizos. Poco a poco, Heidi se irá ganando el cariño de su abuelo y de todos los habitantes del valle. Su vida se complicará cuando tenga que volver a la ciudad con su tía Dete.

»Una historia inolvidable, que nos habla de la ternura y también de la dificultad de ser niño a veces; un libro lleno de inocencia, donde se resaltan los valores humanos y el amor hacia la naturaleza.

»Espectaculares ilustraciones junto a una excelente traducción».

¡Me gusta! Estoy segura de que lo voy a disfrutar. Lo hojeo una vez más para recrearme en las bellísimas ilustraciones, y me percato entonces de que algunos de los párrafos han sido subrayados y en sus márgenes se han hecho algunas anotaciones: reconozco en ellas la pulida caligrafía de mi abuelita.

«¿Sabes –leo en uno de los subrayados– por qué están tan contentas las estrellas y destellan de ese modo? –le dice Heidi a su prima–. Porque viven allá arriba, en el Cielo, y conocen cuán bien lo dispone todo Dios para nosotros. Nada hemos, pues, de temer, sino estar tranquilos; porque todo ha de resultar, al fin, para nuestro bien. Esa es la razón por la que las estrellas están tan felices y nos hacen señas: porque quieren que nosotros estemos felices también. Pero, Clara, no debemos olvidarnos nunca de rezar y pedirle a Dios, nuestro Señor, que se acuerde de nosotros cuando disponga las cosas, de modo que podamos sentirnos seguros y no nos inquietemos por lo que ha de venir».

Junto a este párrafo, la abuelita ha escrito: «Aceptación y tranquilidad. Dios lo dispone todo para nuestro mayor bien».

Me ha conmovido leerlo. Para una mujer que ha visto morir a tres de sus hijos cuando no eran más que criaturas; que perdió a su esposo muy amado y enviudó con solo 31 años; que aceptó hacerse cargo de un colegio en ruinas, sin otra garantía que la confianza ciega en la bondad de su Dios... no son, no, palabras vanas.

* * *

Mis temores se han confirmado: ¡el día entero lloviendo! ¿Quién dijo que en Mallorca siempre luce el sol? Pareciera que a alguien se le hubiera quedado un grifo abierto allá arriba, ¡qué manera de jarrear! En fin, que no hay paseo. Y me fastidia. Además, los días lluviosos me ponen triste; me entra algo así como morriña y un poquito de melancolía... Hasta hoy he estado bien, pero... no sé. Echo de menos mi casa, mi familia, y me siento muy sola aquí sin mis amigas y compañeras. No dejo de pensar, sobre todo, en papá. ¿Estará bien ya? ¿Habrán acertado los doctores con el tratamiento? Y la abuelita, ¿qué estará haciendo? ¿Por qué no viene, al menos, a hacerme compañía? Esta maldita lluvia lo ha torcido todo. ¡Quiero que vuelva el sol, y poder correr y jugar, y salir de nuevo a caminar de la mano de mi abuelita!

Con todo, quiero pensar –como leía esta mañana– que Dios lo ha dispuesto así para mi bien. Cierto es que no me viene nada mal renunciar por una vez a mi apetencia... Mi abuelita suele decir que este tipo de sacrificios, los que –sin haberlos buscado– se aceptan con amor, humildad y mansedumbre, e incluso con alegría, aprovechan mucho más a nuestra alma que el gastarse los codos y las pestañas estudiando.

Total, que ando un tanto taciturna, y la madre Togores, buscando levantar mi ánimo y distraer mi pensamiento, me ha propuesto una actividad que me ha resultado bastante atractiva: elaborar mi árbol genealógico. No es mala idea, ¿no? Por lo menos me mantendrá entretenida por un par de horas. Tengo papel, tinta, pluma, regla... No dispongo de fotos, así que haré dibujos; cierto que no soy una artista, pero... Venga, ¡manos a la obra! A ver qué sale.

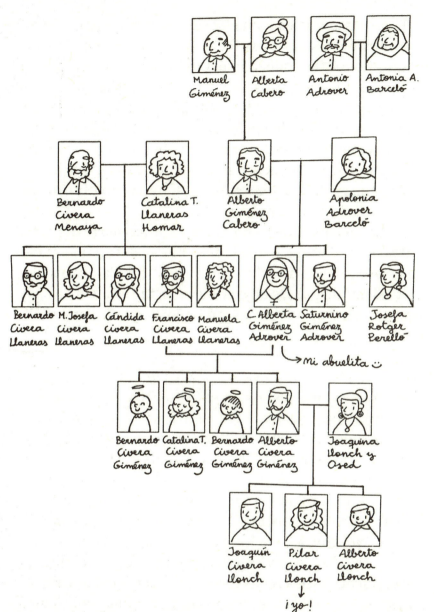

Al final he tenido que hacerlo solo de la rama paterna —la materna no me cabe en el pliego; la haré otro día— y me faltan algunos nombres que debo averiguar, como los de mis tatarabuelos –abuelos de mi abuelito Francisco–; pero estoy bastante satisfecha con el resultado. Los dibujos no me han quedado del todo mal, ¿no? ¡Me siento orgullosa de mí misma! Y, sobre todo, me ha encantado recordar los nombres, los rostros y las historias de mis antepasados: a la mayoría no los conocí, pero he visto fotos y me han contado mucho sobre ellos; y otros me son tan entrañablemente amados... Con decir que incluso me ha hecho ilusión ver junto al mío el nombre de los bribones de mis hermanos.

Lo mejor es que ya no estoy triste, ¡no tengo motivos! El Señor me ha dado una familia maravillosa y un pasado glorioso cargado de nobleza, heroísmo, bondad, sacrificio, virtud, santidad... De hoy en adelante, me esforzaré en hacerme digna de mi estirpe. ¡Yo también quiero ser santa!

* * *

¡Es Nochebuena! ¡Gloria en el Cielo y paz en la tierra!

Esta mañana ha estado en casa don Domiciano, párroco de Santa Eulalia. Andaba como abstraído y un tanto ansioso, y solicitaba hablar personalmente con la madre superiora.

—Tome asiento, don Domiciano –le ha recibido amablemente la abuelita–, ¿le apetece una taza de té?

—No, gracias, madre. Me temo que no tengo tiempo para eso. Verá, estoy con los preparativos de la misa de esta noche; hace apenas media hora me han llamado las madres respectivas de tres de los monaguillos que iban a servir en el oficio, para comunicarme que están en cama con calentura y no van a poder asistir.

—¡Santo cielo, cómo lo lamento! ¿Y qué tiene pensado hacer?

—Pues a eso vengo, precisamente. ¿Cree que sería posible que alguno de sus alumnos prestase dicho servicio?

—Vaya, don Domiciano, me temo que se confunde usted; este colegio es solo de féminas.

—Hmm, entiendo, sí, lo suponía. Aunque, digo yo que, dadas las circunstancias... tal vez... si lo solicitase al obispo... nos concedería una dispensa, de modo que algunas de sus colegialas pudieran servir al altar junto con el resto de mis acólitos.

—Pues...

—Antes de que diga usted nada: sé que es inusual, pero me consta que no es la primera vez que algo así sucede; hace no mucho, en el Santuario de Nuestra Señora de Cura, hubo de hacerse una excepción similar. Huelga decir que yo mismo seré el encargado de demandar el permiso de su excelencia y que queda usted eximida de toda responsabilidad.

—Bueno, lo que iba a decirle es que estaría encantadísima de responder afirmativamente a su ruego y de ver a mis educandas atendiendo a las cosas del Señor lo mismo que los varones; pero se da la circunstancia de que ninguna pensionista se halla aquí estos días, sino que todas están gozando de unas breves vacaciones con sus familias.

—¡Válgame Dios! Debí suponerlo. En fin, disculpe que la haya molestado. Mil gracias por su valioso tiempo.

—No es ninguna molestia, don Domiciano, al contrario; siempre es un placer recibirle en esta casa que es también la suya.

En este momento entro yo en escena. Nadie me había comunicado que la abuelita estaba ocupada con una visita, y yo, que en estos días me he acostumbrado a andar por el colegio como Pedro por su casa, he irrumpido alegremente en el despacho.

—¡Mira, abuelita, lo que he encontrad...! ¡Uy, lo siento, discúlpenme, se lo ruego! –he balbuceado abochornada.

Ya estaba tomando las de Villadiego, cuando el buen párroco, que ha visto de pronto el cielo abierto, me ha detenido:

—¡Espere, señorita!

—Lo que usted mande, don Domiciano. ¿En qué le puedo servir?

—Es usted la nietecita de la madre Giménez, ¿no es eso cierto?

—Lo es, señor.

—¿Y te gustaría poder servir al Señor en esta Noche Santa?

—Nada me gustaría más, señor.

—Acérquese, deje que la vea.

Al llegar a donde él, me ha tomado de la barbilla y me ha observado en silencio, detenidamente, como se examina un jumento. No he debido disgustarle del todo, pues, chasqueando alegremente los dientes, ha concluido:

—Que se presente esta noche en la sacristía a las 22:30 h. Eso si usted, madre, no tiene inconveniente, por supuesto.

—En absoluto –responde la abuelita–; será un honor para ambas.

Así que ya veis, tengo plan para esta noche: ¡voy a ser monaguillo! Lo que os decía: ¡unas vacaciones estupendas!

* * *

Palma de Mallorca, a 25 de diciembre de 1911

Mamaíta querida:
¡FELIZ NAVIDAD!

¿Sabes qué es lo primero que he hecho esta mañana al despertar? No, no ha sido correr a ver si mis zapatos tenían golosinas; eso ha sido lo segundo. Lo primero ha sido pedirle a la Virgen que os llene a ti, a papá, a Joaquín y a Alberto de todo el amor, la alegría, la dulzura y el consuelo del Recién Nacido. Iba a habérselo pedido a Él mismo, pero me ha dado cosita despertarlo, ¡es tan Chiquitín todavía! ¿Yo fui alguna vez tan pequeñita?

No vas a creer lo que hice anoche: ¡servir en el altar! ¡Sí, fui monaguillo! Estoy deseando contárselo a Joaquín cuando nos veamos, se morirá de la envidia. No me digas que ese es un mal sentimiento porque yo ya lo sé; pero ¿qué le voy a hacer si tengo un hermano envidioso? ¡No voy a ser yo responsable de su falta de virtud!

Vestí sotana roja y roquete blanco, y la abuelita me recogió el cabello en un moño para que no llamase tanto la atención entre los chicos. Don Domiciano me indicó que iba a ser ceroferaria y yo le entendí funeraria y quise ponerme a llorar. Entonces me explicó que ceroferarios son los que llevan los ciriales y se arrodillan frente al altar durante la consagración, ¡me hizo una ilusión bárbara! Aprendí también que el ceremoniero es el que se encarga del buen desarrollo de la celebración; el turiferario (¡menudas palabrejas!) es el que lleva el incienso; los acólitos (que ayer solo hubo uno, pues había varios monaguillos enfermos) son los que llevan las vinajeras y vierten el agua del lavabo en las manos del celebrante; el cruciferario es quien lleva la cruz y el porta-misal, como su nombre indica, es quien sostiene el misal.

La celebración fue sublime, no tengo palabras para describirla. Yo estaba un poquito nerviosa, sobre todo por si se me derramaba la cera sobre la cabeza (¡el cirial era el doble de mi tamaño!) o por si tropezaba con la sotana, que me quedaba un poco larga; pero nada de eso pasó, gracias a Dios. Cantó un niño el *Pregón del Ángel* con una voz tan verdaderamente angelical que se me saltaron las lágrimas. ¡Oh, qué anuncio tan bello: «Nos ha nacido el Salvador»!

Vino después el *Canto de la Sibila*. Tenías razón, mamaíta: ¡es espectacular! Lo que yo no sabía, y nos explicó después don Domiciano, es que la Sibila fue una profetisa pagana que anunció la llegada al final de los tiempos del Rey y Juez de todo el universo. Lo cierto es que, viendo al Niño Jesús tan tiernecito y pequeñuelo, cuesta pensar que sea el mismo que vendrá un día a juzgarnos a todos.

El conjunto de la celebración estuvo cargado de unción y fervor; el aroma del incienso y las alturas del canto me hacían imaginar que podía volar hacia el Cielo y arrojarme en los brazos de Dios Padre, que está loco de alegría por ver a su Hijo al fin entre nosotros. Durante la consagración, habría querido salir a la plaza y gritar a todo el mundo que entrase, que en ese momento el Cielo no estaba allá arriba sino allí dentro, en esa iglesia de Santa Eulalia.

Al acabar, don Domiciano nos obsequió una bolsita de peladillas y confites para cada monaguillo, por lo bien que lo habíamos hecho. Quise comérmelos en el momento, pero recordé lo que siempre nos dices: que no deben tomarse dulces por la noche; de lo contrario, las caries se comen nuestros dientes.

Me he extendido un poco más de la cuenta en contarte la celebración de anoche, pero es que ¡estoy tan emocionada todavía! También por lo demás estoy feliz: al principio pensé que me iba a costar pasar el día sola en el pensionado, pero he encontrado el modo de entretenerme sin molestar a las hermanas ni hacerme notar excesivamente por ellas.

Por las mañanas, después de los rezos y del desayuno, dedico un ratito al estudio. Luego, si hace bueno, subo al terradito a jugar; si no, me paseo por el colegio, o leo un poco, o bordo, o dibujo... A veces juego al ajedrez con la madre Sureda (a quien, como ya no ve bien, le puedo hacer un poquito de trampa) o, si ella no puede, contra Quirico o contra mí misma; lo bueno es que así siempre gano.

Cada tarde salgo con la abuelita a pasear, y ese es, sin duda, el mejor momento del día. Hablamos de todo un poco, especialmente de cuando ella era niña (que, por cierto, también discutía con su hermano, ¡para que luego me digas!); compramos castañas, palos de regaliz, manzanas de caramelo o boniatos asados; visitamos alguna iglesia y hacemos un ratito de adoración; recorremos el paseo marítimo dejando que la brisa marina nos acaricie el rostro y, finalmente, regresamos a casa rezando el rosario. Hoy, por ser el día de Navidad, no habrá paseo, sino que iremos con todas las hermanas al Teatro Principal a ver *La estrella de Belén,* de José María Gutiérrez de Alba. ¡Muero de la ilusión!

A propósito de la abuelita, ¿sabías que ella y su hermano tenían una capillita de juguete? Una preciosidad, toda de madera, como tres o cuatro pies de alta; tiene su altarcito, su retablo y hasta su sagrario, y todos los ornamentos y vasos sagrados en miniatura. ¡Una cucada!

Jugaban a celebrar misa: el tío Saturnino hacía de sacerdote y la abuelita era la feligresa. ¿No te parece divertido? Luego esa capillita la heredó papá, y ahora la abuelita dice que puedo usarla yo también. ¡Así podré hacer de monaguillo siempre que quiera!

También jugaban a ser los Reyes Católicos y hacer la Santa Cruzada; pero, como era muy aburrido ser siempre Isabel y Fernando y no tener a quién gobernar, a veces uno de ellos hacía de traidor y el otro lo mandaba ejecutar. Una vez que la abuelita era la condenada, metió la cabeza entre los barrotes de la silla a modo de guillotina, con tan mala pata que luego... ¡no la podía sacar! Estuvo más de media hora con la cabeza ahí atascada, sin derramar una lágrima, ante la desesperación de su madre y el espanto de su hermano; hasta que por fin llegó su papá, serró los barrotes y la liberó. ¡Menudo susto!

Otra cosa que me ha contado es que, siendo niña, iba todos los días a misa. Sí, como lo lees, ¡todos los días! A veces incluso se levantaba tan temprano que se encontraba la iglesia cerrada todavía. Entonces se sentaba en la escalinata y, mientras esperaba que llegase el sacristán, rezaba el rosario por los niños huérfanos. Y es que le daba mucha pena pensar que había niños que no tenían el amor de su mamá y de su papá ni el calor de un hogar acogedor; soñaba con adoptarlos un día a todos y formar una familia inmensa.

Ya ves, mamaíta, que están siendo días muy provechosos, creo que los mejores que he pasado junto a la abuelita desde que llegué al colegio. Eso no quita que os recuerde muchísimo y que ansíe con todas mis fuerzas poder abrazaros.

Y vosotros, ¿cómo estáis? ¿Se encuentra mejor papá? ¿Ya le han visto esos médicos estupendos que iban a curarlo del todo? Eso espero, porque estoy deseando sentarme sobre sus rodillas y contarle todo lo que estoy viviendo y aprendiendo estos días; seguro que estará muy orgulloso. Dile que don Arnulfo, el cocodrilo, le manda saludos; está convencido de que, de haber tenido un veterinario tan magnífico como papá, aún hoy seguiría vivo (yo, lo confieso, me alegro de que no lo esté; pero esto no se lo digo a él, claro). También Quirico le envía besitos de oso con sabor a miel.

Al final no escribí a los tíos. ¡No me regañes! Prometo hacerlo antes de que se terminen las vacaciones. Tú, si les escribes, dales muchos besos de mi parte, y también a los primos y a mis hermanos.

Me ha dicho la abuela que os mandará más cocas de turrón en cuanto estéis de vuelta en Zaragoza, y que esta vez procurará que os duren, al menos, lo que un misterio del rosario. De todos modos, diles a Joaquín y Alberto que no sean tan glotones y piensen un poco en los demás (esto no lo dice ella, lo digo yo). Os manda también muchos besos y dice que os lleva muy presentes en su oración diaria.

Por mi parte, os envío todos los besos y los abrazos del mundo, de la galaxia y del universo (¡he ganado a papá!) y, como no caben en este sobre, se los doy al Niño Dios para que os los haga llegar Él mismo.

Os quiere hasta el infinito vuestra hija,

Pilar

P.D.: No me puedo resistir a enviaros copia del poema que el abuelito le escribió a la abuelita cuando eran jóvenes. No eran novios todavía, pero yo me huelo que ya se gustaban, ¡y mucho! La abuelita me ha dejado que me lo quede, a condición de que lo cuide bien; yo le he prometido hacerlo y lo he guardado dentro de mi breviario. Dice así:

A Albertita Giménez

Gracias mil el alma mía
te rinde, Alberta, en verdad,
por tu fina cortesía,
por la pluma que me envía
tu dulce y tierna amistad.
El brillo de su hermosura
admira a cuantos la ven,
y a su rica bordadura,
y elegante compostura,
elogios danse también.
Lindas son todas sus hojas,
es bello su pichoncito,
sus doradas mariposas
no son, no, menos hermosas
que tu nombre en ella escrito.
En la pluma, en ese objeto
que tu mano trabajó,
según dicta mi concepto
tu retrato asaz completo,
Alberta, descubro yo.
Tu bondad y sencillez
en su plata se trasluce,
y el oro que en ella luce
tu alma es que allí reluce,
ya que tu alma de oro es.
La paloma simplecilla
corona tu nombre allí;
y tu candor sin mancilla,

como tierna tortolilla,
la inocencia arrulla en ti.
La mariposa mudable
por el aire va volando,
sus matices ostentando;
tú, tu viveza incansable
también estás demostrando.
Tu retrato son muy bien
los capullos de la pluma,
que capullo eres también
en do cerradas se ven
muchas virtudes en suma.
Quiérate Dios conceder
la salud en toda edad;
y vean tus padres crecer
tu virtud y tu saber
con tu gran habilidad.

Palma y 3 de diciembre de 1850
Francisco Civera

* * *

Al ir a desayunar me he encontrado en el cajoncito de la servilleta una linda estampa del Nacimiento, en cuyo reverso estaban escritos estos simpáticos versos de mi abuelita:

¡Ya nació el Niño Jesús!
Yo siento tanto contento
que, desde muy tempranito,
no sé dónde se fue el sueño.
He soñado en un belén

muy raro, todo compuesto
de turrones, peladillas,
barquillos y todo eso
que, en llegando Navidad,
con tanto gusto comemos.
En mi belén no faltaban
los corderitos a cientos;
toditos ellos de azúcar...
Y, formados de caramelo
los pastores y pastoras.
Del resto solo recuerdo
un monte y la cuevecita,
que era un crocante soberbio.
Estaba el Niño Jesús
en su pesebre durmiendo
mientras María y José,
tiernos, velaban su sueño,
y se escuchaban las voces
de los ángeles del cielo,
que cantaban dulcemente:
«¡Gloria in excelsis Deo!».
¡Aquí se acaba la historia;
aquí se acaba mi sueño!
Y después de referirlo,
a todos decirles quiero:
«¡Mil y mil años felices
Navidades les deseo!».

Es por detalles como estos que la adoro.

Luego dirá mamá que no sabe a quién he salido tan imaginativa... Vosotros lo veis tan claro como yo, ¿no?

8

Magos, reyes y reinas

¡Feliz año 1912!

Doce. Como los doce apóstoles. Los doce hijos de Jacob. Las doce tribus de Israel. Las doce columnas del templo de Salomón. Las doce puertas de la Jerusalén celeste. Los doce frutos del Espíritu Santo. Las doce estrellas de la Corona de la Virgen María. Los doce años que tenía Jesús cuando se perdió en el Templo. Los doce canastos llenos de sobras tras la multiplicación de los panes y los peces. Los doce trabajos de Hércules. La ley de las doce tablas. Los doce leones del escudo de Úbeda, que representan a los doce soldados cristianos que vencieron a los doce soldados moros en la Batalla de Algeciras. *Las doce princesas bailarinas* de los hermanos Grimm. Las doce constelaciones zodiacales. La oración de las doce santas palabras. Las doce notas musicales. Las doce horas de un reloj. Los doce meses del año. Los doce naipes de cada palo de la baraja. Las doce letras de la palabra «dodecasílabo», que, curiosamente, hace alusión a un verso de doce sílabas. Las doce uvas de fin de año. *Las doce,* una de mis obras favoritas de Cecilio Pla y Gallardo —adoro el bebote regordete que duerme sobre las faldas de su madre–. Las doce promesas del Sagrado Corazón de Jesús a santa Margarita María de Alacoque. La hora del Ángelus. El número de veces que la Luna gira en torno a la Tierra en un año. Los huevos que hay en una docena –si no rompes ninguno por el camino como me sucedió a mí una vez, que se me rompieron cinco por andar brincando y mamá me castigó después–. El doce: símbolo del orden cósmico, de la perfección y de la unidad. El doce de octubre: la Virgen del Pilar, ¡mi onomástico! ¿Cómo no ha de resultar maravilloso un año que contiene un número tan extraordinario?

Hoy, además, ha amanecido un día templado y luminoso, casi primaveral, que contrasta con los días gélidos de la época en que estamos; son las doce horas y doce minutos del mediodía, y me voy de pícnic con Quirico (a nuestro jardín, ¿dónde si no?).

—Oye, Quirico –le digo mientras extiendo sobre la hierba el mantelito que terminé de coser ayer con la tela vichí que me regaló la madre Sureda–, ¿tú sabías que la Virgen María, cuando aún vivía en la tierra, se le apareció al apóstol Santiago sobre un pilar de mármol en Zaragoza, y que *Santa María del Pilar* fue la primera iglesia dedicada a la Virgen Santísima? –Dispongo vajilla para dos–. ¿Cómo que ni siquiera sabes quién es el apóstol Santiago? ¡Mira que si te escucha la madre Siquier te da un tirón de orejas! ¿Que tampoco conoces a los otros once apóstoles? Hijo, Quirico; tú, muchos idiomas, pero de religión nada de nada, ¿eh?

Con su tacita de té en la zarpa izquierda y un bizcocho en la derecha, Quirico pone cara de circunstancias, avergonzado de su ignorancia. ¡Y no es para menos! Tanto mundo recorrido y no sabe las cosas importantes. Eso sí, el himno de los Estados Unidos te lo canta de cabo a rabo y sin titubear (¡hay que ver lo pronto que adquieren el sentido patrio estos gringos!).

—Está muy bueno el té, sí, pero no me desvíes el tema, Quirico. —Siempre se sale por peteneras, el muy vivo—. ¿Que cómo vas a saber si nadie te enseña? Pues también es verdad. A partir de hoy seré tu maestra. Empecemos con una poesía, a ver si así te aprendes por fin los nombres de los apóstoles. Repite conmigo: *«Dos se llamaban Simón; dos, Judas; y dos, Santiago; / y ya van seis que he nombrado. / Andrés, Juan y Felipe son tres más, / y doce con Bartolomé, Mateo y Tomás».*

La recito lo menos diez veces para que la memorice. Mañana le preguntaré la lección y, si no se la sabe, lo dejaré sin postre.

—Y no vale pedirle a Catarino, ¿eh? ¡Que te conozco!

Pone carita de cordero degollado.

—Anda, rico, no te pongas triste. Si sacas buena nota, te daré una medalla. Pero antes cuéntame otra vez lo que te sucedió en África, aquella vez que te atraparon los suazis, que querían asarte a la brasa para ofrecerte como sacrificio a su dios, y te rescató una paloma especialista en logística y distribución de documentos (o sea mensajera) con la ayuda de una suricata traficante de bombillas de pompis de luciérnagas, que te condujo a través de un túnel secreto a la madriguera de la pitón Isa (la pitonisa), que te quiso robar los pocos dólares que te quedaban echándote las cartas y observando en una bola de queso tu destino...

Al final se ha animado, el pobre. ¡Es un poco picajoso, mi Quirico!

* * *

Por fin han vuelto a resonar en el internado las risas, la algarabía y el habitual barullo de sus jóvenes moradoras. Mentiría si dijera que lo he pasado mal estos días sin otra compañía que la de Quirico, los animales del museo y las hermanas; pero no cabe duda de que con ellas todo es mucho más divertido.

—¡Pilar, cuidado!

Gracias a la advertencia de Teresita logro esquivar a tiempo un «proyectil» jabonoso que me ha disparado Martina y que, al agacharme yo, viene a estrellarse contra las antiparras de María Rosa.

—¡Esta me la pagáis!

Con las gafas embadurnadas de sebillo, María Rosa lanza a ciegas su esponja empapada, que se precipita sobre las enaguas de Margarita. Esta, a punto de soltar un bufido, tiene de pronto una idea mejor: exprimir la esponja sobre la nuca de Lluc, quien –ajena a la amenaza que se cierne sobre ella– se inclina sobre el aguamanil para enjuagarse la cara.

—¡Quién ha sido? –Se incorpora lentamente, con mirada iracunda.

Nos acusamos unas a otras entre risas.

—Conque esas tenemos, ¿eh? Pues preparaos, porque... ¡esto es la guerra! –grita a la vez que enarbola su toalla cual pendón.

Y así, lo que era un rutinario momento de aseo deviene en una feroz batalla campal con municiones de espuma y explosiones de agua por todas partes. ¡Esto sí que es vida!

Me atrinchero tras la puerta del retrete, no sin antes proveerme de un gorro de ducha (cuyo elástico me servirá de tirachinas), una pastilla de jabón convenientemente humedecida y un tubo de dentífrico, que es mi arma favorita. Desde esta posición privilegiada, arremeto contra todo bicho viviente que se cruza por delante. ¡Pringue va!

Estoy en el punto álgido de concentración, con la mirada fija en mi próximo objetivo (el cogote de Loreto), cuando un escalofrío me sacude y una masa viscosa me recorre el espinazo. Desconcertada, vuelvo la vista en torno, al interior del cubículo –que creía infranqueable–, hasta que unas risitas procedentes de lo alto me dan a comprender lo sucedido: puesta en pie sobre el retrete contiguo, Cati ha saltado por encima del muro que nos separa y ha dejado caer sobre mi espalda una buena cantidad de leche corporal hidratante.

—¡Eso es traición! –finjo indignarme.

—¡Es para que tengas la piel suavecita! –se excusa la sinvergüenza.

Aprovechando la distracción, Magda irrumpe por sorpresa en mi «bastión» y, armada con una escupidera, derrama su contenido sobre mi cabeza cual unción sagrada.

—¡Por las barbas de Aarón, caiga sobre ti la bendición![1].

¡Será lipendi! Maldigo su mala baba –nunca mejor dicho– y me abalanzo contra ella, iniciando una carrera desaforada en aras de vengar mi dignidad menoscabada.

—¡Huye, sí, cobarde –la amenazo conteniendo la risa–; verás cuando te pille!

—Chicas –interrumpe Micaela nuestro esparcimiento, tras diez minutos de persecuciones y lucha libre–, ¡mirad cómo está todo!

---

[1] Hace referencia al Salmo 133, que dice en el versículo 2: «Como un ungüento fino en la cabeza, que baja por la barba, que baja por la barba de Aarón, hasta la orla de sus vestiduras». Aarón era el hermano de Moisés y fue el primer Sumo Sacerdote.

Detenemos la jarana y echamos un vistazo en derredor: lo cierto es que el cuarto de baño ha quedado hecho unos zorros.

—En breve llegará la madre Juan y, como no nos demos prisa en limpiarlo, la regañina será de órdago.

Tiene razón. ¡Menos mal que hay alguien que pone el punto de sensatez en medio de nuestra locura! Pero bendita locura que tan buenos ratos nos proporciona.

* * *

Después del desayuno, la abuelita nos ha pedido que acudiéramos a la sala de labores.

—Esperad aquí un momento –ha dicho antes de entrar, y ha desaparecido tras la puerta.

Se oye ruido de sillas y persianas que se abren en el interior. El sonido de pasos desiguales nos hace pensar que no está sola. ¿Quién –o qué– habrá allí dentro, y por qué nos ha hecho venir? Unas aseguran que ha habido un robo y que en la sala están los gendarmes, que han venido a interrogarnos; otras, más fantasiosas, apuestan que los duendes han terminado nuestros bordados durante la noche, como en el cuento aquel del zapatero, y que las hermanas quieren felicitarnos por «nuestra» excelente labor; las más pesimistas vaticinan una reprimenda por el desorden en que dejamos la sala ayer noche.

—No sé si irme antes a confesar, por si acaso –bromea Magda.

La madre Bou se esfuerza inútilmente en imponer orden y silencio; pero ¿cómo hacer callar a cuarenta chiquillas que aguardan frenéticas tras una puerta que esconde tan misteriosa incógnita? Y eso que no están aquí las mayores, con quienes la abuelita ha decidido reunirse después.

—Os apuesto cinco céntimos a que nos van a examinar de *petit point* —sostiene Juana.

—Pues ya puedes ir apoquinando —replica Martina—; en casi seis años que llevo aquí, la Madre no nos ha hecho nunca un examen sorpresa.

—Sorpresa será la nuestra cuando nos veamos con la fregona y el plumero entre las manos —asevera Paquita.

—¡Callad! —interviene Cati—. Estoy oyendo algo.

Me río yo del «abracadabra». ¿Queréis unas palabras mágicas de verdad? «Estoy oyendo algo»: tres simples vocablos, tan vulgares y corrientes y que, sin embargo, formulados uno seguido del otro y pronunciados en el momento preciso, son capaces de imponer el silencio más sepulcral e inmediato aun en medio del mayor estrépito. Si no me creéis, probadlo un día. Pienso que la clave está precisamente en ese contraste entre el barullo y el escuchar *algo*.

Es similar a lo que le aconteció al Señor cuando la hemorroísa tocó su manto, ¿lo recordáis? Una multitud incontable de personas se apiñaban unos contra otros en el afán de ver, tocar y oír a Jesús:

—¿Quién me ha tocado? —prorrumpe él de pronto.

—¿Cómo que quién te ha tocado? —Pedro, atónito, mira a Jesús para comprobar si está de broma o si es que se ha vuelto majara—. Pero, alma de cántaro, ¿no ves que todo el mundo te empuja y te apretuja? ¡Que quién le ha tocado, dice! —Le mete un codazo a Juan para que se ría con él.

—Os digo que *alguien* me ha tocado —insiste Jesús.

En ese momento, todo se detiene; el gentío enmudece, los discípulos activan su sentido de alerta y todos aguardan a que el aludido —o, en este caso, *la* aludida— rompa su silencio y se dé a conocer. Ahí tenéis la paradoja: en medio de los empellones y rempujones de la multitud, lo que resalta es, precisamente, el *roce* delicado de *alguien,* que logra que, por un instante, el mundo entero se pare.

Lo mismo sucede ahora: el hecho de que, entre tanto bullicio y confusión, Cati manifieste haber escuchado *algo* (un susurro, un sonido ligero...) hace que se detengan el tiempo y el espacio, y que todas, casi involuntariamente, prestemos atención. Digo yo que entrar en un agujero negro ha de ser algo parecido.

—¡Mirad!

Una fuerza invisible hace descender el picaporte, y un leve chirrido nos indica que, por fin...

—¡La puerta se abre!

La madre Togores sale por ella y vuelve a cerrar tras de sí, sin permitirnos atisbar siquiera el interior. Sonríe al percibir nuestra impaciencia; pero, por más que la interrogamos, no suelta prenda.

—¡Ande, hermana, no nos torturen! –suplica Loreto con un gracioso puchero. En realidad, es fabuloso sentir este hormigueo en la tripa, y el «suplicio» resulta francamente deleitable.

—Está bien –se escucha a mi abuelita desde dentro, unos minutos después–, ¡ya pueden pasar!

Una ovación de sorpresa y gritos de júbilo invaden el recinto a nuestra entrada. ¡Qué maravilla! No habrán sido los duendes zapateros, pero aquí ha habido magia. De todos los rincones penden bellísimas estrellas de papel brillante, a cuyo contacto la luz del sol restalla en infinitas partículas de colores que inundan la sala por completo. El *Iesus Refulsit Omnium*[2] resuena desde el

---

[2] «Jesús, luz de todas las naciones». Es considerado el villancico más antiguo; data del siglo IV y su letra se atribuye a san Hilario de Poitiers.

gramófono como un himno de gloria y regocijo, y sobre cada una de nuestras sillas descansa un pequeño fardo sujeto por un hermoso cordón trenzado.

—¡¡Han venido los Reyes!!

Con irreprimible excitación nos lanzamos hacia los regalos y desliamos el pequeño fardo, que resulta ser una manta gustosísima, de lana suave, limpia y esponjosa, con olor a lavanda y a jabón de Marsella. En su cuidado pespunte reconozco la mano experta y delicada de las hermanas.

—¡Qué finura! –aprecia Carlota.

—¡Es como dormir abrazada a un corderito! –comenta Teresita, dando saltitos de emoción y hundiendo su carita en la blanca y mullida pelambre.

—¡Y huele mejor! –ríe Magda.

—¡Saluden a su reina! –se autoproclama Lluc, colocándose la manta sobre los hombros a modo de capa real.

Estamos encantadas, ¡nunca habíamos tenido unas mantas tan estupendas! Esta noche dormiremos como en las nubes, ¡como en el mismo cielo!

—Me alegra que les gusten –sonríe la abuelita–. Así podremos renovar las que tenían, que ya clareaban casi, de tan raídas.

—¡Muchísimas gracias, Madre! –expresa Micaela en nombre de todas.

—No me las den a mí; dénselas a Sus Majestades de Oriente, que, después de agasajar al Rey de reyes, han deseado obsequiar también a sus pequeñas siervas. Por cierto, que han dejado aquí una carta para ustedes...

Se saca del bolsillo del hábito un sobre blanco, doblado en dos. Lo desdobla despacio y extrae de él un papel algo amarillento que, a su vez, está doblado en cuatro. Aguardamos expectantes. La abuelita, como para otorgar mayor solemnidad al momento y aumentar la expectación, se acerca una silla y la coloca cuidadosamente en el centro; toma asiento y, con un gesto, nos invita a hacer lo mismo. Se recoloca los lentes. Carraspea para aclararse la voz.

—Muy queridas niñas –comienza al fin–:

»Esperamos que les haya gustado este regalo que, con tanto cariño y con la colaboración y la complicidad de esas buenas madres que las cuidan, les hemos dejado. Yo, Melchor, que procedo del norte de Europa, conozco bien lo que es el frío y lo difícil que es conciliar el sueño en los helores del invierno; por eso, confío que estas mantas contribuyan a su descanso y les ayuden a soñar grandes ideales.

»Gaspar, por su parte, desea también hacerles un presente. Él, como buen asiático, posee un carácter contemplativo que gusta de admirar todo lo bello, lo grande, lo excelso. Con deseo de que ustedes disfruten de igual manera, les hemos conseguido entradas para un sublime espectáculo cuyo origen se remonta, precisamente, a las civilizaciones antiguas del lejano Oriente: ¡el circo!

Al oír la palabra «circo», chillamos de emoción. Unas se ponen en pie y comienzan a dar saltos; otras se abrazan; algunas hasta lloran. ¡Es el mejor regalo de Reyes de la historia!

—Todavía no ha terminado la carta –dice la abuelita sonriendo–, ¿desean que continúe?

—¡Sí, sí, síííí! –gritamos todas a la vez.

—Como no podía ser menos –prosigue–, el buen Baltasar tiene también un obsequio que hacerles, y probablemente sea este el más hermoso e importante de los tres. Como saben, hay mucha gente necesitada en el mundo; no solo en África, de donde él procede, sino también aquí, en Mallorca. Son vecinos y vecinas de ustedes; padres y madres de familia; niños, jóvenes, ancianos...; personas buenas, honradas y trabajadoras, a quienes la suerte no ha sonreído de la misma manera que a ustedes; gente que pasa hambre y frío, dolor y enfermedad.

»Es evidente que nosotros podríamos aliviar sus penurias; pero, de hacerlo, les estaríamos privando a ustedes de la experiencia más maravillosa que se puede vivir en esta tierra: la experiencia de la caridad, la solidaridad, la compasión, la gratuidad, la misericordia, el amor. Este será, pues, nuestro tercer regalo: hemos dejado bajo el árbol varias bolsas llenas de ropa y comida. Les queremos pedir que, con generosidad, las completen con todo aquello de lo que ustedes consideren que se pueden desprender (dulces, juguetes, útiles escolares, libros, golosinas...) y vayan a entregarlas personalmente a quienes anotamos en la lista que sigue. Ellos se lo agradecerán eternamente, y ustedes obtendrán el tesoro más valioso que se puede poseer: la auténtica, genuina e inimitable alegría. Y es que la caridad obra un misterioso intercambio, un verdadero milagro: une el Cielo con la tierra y hace de la tierra el Cielo.

»Por último, ya saben que nosotros somos esos buscadores de estrellas que terminaron encontrando la Verdadera Estrella envuelta en pañales y acostada en un pesebre. Para que también ustedes puedan escrutar el cielo, y en vistas al gran eclipse solar que se prevé tenga lugar el 17 de abril del presente año, hemos dejado escondido en algún lugar de la casa —a ustedes corresponderá encontrarlo— un pequeño telescopio. No olviden, no obstante, que el más fascinante Astro es el Sol que nació de lo alto y que nunca se eclipsa; Aquel que de la nada hizo el sol, la luna y las estrellas; el Pequeño cuyo nacimiento celebramos en estos días. Él es, sin duda alguna, el único y verdadero Regalo. El único y verdadero Rey.

»Un fuerte abrazo a cada una, con todo nuestro cariño,

SS. MM. Melchor, Gaspar y Baltasar.

¡¡Gracias mil, Majestades!!

* * *

Solo una vez al año llega el circo a Palma, siempre en torno a las fiestas de Navidad. Las exóticas y elegantes carrozas desfilan desde el desembarcadero hasta el centro mismo de la ciudad con gran algarabía de trompetas y timbales, bailarinas que danzan al ritmo de la música y saltimbanquis que hacen cabriolas y piruetas e invitan a los chiquillos a asistir al fausto espectáculo. Se instalan en el Teatro Circo Balear de la plaza del Rosselló, y durante varias semanas ofrecen funciones de mañana y de tarde, a las que asisten familias enteras con sus pequeñuelos.

Hemos llegado temprano y, gracias a eso, hemos conseguido asientos en primera fila. Estoy que me desmayo de la ilusión, ¡es la primera vez que vengo al circo!

—Ya verás cuando actúen los trapecistas –me dice Martina–, ¡literalmente vuelan!

—Yo lo que quiero ver es la actuación de los leones –comenta Cati, que, como yo, adora los animales, y que tampoco ha estado nunca en un circo.

—¡Leones? –repite Teresita horrorizada–. ¡Qué miedo!

—¡No temas, pequeñaja! –la tranquiliza Magda–. Están adiestrados.

—Yo quiero ver el número de los payasos —interviene Carlota—, siempre me hacen morir de la risa.

A mí lo que más ilusión me hace es el espectáculo de magia. Me fascina eso de que hagan aparecer y desaparecer objetos, que partan personas por la mitad y las devuelvan después a su estado natural, que transformen pañuelos en palomas y que saquen conejos de una chistera. Eso es, al menos, lo que anuncian en la propaganda.

—¡Damas y caballeros! ¡Niños y niñas! ¡Respetable público! —saluda el presentador—. ¡Bienvenidos todos al Gran Circo Raluy! Prepárense para presenciar un espectáculo nunca visto, donde lo imposible se hace posible y los sueños se convierten en realidad.

La orquesta da inicio a una alegre melodía circense que abre paso a los distintos artistas que, consecutivamente, hacen su entrada sobre la pista con una bella y estudiada coreografía, mientras el maestro de ceremonias los va presentando uno a uno.

—Y ahora —prosigue bajando la voz—, hagan silencio y permanezcan muy atentos en sus asientos, porque... ¡el *show* va a comenzar! ¡Con todos ustedes, los malabaristas! ¡Un fuerte aplauso para ellos, por favor!

La función comienza con la actuación de los malabaristas, que —entre otras muchas cosas— hacen bailar cientos de platos sobre alambres sin que uno solo se caiga o se rompa. Les siguen los equilibristas, que andan por la cuerda floja y se balancean sobre el rola bola; los contorsionistas con sus posturas imposibles, que dírianse hechos de goma; también los escapistas, el hombre bala, el tragasables, los trapecistas, el encantador de serpientes... ¡a cuál más asombroso!

A continuación, vienen los domadores con sus fieras: elefantes que mantienen el equilibrio sobre una pelota, osos que van en patinete, leones que bailan a dos patas, cerdos que se lanzan al vacío hacia una piscina de lodo; caballos, cebras, avestruces, dromedarios... El número que más me impresiona es el de los tigres, que saltan a través de un aro de fuego.

—Pilu –me susurra Cati al oído–, esto no me gusta. Estos pobres animales están sufriendo. Los obligan a hacer cosas que no quieren, amenazándolos con látigos.

Tiene razón. ¿Por qué habremos de ser tan crueles, a veces, los seres humanos? Con lo lindo que sería poder contemplar a estos animales libres y felices en su propio hábitat.

Los payasos nos hacen llorar de la risa, haciéndonos olvidar, al menos en parte, el mal sabor de boca que nos ha dejado el espectáculo de las fieras. Son dos: uno muy gordo y otro muy flaco. Tienen la nariz roja y redonda, la cara pintada, pelucas ensortijadas y sombreros de copa. Visten un peto bombacho multicolor, pajarita a topos y unos zapatos enormes que les hacen tropezar.

—¡Hombre, Chancletín! –saluda el gordo al flaco–. ¿Cómo te han ido las vacaciones?

—Un poco mal, jefe –responde el otro.

—¿Y eso?

—Porque me ha picado una serpiente.

—¿Cobra?

—¡No, no! Lo hace gratis.

Los cerca de dos mil niños que ocupamos las gradas reímos a carcajadas.

—Oye, Chancletín –pregunta entonces el jefe–, ¿a ti te gusta más que la gente se ría contigo, o de ti?

—Hombre, pues qué va a ser: ¡de ti!

El gordo, que lleva una sartén en la mano, le da un mamporro al tal Chancletín, chafándole el sombrero.

—Escucha, ¿se puede saber a qué hora has entrado a trabajar hoy?

—A las siete y cinco, jefe.

—¡Mentiroso! Yo te he visto llegar a las doce.

—¿Y siete y cinco cuánto es?

El jefe cuenta con los dedos y, al darse cuenta de la burla, le mete un segundo sartenazo.

—Por cierto, jefe –pregunta ahora Chancletín, arreglándose el gorro–, ¿me puede hacer un aumento de sueldo?

—Lo cierto es que te lo mereces.

—¿De veras?

—Por supuesto. Llevo veinte años trabajando contigo y es la primera vez que me haces reír.

Antes de que pueda darle un nuevo sartenazo, Chancletín intercambia su sombrero con el de su jefe, de modo que es el sombrero de este el que termina malogrado.

—¡Anda –ordena el jefe–, coge la bici y haz algunas acrobacias para que las vean estos niños!

—¿La bici, yo? Pero ¡si no sé montar!

—¿Cómo no vas a saber? ¡Si mi hermano monta desde los cuatro años!

—¡Pues ya debe estar lejísimos!

Antes de que al jefe le dé tiempo a reaccionar, Chancletín le quita la sartén de las manos y se golpea a sí mismo en el sombrero.

—A ver, Chancletín, siéntate ahí y coge el pizarrín. Vamos a hacer un dictado.

Chancletín obedece.

—La campana de la iglesia...

—Disculpe, jefe, ¿cómo se escribe campana?

—¡Cómo va a ser! ¡Como suena!

Y Chancletín escribe en el pizarrín: «Tolón, tolón».

—Bueno, jefe, me voy, que tengo que llevar a mi perro al *dogtor*.

—¿Al doctor? ¡Querrás decir al veterinario!

—No, al *dog*-tor. Es que lo digo en inglés.

—¿Tú sabes inglés?

—¡Pues claro, jefe! Si hasta he conseguido un trabajo como profesor particular.

—¿Trabajo estable?

—No, hombre, no me sea usted burro. Trabajo es *guorc; table* es mesa.

El jefe esconde la cara entre las manos y menea la cabeza.

—También sé japonés –agrega Chancletín, muy sonriente.

—¿Ah sí?

—Sí. ¿Sabe cómo se dice pañuelo?

—¿Cómo?

—Sakamoko.

Continúan así durante diez minutos, más o menos; ¡los diez minutos más divertidos de mi vida! Creo que solo Magda me ha hecho reír tanto.

Y, por fin, llega la actuación que tanto he deseado: ¡el ilusionista!

En una caja, el mago comienza por introducir una, dos... hasta cinco palomas, y cierra la tapa. Da unas cuantas vueltas a la caja, la abre de nuevo y... ¡en lugar de las palomas, aparece una enorme oca!

—¡Guau! –exclama Teresita, alucinada–. ¿Cómo lo ha hecho?

—Eso es que en la caja estaba ya la oca y se ha *zampao* a las palomas –asegura Lluc.

—¿Cómo se va a comer una oca a unas palomas, animal! –replica Juana–. ¡Las ocas comen paté!

—¡Brava mermelada! ¡Tú sí que eres tonta! –chista Loreto–. Las ocas son vegetarianas.

—No se dice vegetarianas, sino herbívoras –la corrige Cati.

—Da lo mismo. Lo que importa es que comen césped.

—¿Ah sí? –repone Juana con aires de sabelotodo–. ¿Y entonces cómo es que en las latas pone «paté de oca», a ver?

—¡Callaos de una vez, panda de cotorras! –se queja Magda–. No me dejáis ver el espectáculo.

A los números de aparición y desaparición, les siguen los de levitación (gente que flota en el aire), varios trucos de cartas increíbles, la mujer aserrada, el conejo que sale de la chistera, monedas que se multiplican, billetes que cambian de numeración, papeles rotos que se convierten en dinero, cuerdas cortadas que se vuelven a unir sin un nudo...

—Y ahora, honorable público –habla el mago–, van ustedes a presenciar una asombrosa metamorfosis. ¡Adelante, Ceferino!

Ceferino, su ayudante, aparece con un baúl de madera que, según nos muestra, está completamente vacío. Se mete dentro, con las piernas encogidas, y el mago cierra con llave.

—¿Algún voluntario para custodiar esta llave?

—¡Yo! ¡Yo! –se escucha desde todos los rincones.

El mago se acerca y le da la llave a un niño pelirrojo de mejillas arreboladas, rostro pecoso, dientes de conejo y mirada traviesa, que se sienta en la quinta fila.

—Guárdala bien, ¡no vaya a escaparse Ceferino! –le advierte con una sonrisa misteriosa.

A continuación, regresa al escenario, se sienta sobre el baúl y se echa encima una gran cortina, que cubre el baúl y a él mismo, dejando al descubierto solo la cabeza. Cuenta hasta tres, hace saltar la cortina y... ¡chas! ¡Ha desaparecido! Y en su lugar está... ¡Ceferino!

Este se acerca al graderío; le pide la llave al niño pelirrojo, que se la entrega, atónito; abre el baúl, y de su interior aparece... ¡el mago!

Aplaudimos a rabiar, absolutamente perplejos y maravillados.

—Ya para terminar –concluye el presentador, con su brillante y llamativa chaqueta de frac y su pechera impecable–, necesito contar con la presencia de otro voluntario o voluntaria.

Todos gritamos con el deseo de ser elegidos. El maestro de ceremonias camina por la platea, como buscando a la persona adecuada; pasea de un lado a otro, escrutando los asientos... De repente se detiene y, con el brazo estirado, apunta hacia... ¡mí?

—¡Tú, sí, tú! La niña de los rizos negros, acércate.

¡No doy crédito! Bajo al escenario temblando de la emoción.

—¿Cómo te llamas?

—Pilar.

—Pilar, te presento a Bonifacio –dice, mientras el chimpancé que lo acompaña me tiende graciosamente la mano; viste un traje de corbata muy cómico–. Bonifacio es experto en cálculo y aritmética. ¿Te atreves a competir con él?

¡Aritmética? No podía ser geografía, historia, religión, música, francés... ¡Tenía que ser aritmética, precisamente! Aunque, después de todo, ¡solo es un simio! Seguro que puedo ganarle.

—El que venza –continúa el presentador, antes de que pueda responder–, será coronado como rey o reina

Mi álbum de fotos

En la primera foto están mis bisabuelos, Alberto y Apolonia. A su lado, mi abuelita Alberta cuando tenía unos 15 años. Abajo aparece nuevamente mi abuelita, y a su derecha mi tío abuelo Saturnino.

Aquí están mis abuelitos paternos, Alberta y Francisco.

Mi papá cuando era niño.

Mamá y papá con Joaquín.

Joaquín.

Joaquín y yo.

Mi hermano Albertito.

Yo el día de mi Primera Comunión.

Joaquín, Alberto y yo.

Algunas de las fotos que nos hizo don Minervo.

El Museo de Ciencias Naturales.

Virgen de la Pureza.

Mi abuelita.

Mi muñequita Albertita.

Nuestro dormitorio.

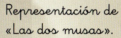
Representación de «Las dos musas».

Última foto de mi abuelita.

Casamiento.—Ha contraído matrimonio en Zaragoza, el 1.º del actual, nuestro estimado amigo y compañero D. Alberto Civera y Jiménez, con la distinguida señorita Doña Joaquina Llonch y Osed, á quienes deseamos eterna luna de miel.

Recorte de periódico de La Veterinaria Española del 20 de enero de 1896.

Enlace.—Se han unido por el indisoluble lazo del matrimonio nuestro distinguido amigo D. Alberto Civera y la virtuosa y bella señorita doña Joaquina Llonch y Osed. Deseamos á los jóvenes contrayentes una luna de miel llena de dichas y de venturas.

Recorte de periódico de Gaceta de Medicina Veterinaria del 2 de febrero de 1896.

Una medalla de las que nos daban en el colegio (no es la mía, que ya sabéis lo que pasó).

del circo. –Muestra al público una hermosa corona dorada con incrustaciones de piedras de colores–. ¿Aceptas?

—Sí.

—¡Perfecto! ¡Un aplauso para la señorita! –exclama dirigiéndose al público. Hasta Bonifacio aplaude.

—Pilar y Bonifacio pugnarán por mostrar quién de los dos es el más rápido realizando cálculos sencillos como sumas, restas, multiplicaciones, divisiones, raíces cuadradas, ecuaciones de segundo y tercer grado y aplicación del teorema de Pierre de Fermat sobre curvas elípticas.

El público se echa a reír. Yo empiezo a sudar. Mi cara debe de ser un auténtico poema, porque el presentador, divertido, añade:

—¿No conoces el teorema de Pierre de Fermat? Está bien, lo dejaremos en sumas, restas, multiplicaciones y divisiones.

Más risas.

—Pero, antes, precisamos de un último voluntario, que será quien decida los cálculos que nuestros dos participantes deberán realizar.

Dos mil manos se elevan entre exclamaciones. El presentador escoge a un niño rollizo y repeinado con orejas de soplillo.

—¿Cómo te llamas? –le pregunta.

—Alejandro.

—Muy bien, Alejandro. Tu tarea será proponer diez operaciones no excesivamente complicadas: de cuatro o cinco cifras en el caso de sumas y restas, y de dos o tres cifras en el caso de multiplicaciones y divisiones. Ven, acércate a la Pascalina[3]. Tú mismo te encargarás de com-

---

[3] La «Pascalina» era una especie de calculadora, una máquina inventada por Blaise Pascal para realizar las cuatro operaciones matemáticas básicas: sumar, restar, multiplicar y dividir.

probar si el resultado de nuestros competidores es o no correcto. Y vosotros —se dirige a Bonifacio y a mí—, tomad este pizarrín para vuestro cálculo. El primero que termine cada operación deberá hacer sonar la campanita. ¿Entendido?

—Sí.

—Pues... ¡que comience el juego!

—Mil trescientos cuarenta y siete por veintitrés —propone Alejandro.

«Tres por siete, veintiuno; llevo dos. Tres por cuatro...».

¡Tilín, tilín!

—¡Parece que Bonifacio ya tiene el resultado! Veamos: treinta mil novecientos ochenta y uno. Alejandro, ¿puedes confirmar que es correcto?

—¡Sí, es correcto!

¿Cómo puede ser! ¡Si yo apenas estaba empezando!

—¡Un punto para Bonifacio, cero para Pilar! Vamos con el siguiente.

—Dos mil novecientos treinta, más ocho mil cincuenta y cinco.

«Cinco y cero son cin...». ¡Tilín, tilín! ¡Pero qué caraj...? ¡Es imposible!

—Diez mil novecientos ochenta y cinco. ¿Correcto?

—¡Sííí!

—¡Segundo punto para Bonifacio!

—Setecientos cincuenta y cuatro entre sesenta y ocho.

«¡Uf, las divisiones se me dan fatal! Voy a ver qué pone el mono...». Miro de reojo a mi contrincante, pero él se da cuenta y tapa su pizarrín con el brazo. ¡Caray con el simio!

¡Tilín, tilín!

—Once unidades ocho centésimas.

—¡Bravo! –celebra Alejandro.

—¡Tres puntos a cero a favor de Bonifacio!

—Mil veintidós, menos ciento diecinueve.

«Doce menos nueve son tres; dos menos uno es uno; diez menos uno son nueve». ¡Lo tengo!

¡Tilín, tilín!

—¡Caramba, Pilar, esta vez has sido más rápida que Bonifacio! Dinos, ¿cuál es tu resultado?

—Novecientos trece.

—¿Es correcto, Alejandro?

—No.

—¡Vaya, lo sentimos mucho! Bonifacio nos muestra un resultado distinto: novecientos tres. ¿Ha acertado?

—¡Síííí!

—¡Cuatro puntos para nuestro amigo primate!

Imagino que no hace falta que os lo diga. Diez a cero: así ha quedado el marcador.

—¡Creo que tenemos un claro ganador! ¡Bonifacio es el nuevo rey del circo!

El público aplaude entre vítores y aclamaciones, mientras el recién coronado improvisa un baile de triunfo.

—Bueno, Pilar, ¡al menos lo has intentado! –se despide el presentador ofreciéndome la mano derecha–. Para que no te marches con la cabeza vacía, tenemos para ti otra diadema.

Hace señas a su asistente, que trae en una bandeja... ¡unas orejas de burro! Hasta aquí podíamos llegar. Me marcho antes de que tenga lugar el escarnio.

Entre carcajadas, aplausos y ovaciones del público, regreso a mi sitio, avergonzada y sin corona. ¡No quiero volver al circo nunca más!

* * *

Hoy es el día fijado para recibir nuestro tercer regalo de Reyes. Estoy muy ilusionada, aunque confieso que también un poco nerviosa; y es que, aunque no lo parezca, soy bastante tímida cuando estoy con gente que no conozco. ¡En serio! Si no me creéis, preguntádselo a Cati. Ella siempre cuenta que, la primera vez que me vio, pensó que era una nena estirada, sosa, arisca y melindrosa. ¡Figuraos!

Nos hemos dividido en pequeñas comisiones de cuatro o cinco, y mi abuelita nos ha asignado una de las familias que aparecen en la lista de sus Majestades. A nosotras (las πk+) nos ha tocado el hogar de dos mujeres ancianas, madre e hija. La madre Togores nos acompaña.

Antes de partir, la abuelita nos ha reunido a todas en el patio de la entrada para darnos algunas indicaciones sobre cómo comportarnos, y para aconsejarnos acerca de lo que vamos a encontrar. «No olviden –nos ha dicho– que, más aún que el alimento, esas buenas gentes hambrean el cariño, la atención, el respeto; alguien con quien poder conversar de igual a igual, sin sentirse de menos; alguien con quien compartir sus sueños e ilusiones, sus angustias y preocupaciones cotidianas. Muéstrense, pues, solícitas, atentas, cariñosas; jueguen con los niños, escuchen a los mayores; sean afables y corteses con todos. Y, ante todo, manténganse muy humildes, procurando que nadie se sienta humillado al recibir su caridad».

Más tarde he sabido que, esto que nosotras vamos a hacer hoy, lo hace ella todas las semanas. ¡Y yo, en tantos años, ni siquiera me había enterado! Así de discreta es ella.

—¡Pasen, señoritas! ¡Sean bienvenidas! —Nos recibe una agradable matrona de espaldas anchas y brazos fuertes y torneados como hogazas de pan. Luce un hermoso cabello, lacio y plateado, discretamente recogido en un sencillo tocado.

—¡Muchísimas gracias, doña Carmen! —corresponde la madre Togores al saludo—. La Madre les manda muchos cariños y ruega la disculpen por no haber podido venir esta vez. Asegura que el domingo próximo no faltará a su cita. Confío que, por hoy, tengan suficiente con nuestra presencia.

—¿Suficiente? ¡No saben la alegría que traen a esta pobre morada! Son ustedes maravillosas. Pero pasen, por favor, no se queden en la puerta; están en su casa.

Su aspecto recio contrasta con la afabilidad y delicadeza de su trato, y sus ojos, vidriosos e inertes, transmiten una dulzura y una tristeza inmensas...

—¡Es ciega! —musita Carlota junto a mi oído, al borde de las lágrimas; su extrema sensibilidad la hace empatizar enseguida con el dolor ajeno. Una vez la vi llorar porque, sin querer, había pisado una hormiguita y pensaba en «su pobre mamá», que nunca la vería regresar al hormiguero.

—No es gran cosa —continúa la buena mujer—, pero confío que se encuentren ustedes a gusto en nuestro humilde hogar.

Atravesando el patio común, uno de esos bonitos patios mallorquines empedrados con un pozo en el centro, accedemos a la única habitación de la casa: una sala acogedora que hace las veces de recibidor, dormitorio, despensa, cocina, comedor y sala de estar. Una puertecilla a la derecha abre paso a un pequeño aseo. Junto al brasero, que sirve tanto para cocinar como para calentarse, se mece una venerable anciana de ojillos chispeantes, años infinitos y sonrisa eterna. Sus níveos cabellos dan la impresión de ser una suavísima madeja de lana.

—Mire, madre −se dirige a ella doña Carmen, acomodándole con ternura la toquilla que le cae sobre los hombros−, ¡tenemos visita!

—¡Muy buenos días, doña Mercedes! −la saluda la madre Togores−. ¡Qué buen aspecto tiene hoy!

La ancianita sonríe; y la estancia, húmeda y umbría, parece más luminosa y cálida de pronto.

—¡Buenos días, madrecita! −responde con voz temblorosa−. ¡Buenos días, preciosas!

—Disculpen que no haya sillas para todas −se excusa doña Carmen−; he acondicionado los camastros para que puedan ustedes acomodarse en ellos.

Es conmovedor el cariño y el cuidado con que lo ha dispuesto todo para nosotras. Desde que mi abuelita le anunció nuestra visita, no ha dejado de trajinar para que nada nos faltase: ha preparado un delicioso té con leche, canela y miel; ha convertido las camas en sofá, cubriéndolas con una colcha y colocando sobre ellas unos cómodos cojines; ha horneado pastas de mantequilla...

—Son las favoritas de la Madre −nos explica, acercándonos la bandeja−; siempre que viene, le hago unas cuantas.

Tomamos una cada una con timidez, a excepción de Magda, que coge tres, ante la mirada reprobadora de la madre Togores. Con los carrillos abultados, se arrodilla junto a doña Mercedes y, con una naturalidad que envidio, coge su rugosa mano y se pone a charlar animadamente.

—Tienen ustedes una casa muy bonita, me recuerda a un palacio.

—Uy, criatura, ¡qué despropósito!

—¡Lo digo de veras! –Señala las ventanas–. Esas cortinas tan bonitas bien podrían pasar por damascos; y esta mecedora de usted es talmente un trono, con los reposabrazos acolchados y el cabezal tan bellamente labrado.

—Es hermoso el balancín, ¿verdad? Fue un regalo de mi nieta; lo compró con su primer sueldo...

Una lágrima perlada escapa de sus ancianos ojos.

—¡Es precioso, sin duda! Pero lo que más me gusta de todo es la reina que lo preside –Magda toma la corona del roscón que hemos traído y se la ciñe a doña Mercedes en las sienes.

—Qué encantadora eres, chiquilla. –Le aprieta la mano y sonríe agradecida–. Pero, aparte de la reina Victoria (que el Señor la asista), no conozco otra reina que la madre Giménez. ¡Ella sí que es una señora! Qué mujer más buena, más distinguida, más atractiva, más elegante... Es donairosa cual emperatriz y, a la vez, humilde cual sirvienta; justa, humana y compasiva como la mejor de las soberanas...

—¿La conoce mucho? –intervengo, olvidando de pronto mi timidez, atraída por el rumbo que va adquiriendo la conversación.

—¡Casi como si fuera mi hija! Y, sin embargo... –Se detiene un instante, como buscando las palabras precisas–... no sabría explicarlo; más que una hija, diría que es ella mi madre. Madre, sí: esa es la palabra que mejor la define. ¡No hay otra igual –enfatiza–, no la hay! Tan delicada, tan dulce, tan entregada, tan atenta, tan abnegada... Solo una madre... Solo ella.

—¿Y cómo se conocieron? –pregunta Carlota. Es evidente que todo lo que tiene que ver con mi abuelita hace vibrar las cuerdas más íntimas de su alma.

—Fue gracias a mi hija –participa doña Carmen–. Varias de sus amigas estudiaban en la escuela de maestras regentada por la madre Giménez, y ella, que siempre había soñado con ser educadora, me suplicó poder ingresar también. Yo no tenía dinero suficiente, pero era tal la ilusión de mi niña que no podía defraudarla. Al día siguiente me personé en el colegio y me ofrecí para cualquier trabajo que una ciega como yo pudiera prestar, a cambio de que recibieran a mi Cecilia como estudiante.

—¿Y la Madre aceptó? –se interesa Martina.

—No, no le pareció bien...

—Vaya –comento abatida–, lo lamento muchísimo.

—No le pareció bien –continúa, como si no me hubiese escuchado– que hubiera de dejar sola a mi madre, anciana y enferma, para ponerme a faenar fuera de casa. Yo trabajaba aquí como costurera y, pese a mi ceguera, manejaba muy bien la máquina y tenía muchos encargos de las vecinas; claro que eso era antes de que me viniera la artrosis...

—¿Y qué pasó con los estudios de su hija? –pregunta Cati mientras se estira para alcanzar la bandeja de pastas, absorta como todas en el relato de doña Carmen. Magda aprovecha la ocasión y coge dos pastas más, pero esta vez le ofrece una a doña Mercedes, que se la recibe con un guiño.

—Pasó que la Madre no solo admitió a mi niña de balde, sino que comenzó a hacernos encargos (que pagaba siempre generosamente): que si un mantel para la capilla, que si unas servilletas para las pensionistas, que si un refajo para las hermanas, que si un velo nuevo... Estoy segura de que muchas veces ni siquiera necesitaba lo que nos pedía; lo hacía solo por colaborar con nosotras. Con la misma excusa nos visitaba con frecuencia y, si notaba que nos faltaba algo (fruta, verduras, leche, pan, huevos...), nos lo traía a la mañana siguiente, explicando que «se había despistado» y había comprado de más y que, para no haber de tirarlo, «nos suplicaba» que tuviéramos «la caridad de recibirlo»... ¡Figúrense! ¡Como si fuéramos nosotras las que le hiciéramos el favor!

—Cuánta delicadeza –se admira Martina.

—Delicadísimo e inmensamente generoso: así es el corazón de esta mujer que (discúlpenme si digo un disparate) para mí es una santa. ¡Oh, lo feliz que era mi Cecilia en su escuela! Decía que era su segundo hogar, y que no concebía una vida lejos de la Pureza y de la Madre. Durante años acarició incluso la idea de hacerse religiosa...

—¿Y por qué no lo hizo? –quiere saber Magda.

Doña Carmen se incorpora en silencio y, como si evitara la respuesta, nos sirve a todas una segunda taza de té; atiza las brasas, reavivando un fuego exiguo que difícilmente logra caldear el ambiente, aun siendo tan pequeña la casa; pasea lentamente por la habitación y se detiene al fin ante el aparador que hay bajo la ventana; toma de él un retrato y nos lo tiende. En él se aprecia una linda joven de cabellos oscuros y ondulados recogidos en las sienes, de facciones delicadas, mirada inocente y sonrisa divina.

—Hermosa, ¿verdad? Todo el mundo me lo decía: «Carmen, ¡tu niña tiene ángel!»; «¡Qué bonita es tu Cecilia!»; «Cuando crezca, llevará a los muchachos de calle»... Y si era linda por fuera, no imagináis lo preciosa que era por dentro; y no lo digo porque fuera mi hija. Era tan buena, tan dulce con todos, tan responsable, tan servicial, tan paciente, tan alegre, tan generosa, tan noble, tan optimista... Toda ella desprendía luz.

—¿Y dónde está ahora? –pregunta Carlota con un terrible presentimiento.

Doña Carmen vuelve a tomar el retrato en sus manos y, con sus ojos muertos, acaricia el bello rostro de su hija.

—Se fue. –Reprime un sollozo.

—¿A dónde?

Los ojos sin vida de doña Carmen se inundan a medida que va contando su historia.

—Todo comenzó una tarde de agosto, mientras Cecilia nadaba con sus amigas en la playa. Estaban en lo hondo haciendo acrobacias, cuando sintió un fuerte calambre que le impedía mover el brazo; de no haber sido por sus amigas, se habría ahogado.

»Nada más llegar a casa, me explicó lo sucedido y, sin esperar un instante, la llevé al hospital con la ayuda de una vecina. Le hicieron pruebas y más pruebas, pero los médicos no supieron decirnos lo que tenía. «Algo grave, señora», era todo lo que alcanzaban a manifestar, mientras mi corazón de madre se iba rompiendo al ritmo de los dolores de mi pequeña.

»Regresamos a casa sin un diagnóstico preciso, aunque todo apuntaba a algún tipo de enfermedad degenerativa. Y algo así debió ser, ya que cada día amanecía con una nueva y más cruel dolencia: primero se le atrofiaron y paralizaron los músculos de un brazo; luego, los del otro; más tarde perdió la capacidad de andar; se acalló después su voz y su sonrisa; seguidamente se le imposibilitó la deglución... Todo esto, unido a unos pinchazos y dolores terribles e inhumanos. Finalmente, cuando ya apenas podía mover parte alguna de su cuerpo, la enfermedad terminó por apagar su corazón y agotar sus pulmones. Tenía solo veintidós años.

Somos nosotras ahora las que lloramos.

—Los médicos —prosigue— no se explicaban la velocidad vertiginosa que había adquirido la enfermedad. Yo sí. Comprendí que mi niña tenía prisa por irse al Cielo, y que esa, y no otra, era la verdadera razón de que sus tormentos se sucedieran a pasos tan agigantados. Siempre hablaba del deseo tan grande que tenía de ver al Señor, de abrazar a la Virgen y de conversar con santa Inés, de quien era fiel devota. Todos sus sufrimientos los ofrecía por la conversión de los pecadores y por la santidad de los sacerdotes y las religiosas. Recibía diariamente la comunión, que para ella era «el anticipo del banquete de bodas con que se uniría pronto a Jesús», y mantuvo hasta el final una alegría y una paz que irradiaba a todos los que la veían.

Hace una pausa, da un sorbo al té, que ya debe estar frío, y continúa un poco más serena:

—La madre Giménez la visitaba todos los días, sin faltar nunca; en cuanto Cecilia la veía entrar, se le iluminaba el rostro. En ese momento tomaba yo a mi madre y salíamos a dar un breve paseo por los alrededores, a fin de que ellas pudiesen charlar con tranquilidad. Un día, cuando mi niña todavía podía hablar y expresarse, le confió un secreto, una espinita que le impedía ser feliz del todo: la preocupación por dejarnos solas a su abuela y a mí, tan menesterosas. ¡Ah, mi dulce ángel, que ni estando a las puertas de la muerte pensaba en sí misma! La Madre, según me contó mi Ceci días después, le besó la frente y le prometió que cuidaría de nosotras como si fuéramos su propia familia. Y vaya si lo ha cumplido...

—Y ahora nosotras somos su familia también —interviene Magda con la mirada húmeda y la nariz enrojecida—, y las visitaremos siempre que nos lo permitan. —Todas apuntalamos su decisión—. Estoy segura de que es la misma Cecilia quien nos ha traído aquí hoy y nos ha hecho el regalo de su compañía. Y, puesto que esta es una merienda familiar y estamos en Navidad... ¿por qué no lo celebramos?

Menos mal que Magda tiene esa preciosa capacidad de generar un ambiente alegre y distendido en cualquier situación, pues temo que, de lo contrario, habríamos terminado todas en puro llanto.

La madre Togores aprueba sonriente la resolución de Magda y saca de su funda la guitarra que hemos traído. Cati reparte las panderetas; Martina, las partituras; Carlota y yo colocamos las guirnaldas y Magda se aplica a la zambomba. Las buenas mujeres lloran, pero de alegría, y unen sus voces a los villancicos que cantamos. La madre Togores improvisa un popurrí que resulta la mar de simpático. Terminamos con «La Virgen y san José», cuyo estribillo, por alguna razón, me hace estremecer:

La Virgen y san José
juntos pasaron el río
y en una cuna de flores
llevan al Niño bendito.

Ya le llevan al recién nacido
mantillas, pañales, faja, y fajetín,
porque vienen los fríos de enero
y el Rey de los cielos está pobrecín.

Pobre entre los pobres. Así ha elegido nacer nuestro Rey. Y por eso esta casa humilde es también su hogar.

* * *

—Madre, queremos decirle algo... –comienza Micaela como portavoz de las internas, que nos agolpamos en el pequeño despacho de mi abuelita–. Hemos estado hablando y compartiendo entre nosotras las experiencias vividas esta mañana, y todas coincidimos en algo: esas buenas gentes nos han enseñado que la felicidad no está en tener más o menos cosas, sino en amar. También nos hemos dado cuenta de que, pese al calor que desprenden sus corazones, es mucho el frío que pasan en sus hogares... Es por ello que queríamos proponerle, si no le parece a usted mal, que les regalásemos nuestras mantas nuevas.

—¿Están todas de acuerdo? –pregunta mi abuelita, visiblemente conmovida.

—¡Sí, madre! –respondemos. Teresita, con la audacia propia de los niños, se acerca a su silla y, rodeándola tiernamente con los brazos y con la carita pegada a su pecho, añade–. Nosotras ya la tenemos a usted para abrigarnos.

Lágrimas de emoción empañan los ojos gastados de mi buena abuelita.

—Me siento muy orgullosa de ustedes, niñas. Sepan que para el Señor esta ofrenda es infinitamente más agradable que el oro, el incienso y la mirra de los Reyes, y que Él, que nada deja sin recompensa, se la restituirá con creces.

Partimos sin demora, entre cantos de contento, a repartir calor y cariño.

Hoy sé que son ciertas las palabras de Jesús: «Hay más alegría en dar que en recibir», y me he dado cuenta de que la verdadera magia no consiste en hacer aparecer y desaparecer objetos, sino en transformar corazones; que no es rey (o reina) quien luce corona, sino quien logra que los otros se sientan amados, ensalzados, cuidados.

He comprendido, además, que la alegría auténtica siempre comporta sacrificio. O quizá sea al revés: que el sacrificio hecho por amor obtiene como fruto la alegría. Por eso sonríe Jesús en la cruz en algunas representaciones medievales; por eso se alegran las madres cuando van a dar a luz entre dolores; por eso mi abuelita es la persona más alegre y feliz que conozco: porque lo ha entregado todo, sin reservarse nada...

—Pilu —observa Cati, a quien acabo de leer estas líneas–, olvidas algo importante que también has aprendido.

—¿El qué?

—Que hasta los chimpancés saben más aritmética que tú.

Y se monda de risa, la malandrina. ¡Ten amigas para esto!

9

UNA DE CAL... Y OTRA DE NIEVE

«Siempre que te veo, pienso que pareces una elegante princesa, una bella in-
fanta: con ese impresionante tra-
je azul que resalta tu mirada, ese vestido cami-
sero que te cae hasta los pies, tu nariz tan colo-
rada, tan coqueta y espigada, más divina que un misal, y esa figura graciosa y de-
licada, tan esbelta, tan delgada, que hasta con el uniforme, quieras o no, atraes todas las miradas».

—¿Qué es esto, Magda? —Sacudo con sorna el papelito que me ha dado a leer segundos antes—. ¿Una declaración de amor de tu admirador secreto?

—No, es para ti.

—¿Para mí? ¿Qué sandeces dices?

—Que sí, pero tienes que leer solo las líneas impares.

—A ver...

Aguarda unos segundos para observar mi reacción,
antes de echar a correr a carcajada limpia por el patio.
¡Será gansa! Tengo que reconocer que es ingeniosa, la
gamberra. ¡Ya me las pagará, ya!

La mañana ha transcurrido sin pena ni gloria: una
mañana cualquiera en un día cualquiera, con las clases
de siempre, las risas de siempre y las mismas caras de

siempre –salvo por doña Remigia, a quien, a juzgar por el cardado de su cabello, debe haberla peinado el enemigo–. Nada, pues, hacía presagiar lo que estaba por suceder.

* * *

Es la hora del estudio tras el almuerzo; un sopor irresistible doblega nuestra voluntad, y el silencio tibio de la estufa se alía con nuestra somnolencia. Hasta la hermana Sureda, que nos cuida, dormita de modo intermitente sobre su pupitre, por más que finge estar concentrada en su lectura.

De pronto, la madre Montserrate irrumpe en la sala y todas brincamos del susto.

—Niñas, nos han llegado noticias de que la borrasca que se acusa estos días sobre el noroeste mediterráneo está dejando precipitaciones en estado semisólido en toda la sierra de Tramuntana...

—Pero ¿qué diantres? –murmura Magda en mi oreja–. ¿Ha venido a darnos el parte meteorológico?

—¡Shhh calla, tarada, que aún nos regañarán por tu culpa!

—... Es por ello –continúa la hermana– que la Madre ha determinado que se suspendan las clases vespertinas y salgamos en comitiva hacia el Coll de Sóller, a fin de presenciar en primera persona este espectáculo único en nuestra isla. Apresúrense, pues: vayan a por la ropa de abrigo; hemos de partir de inmediato si queremos llegar a tiempo de tomar el ferrocarril de las tres. La Madre se ha adelantado a la estación, junto con otras dos hermanas, para comprar los billetes.

Dicho esto, abandona la sala, dejándonos más confusas que contentas. No sabemos si es que no hemos entendido lo que ha dicho o que es tan fabuloso que no nos lo acabamos de creer.

—¿Alguien me lo puede explicar? —suplica María Rosa aturdida.

—¡Que se van ustedes a ver la nieve! —aclara la madre Sureda con maternal sonrisa.

—¡Nieveeeeeee? —Con incontrolada euforia, Lluc se pone en pie y grita—: ¡Que viva la madre superiora!

—¡¡Que viva!! —nos unimos a coro.

—Corran, nenitas, ¡no se les vaya a ir el tren!

—¿Y usted no viene, madre? —le pregunta Carlota, solícita.

—No, cielo, yo estoy mayor para eso; me quedaré aquí, rezando para que ustedes lo pasen bien y vuelvan con salud.

* * *

La pequeña locomotora, con alegre traqueteo, serpentea suavemente a través de un paisaje de ensueño sobre valles y montañas, por entre los macizos de Alfabia y el Teix. Con la nariz pegada a la ventanilla contemplamos boquiabiertas los campos y los bosques vestidos de blanco, los rebaños que se arremolinan en sus rediles para contener el calor, las casitas que humean en silencio bajo el pálido manto que la naturaleza les ofrece...

—¡Cati, mira! —señalo un pequeño establo allá abajo, donde una joven yegua acaba de dar a luz a la intemperie. El potrillo, que apenas se tiene en pie, busca alimento y cobijo bajo la panza aún abultada de su madre. Me maravilla pensar que la vida nunca se detiene, que se abre paso aun en las situaciones más inhóspitas y adversas...

—¡Carlota, deja ya ese libro, que se te va a secar el cerebro, y vente a ver este espectáculo! —la amonesta Magda. Y Carlota, dócil, pliega las tapas y se asoma mansamente a la ventana.

—¡Qué belleza, verdaderamente!

—¡Pues claro! ¿Se puede saber qué lectura es esa que te tiene tan absorta? —Le arrebata el libro de las manos.

—Se titula *Corazón* —refiere Carlota—, y su autor es Edmundo de Amicis. Presenta, en forma de diario, las vivencias de un niño italiano llamado Enrique: en su escuela, con sus compañeros de clase, en casa con sus padres... Está cargado de emotividad y buenos sentimientos, y reflexiona acerca de los misterios más profundos de la vida y de la muerte.

Magda abre el libro al azar y comienza a leer en alta voz:

¡Oh, amigo, escúchame! La muerte no existe, no es nada. Ni siquiera se puede comprender. Tenías ayer una madre en la tierra; hoy tienes un ángel en otra parte. Todo lo que es bueno sobrevive, con mayor potencia, a la vida terrena. Por consiguiente, también el amor de tu madre. Ella te quiere ahora más que nunca, y tú eres responsable de tus actos ante ella más que antes. De ti depende, de tus obras, encontrarla, volverla a ver en otra existencia. Debes, por tanto, por amor y reverencia a tu madre, llegar a ser mejor; que se alegre de ti en tu conducta. Tú, en adelante, deberás en todo acto tuyo decirte a ti mismo: «¿Lo aprobaría mi madre?».

—Caray, qué intenso, ¿no? ¿Un relato de aventuras no estaría mejor? —comento con cierto aire burlesco y, todo sea dicho, con muy poco tacto.

Solo al percibir la mirada triste de Carlota, que calla ante mi pregunta, comprendo lo estúpido e insensible de mi observación. ¡Si seré mentecata! Oh, mi pobre tita... Tiene que ser tan duro crecer sin una madre...

—¡Perdóname, tita! —me disculpo, abrazándola—. Soy una burra.

Mi buena Carlota corresponde a mi abrazo con una sonrisa indulgente, y añade después con voz pícara:

—Un poco burrita sí que eres, sí; pero bueno, gracias a un burrito llegaron nuestra Señora y san José hasta Belén, ¿no?

Pues también es verdad.

—¡¡Ya estamos llegando!! —anuncia Paquita a grandes voces.

Nos detenemos en el mirador *Pujol d'en Banya,* a unos 600 metros de altura sobre el nivel del mar. Posee unas vistas extraordinarias de todo el valle de Sóller, que así, todo nevado, pareciera un belén con sus figuritas, sus casas y hasta su riachuelo de plata (que en realidad es un torrente). También podría pasar por un enorme pastel de nata.

—Y entonces, ¿nosotras qué somos? ¿Las cerezas? —se interroga Teresita, pensativa, cuando expreso en voz alta mis impresiones. Es tan linda esta criatura que, cereza o no, dan ganas de comérsela a besos.

—También podría ser —sugiere Lluc con ademanes coquetos— la cola de un larguísimo vestido de novia.

—¡Tú y tus vestidos! —bufa Juana—. ¿Alguna vez piensas en algo que no sean atavíos?

—¿Y tú alguna vez dejas de ser tan tufillas? —replica aquella, molesta.

La nieve recién estrenada cruje sonoramente bajo nuestros pies. Presas del entusiasmo nos lanzamos a correr ladera abajo. Saltamos, danzamos, reímos, gritamos, damos vueltas. Nos tendemos sobre el blanco tapiz. Palpamos la nieve, la olemos, la gustamos. Todo de una, con avidez, como si fuese a derretirse de un momento a otro, como si en breve hubiéramos de despertar de un mágico y maravilloso sueño.

—Tengan cuidado con caerse, niñas –nos advierten las madres–. Y no coman nieve, que les puede dar una indigestión.

Su textura granulosa y crujiente, su magnífico olor a tierra húmeda, su tacto helado, carente de sabor; su apariencia pura, limpísima y refulgente... hacen que sea difícil resistirse; algunas se la zampan a puñados.

—¿Hacemos un muñeco? –propone Micaela.

Empezamos la obra con ilusión y empeño; pero, casi una hora después y a pesar de nuestro esfuerzo, no hemos logrado darle el aspecto deseado.

—Parece una caca de guepardo –se ríe Magda, tratando sin éxito de darle una forma un poco más esférica al monigote informe.

—¿Por qué de guepardo? –se sorprende Teresita, quien, con sus manitas diminutas, va trayendo montoncitos de nieve que luego nosotras incorporamos y aplastamos.

—¿No es el guepardo el animal más veloz del mundo?

—Mmm eso creo.

—¿Y de qué color es la leche?

—Blanca.

—¿Y la nieve?

—También.

—Pues ahí lo tienes: parece una caca de guepardo... ¡porque los guepardos van *cagando leches!* –responde sin parar de reír. ¡Mira que es aguda, la bendita!

Completamos nuestra «obra» con la bufanda de Loreto, el sombrerito de María Rosa, los guantes de Cati y la rebeca de Carlota, que, como lleva puesto el abrigo de lana, dice que no tiene frío. Yo pongo la zanahoria, que he tenido la lucidez de coger del huerto antes de salir de casa. El resultado final es esperpéntico, hay que reconocerlo, pero tiene un *algo* que lo hace adorable. Probablemente sea el cariño con que lo miramos.

—No tiene ojos —observa Lluc, e inmediatamente Magda se arranca los dos botones inferiores del abrigo y los coloca en las cuencas vacías.

—Ya está.

—¿Cómo lo vamos a llamar? —pregunta Teresita arrugando su naricilla chica.

—Será cómo *la* vamos a llamar, ¿no? —corrige Juana, puntillosa—. Parece más bien una chica.

—¡Ya sé! Podemos llamarla... ¡doña Remigia! —propone Martina en tono guasón.

—¡Síííí! —la secunda Magda—. Son tal para cual: ¡solo las salva el sombrero!

Reímos a carcajadas la ocurrencia, provocando la curiosidad de la madre Montserrate, que se nos acerca.

—¿Qué les causa tal hilaridad? —inquiere.

Callamos de inmediato y nos miramos unas a otras con la sonrisa a la puerta de los labios. ¡Imposible responder! La hermana levanta una ceja, suspicaz.

—Nos reímos del aspecto patético de nuestro pobre muñeco –digo por salir del paso–. Algunas comentan que parece... eh... –Carraspeo–... un espantapájaros.

—Ciertamente no les ha quedado lo que se dice agraciado; si hubieran...

Una bola de nieve impacta súbitamente en la espalda de la religiosa. La miramos ojipláticas, espantadas, condoliéndonos de antemano por las represalias que habrá de sufrir la pobre osada que ha lanzado el gélido «misil». La hermana se vuelve con un rictus severo. Conteniendo la respiración, recorremos con la mirada el espacio que la separa de su agresora...

No es posible.

Al otro lado del mirador, preparando ya una segunda bola, mi abuelita ríe diáfanamente, acompañada de las risas nerviosas de un grupito de colegialas que, junto a sus faldas, han seguido toda la maniobra y ahora aguardan expectantes la reacción de nuestra prefecta. Esta no se hace esperar.

—Señorita Galmés –solicita con la mano tendida y el gesto altivo–, sea tan amable de acercarme un poco de nieve.

Martina obedece, y todas observamos atónitas cómo la hermana la hace girar lenta y cuidadosamente entre sus manos, compactándola, dándole la forma perfecta...

—¡Santiago y cierra, España![1] –eleva al fin el grito de

---

[1] «Santiago y cierra, España» es una proclama que acompañó durante siglos a los Ejércitos Imperiales y, más tarde, a los Tercios Españoles para conseguir conquistar el mundo. Su origen se remonta a la Reconquista, durante la Batalla de Clavijo (844). Cuenta una leyenda que, mientras se desplegaba la batalla cerca de Logroño, una gran cruz roja en forma de espada apareció en los cielos y el mismo

guerra. Y con este clamor se da por iniciada una grandiosa batalla *glacial,* donde todas somos atacantes y atacadas, sin distinción de edad, parentesco, afinidad o cargo alguno. ¡Quién lo habría dicho! ¡La madre Montserrate jugando con nosotras! Que mi abuelita se nos una es algo habitual, no pocas veces participa en nuestros recreos como una más; pero ¿la reverendísima y respetadísima (y temidísima) madre Juan? ¡Que baje Dios y lo vea! Las otras hermanas participan también, y me atrevería a decir que se lo están pasando incluso mejor que nosotras. ¡Tenga, madre Togores, esquive esta, si puede!

Agazapada tras una encina, Magda hace un «alto el fuego» para alistar sus municiones: una treintena de bolas de nieve que va colocando en hileras, a punto para el ataque. Y entonces se me ilumina, como una gloriosa inspiración divina: la idea feliz. La anhelada revancha.

Me aproximo con sigilo por detrás y, sin que se aperciba, dejo caer por entre su cuello y la camisa una cantidad considerable de hielo. Bueno, en realidad solo es un poco; lo suficiente para hacerla gritar.

—¡La venganza es un plato que se sirve *frío* (nunca mejor dicho)! –exclamo entre malévolas risas.

Y huyo a toda velocidad, orgullosa de mi victoria final.

* * *

En el camino de regreso a casa la abuelita decide sentarse a mi lado. Mis amigas se apartan discretamente, aunque me hacen muecas desde el otro extremo del vagón.

Santiago descendió para entrar a formar parte de la cruzada. Los cristianos, al grito de «Santiago y cierra, España», derrotaron a los musulmanes. El significado de la frase es, por una parte, invocar al apóstol Santiago, patrón de España; y por otra, la orden militar cierra, que en términos militares significa trabar combate, embestir o acometer; «cerrar» la distancia entre uno y el enemigo.

—Pilar, mañana tengo que viajar a Barcelona...

—¡Qué bien! ¿Vas a comprar nuevas piezas para el museo?

—No, no es eso.

—¿Material científico entonces? Recuerda que nos hacen falta algunas probetas; la pobre María Rosa ha roto unas cinco en lo que va de curso. Doña Remigia dice que, a este ritmo, acabaremos teniendo que hacer los experimentos en vasos de loza. Claro que yo pienso que...

—Pilar.

—Dime.

—Papá está peor. Voy a Barcelona a acompañarlo.

—¿Cómo que peor? —me alarmo un instante, pero enseguida me repongo—. ¡Anda, abuelita, te has dejado engañar! Eso te lo ha dicho para que vayas a verle y darte la sorpresa de que ya está curado. Mamá me dijo que en Barcelona lo estaban atendiendo unos doctores estupendos y que estaba muchísimo mejor. ¡Ya verás, ya!

Con la mirada perdida en el paisaje, la abuelita calla. Puedo leer la preocupación en sus ojos.

—¿Puedo ir contigo?

—No, mi niña. Tú tienes que estudiar. Esta semana tenéis exámenes.

—¿Y cuándo volverás?

—Pronto. Cuando... —Hace una pausa.

—Cuando hayáis celebrado la fiesta de su recuperación, ¿a que sí?

—Eso es.

—¡Jo, pues vaya cara! Dile que no me parece nada bien que no me hayan invitado; Quirico se va a pasar de morros todo el fin de semana. ¡A ver quién lo aguanta! Lleva diciéndome que quiere ir a ver a la familia desde antes de Navidades y, aunque trato de distraerlo, siempre me vuelve a sacar el tema. Ya sabes que es un osito viajero, y eso de estar demasiado tiempo en un mismo sitio le agobia. Cuando estuvo en Singapur, antes de conocerme...

Hablo y hablo y hablo sin parar. Quiero evitar a toda costa el silencio, pues sé que, si callo, la verdad se acabará imponiendo, y me niego a aceptarla. No, papá no está peor. Está bien, tiene que estarlo. Tiene que contarme la historia del loro con la pata de palo y yo tengo que sentarme en sus rodillas y contarle las andanzas de Arnulfo, Catarino y Eleuteria; tengo que rodearle con mis brazos y darle todos los besos que le debo; tengo que dormirme en su hombro, jugar con su bigote, escuchar su voz gruesa y suave a la vez, esconderle las llaves para que no pueda irse a trabajar y haya de quedarse jugando conmigo, comerme el queso a hurtadillas y que él finja que no se ha dado cuenta y diga que han debido ser los ratones...

Papá. Dime, papá. ¿Vendrás a tomarme la lección y arroparme esta noche? Está haciendo frío...

* * *

No. No y no. No, no, no y no. No, no. No. No...

—Piluca, lo siento muchísimo...

—¡Basta! ¿Me oyes? ¡Basta! —exploto contra Jacinta—. ¡Dejadme en paz! ¡No sé qué manía os ha entrado a todas! ¡Mi padre no está muerto! ¿Te enteras? ¡Está bien, se va a poner bien! ¡Está bien! ¡Así que dejad de venir con esa ridícula cara de compunción a darme el absurdo pésame! ¡Vosotras sí que dais pena! ¡Dejadme! ¡Dejadme!

Le doy tal empellón que casi la tiro al suelo y salgo echando humo hacia el dormitorio. Lo mismo me da que esté prohibido. Que vengan a sacarme si quieren. No quiero ver a nadie, no quiero saber nada de nadie. Harta me tienen. Desde que ayer por la mañana llegase el telegrama, no han dejado de desfilar con sus palabras vacías y el rostro demudado. ¡No entienden nada! ¡Nada!

Doy una patada a la cama y, resoplando, echo la cortina para que nadie me vea.

—¿Y tú qué miras, eh? –le espeto a Quirico–. Esto nos pasa por no haber acompañado a la abuela a Barcelona. Así ahora no podrían venirnos con falsedades y mentiras.

La madre Togores entra delicadamente, casi de puntillas, y se sienta a mi lado a los pies de la cama. No dice nada, pero su presencia es suficientemente elocuente. Lleva en las manos el vestido negro de terciopelo que me compró la abuela hace dos inviernos para el funeral del tío Saturnino.

—¡Váyase, déjeme sola, no quiero ver a nadie! –Le doy la espalda, con el rostro enfurruñado y los brazos cruzados sobre el pecho.

—Pilar, cielo, tu abuelita está a punto de llegar y desea que vayas a recibirla al puerto.

—¡Me importa un comino! Ella quiso irse sin mí, pues que vuelva también sin mí.

La hermana suspira con paciencia. Se nota que está buscando la manera de hacerme ceder sin herirme aún más.

—¿Quieres que vayamos un ratito a la capilla a hablar con la Virgen?

—¿Con la Virgen? ¡Ja! Si es verdad que mi padre ha muerto (que no me lo creo), ¿dónde estaba ella, y por qué no hizo nada para impedirlo? Una de dos: ¡o porque no existe o porque no me quiere!

Soy consciente del daño que le hago con estas palabras, y es por eso que las pronuncio. Necesito ensañarme con alguien, verter mi amargura y toda la rabia que me posee. Viendo que no hay nada que hacer, se levanta en silencio, dejando el vestido sobre la cama.

—¡Llévese esta porquería! ¡Aléjela de mi vista!

He visto una lágrima cayendo de sus ojos en el momento en que se ha dado la vuelta para recoger la prenda. Solo entonces he estado a punto de quebrarme, pero apenas ha durado un segundo.

—¡Y dígales a las demás que no vengan, no deseo ver a nadie!

Empujo a Quirico al suelo y me arrebujo sobre el colchón, encima de la colcha. Minutos después escucho los pasos inconfundibles de Cati, seguidos por los de las otras tres: Carlota, Magda y Martina.

—¿No os ha quedado claro? ¡No quiero ver a nadie! ¡Quiero estar sola! ¿Tan difícil es de entender?

Ignorando mis bufidos, Cati se sienta a mi lado y me coge de la mano. Tengo el impulso de apartarla con desdén, pero por una extraña razón le dejo hacer. Esa lágrima. Esa maldita lágrima de la madre Togores es la que me está haciendo débil, la que está empezando a romper mis barreras.

—Pilar, no puedes seguir así. Llevas dos días sin probar bocado, sin hablar con nadie, sin... rezar —añade esto último con cautela, temiendo la tormenta que, efectivamente, se desata a continuación.

—¡Rezar! –Estoy encolerizada–. ¿Para qué sirve rezar, dime! ¿Le ha servido de algo a mi padre, o a mi abuela, que ha perdido a toda su familia? ¡Rezar! ¡Consuelo de necios y de beatas!

¡Plassss!

La bofetada me sorprende casi más que me duele. Ha sido Magda. Levanto los ojos y veo a Carlota llorando y a Martina que la abraza. Ambas tiemblan.

—¡Ya basta, Pilar! —se me encara Magda—. Deja de decir sandeces que no crees y de las que te arrepentirás después. Tu abuela está a punto de llegar y no se merece verte así. ¿No te parece que ya ha sufrido bastante? Creo que olvidas que quien ha fallecido no era solo tu padre, también era su hijo; el cuarto hijo que pierde, por cierto. —Estas palabras me atraviesan el alma como un puñal—. Ahora mismo te vas a poner ese vestido, te vas a lavar la cara y te vas a peinar, que con esos pelos de loca casi pareces yo. Nosotras iremos contigo al puerto, ya tenemos el permiso de las madres.

Como un perrillo con el rabo entre las piernas, con la cabeza gacha y los ojos aún enrojecidos por la ira, dejo que Cati me vaya vistiendo, ayudada por Carlota y Martina. Magda me sostiene la mirada, y puedo darme cuenta de que está tan dolida como yo.

* * *

Su abrazo. Después de dos días sin derramar una sola lágrima, me derrumbo por completo al hundirme en el regazo de mi abuelita. Un sollozo amarguísimo, profundo, desgarrador; unas sacudidas bestiales, incontrolables, por las que empieza a liberarse el dolor que ha hecho presa en mi interior y que me ha mantenido enajenada, fuera de mí.

—Pequeña mía... —La abuelita mantiene su serenidad, aunque al abrazarla me doy cuenta de que ella también tiembla.

La miro a los ojos: parece mucho más mayor, más anciana, más cansada. Me devuelve la mirada con una ternura inefable y sin límites. Me sumerjo nuevamente en su abrazo y, sin dejar de llorar, empiezo a balbucir la palabra que no me he atrevido a pronunciar en estos dos días: papá, papá, papá, papá...

Me siento desvalida y vulnerable como una criatura que acaba de nacer. Desamparada como una niña que se pierde de la mano de su madre. Huérfana. Soy huérfana.

Esta noche dormiremos juntas. Por primera vez desde que llegué, la abuelita ha permitido que trasladen mi colchón a su dormitorio; solo para una noche, solo por hoy.

* * *

Mientras va deshaciendo el exiguo equipaje, me dedico a contar los baldosines del suelo. Treinta y cinco. Casi la mitad de ellos los ocupa mi colchón; la otra mitad, una estrecha cama de hierro, un reclinatorio de cara a la pared, de la que pende un crucifijo, y una pequeña mesita de noche donde reposan una imagen de la Virgen, un devocionario y una lamparita de luz amarilla.

—Abuelita... –La voz me tiembla al preguntar–: ¿Se acordó de mí?

—No dejó de hacerlo ni un instante. Me preguntaba por ti a todas horas. Te nombraba incluso cuando la fiebre le hacía delirar. Toda su obsesión era que no iba a poder estar en la Primera Comunión de su pequeña...

Mi Primera Comunión. Faltan dos meses. El que se suponía que había de ser el día más feliz y radiante de mi vida, será ahora el más triste, el más vacío, el más dolorosamente gris...

Como si adivinara mis pensamientos, la abuelita añade:

—Lo más hermoso es que, cuando recibas a Jesús, ahí estará también él, abrazando a su niña, celebrando contigo el día más feliz e importante de tu vida.

Quiero creer que es verdad, lo deseo con todas mis fuerzas. Y, sin embargo... no sé, me parece un consuelo demasiado fácil; palabras bonitas para maquillar una realidad implacable.

—Toma, mi niña. —Me tiende un paquetito envuelto en papel de estraza que acaba de sacar de la maleta–. Me lo dio para ti... Dijo que quería que su ratoncito lo conservase.

Lo desenvuelvo maquinalmente, sin poner demasiada atención. Temo que, si le doy importancia, acabe por romperme del todo.

Al abrirlo aparece un misalito nacarado, de páginas delicadas y reborde en oro, bellamente ilustrado para niños. Lo acompaña una medalla de metal con forma ovalada, colgada de una cadena de plata. El anverso representa a la Virgen María, coronada y resplandeciente, ataviada con larga túnica, con los brazos cruzados sobre el pecho, aplastando a la serpiente bajo sus pies; el resto de la superficie la ocupan estrellas, un cerco de grecas, y la inscripción: «Ave Gratia Plena Dominus Tecum. Congregatio Mariana»[2]. En el reverso aparecen representados los tres santos jesuitas patronos de la juventud: san Luis Gonzaga, san Juan Berchmans y san Estanislao de Kostka, junto con la leyenda: «Adjutor et protector factus est mihi. Cor unum et anima una»[3].

—Es el misalito que le regalé cuando hizo la Primera Comunión —me explica la abuelita con aire nostálgico— y su medalla de congregante de la Congregación Mariana[4],

---

[2] «Salve, llena de Gracia, el Señor está contigo. Congregación Mariana».

[3] «Se hizo mi auxilio y protector. Un solo corazón y una sola alma».

[4] La Congregación Mariana es una asociación de estudiantes fundada en 1563 por el joven jesuita belga Jean Leunis. Tiene por fin fomentar en uno mismo y en otros la devoción a la Virgen María, imitando sus virtudes y practicando las obras de misericordia y llevando a cabo obras de apostolado.

a la que perteneció durante sus años de estudiante en los jesuitas. Siempre la llevaba puesta, junto a su pecho, hasta el día en que me la entregó para ti.

Me echo la medalla al cuello y hojeo el librito fingiendo indiferencia, aunque mi corazón está llorando ya todas las lágrimas que no dejo asomarse a mis ojos.

No sé cómo hará esta abuelita mía para notármelo todo, porque, acariciándome la mejilla con el dorso de la mano, me dice:

—Llora, tesoro; las lágrimas que se quedan dentro ahogan el alma y arrugan el corazón. Es preciso que dejes salir el justo y natural sentimiento de dolor, aun sin perder la esperanza y la confianza en los amorosos designios de Dios, que todo lo dispone para nuestro bien.

¡Para nuestro bien? ¿Y qué bien puede sacar Dios de la muerte de mi padre? ¿Me ha preguntado acaso si estaba de acuerdo? A mí me resulta una broma de mal gusto, una decisión arbitraria y cruel.

—No —digo simplemente—, no tengo ganas de llorar.

Dentro del misal hay varias fotos: una de papá y mamá con Joaquín cuando era bebé; otra en que aparecemos Joaquín (de pie) y yo (sentada en el carrito) de chiquitines; otra de Albertito, regordete, con un sombrerito de papel, el día que cumplía un añito...

Me llaman la atención dos recortes de periódico. Uno es de La Veterinaria Española. Revista profesional y científica, con fecha del 20 de enero de 1896. Dice así: «Ha contraído matrimonio en Zaragoza, el 1º del actual, nuestro estimado amigo y compañero D. Alberto Civera y J(G)iménez, con la distinguida señorita Doña Joaquina Llonch y Osed, a quienes deseamos eterna luna de miel». El otro es de la Gaceta de medicina veterinaria, fechado el 1 de febrero de 1896, y se lee: «Se han unido por el indisoluble lazo del matrimonio nuestro distinguido amigo D. Alberto Civera y la virtuosa y bella señorita doña Joaquina Llonch y Osed. Deseamos a los jóvenes contrayentes una luna de miel llena de dichas y de venturas».

Joaquina. Mamá. Aunque me avergüence reconocerlo, es la primera vez en estos días que pienso en ella. ¿Cómo estará? Me doy cuenta de lo egoísta que he sido. Me he centrado tanto en mi dolor que no he reparado en el de nadie más. ¿Y mis hermanos? ¿Cómo habrán recibido la noticia? Ellos no tienen la suerte que tengo yo, de tener conmigo a la abuelita. La miro. De rodillas en el reclinatorio y con los ojos cerrados, ora con fervor, con unción, con la fe que a mí me falta. ¿Me falta? En realidad, creo que no; pero estoy tan abatida, tan dolorida, tan decepcionada... «¿Por qué, Señor?», le pregunto en mis adentros. Y no hallo respuesta.

Estoy a punto de cerrar el misal, cuando un papel doblado resbala de su interior al suelo. Me agacho a recogerlo y me estremezco al reconocer su letra: la letra de papá. Lo desdoblo lentamente, temblando, intuyendo que lo que voy a leer cambiará mi mundo para siempre.

* * *

A mi adorado ratoncito.

Érase una vez un pequeño turón del bosque, divertido y aventurero, de pardo pelaje y largos bigotes a ambos lados de una naricilla negra y redonda.

Vivía muy feliz con su familia: su mamá y sus abuelos, que lo cuidaban, mimaban y educaban con esmero. Tenía todo lo que un turón de su edad podía desear: una madriguera caliente y espaciosa, alimento rico y abundante, e incluso algunos juguetes que su abuelo había fabricado para él, royendo las ramas de un fuerte roble. También tenía libros, ¡montones de libros!, pues le encantaba leer y estudiar; quería ser veterinario y poder ayudar así a todos los animales del bosque que lo necesitaran. Pero lo que más abundaba en su hogar era la alegría: una alegría profunda y auténtica, que procedía del verdadero amor, ese que se labra a base de sacrificio, renuncia y abnegación.

Dispuesto a alcanzar su sueño, el pequeño turón viajó a un bosque lejano, donde aprendió los rudimentos e incluso algunos secretos de la medicina animal. Se sentía feliz y poderoso, satisfecho de poder servir y hacer el bien a sus semejantes. Regresó después a su bosque natal, y allí conoció a una bellísima ratona, de la que se enamoró perdidamente. Era una ratona buena, virtuosa, trabajadora, sencilla y algo coqueta. Al poco tiempo se casaron y tuvieron tres adorables retoños: un par de huroncillos tunantes y un tanto trapaceros, pero de gran corazón, y una simpática ratoncilla, vivaracha y divertida como su padre, buena, hermosa e inteligente como su madre. Era el ojito derecho de su papá, que la llamaba con cariño «mi ratoncito», pues era atrevida y valiente como pocos varones.

La dicha del turón era completa. Se consideraba a sí mismo el animal más feliz del bosque, y sin duda lo era. Tenía un oficio que le permitía ayudar a los demás y cuidar de los suyos y, lo que es más importante, tenía una familia que le quería y a la que él amaba con todo su corazón.

Un día hermoso y soleado el turón se hallaba camino del enebro donde tenía instalado su consultorio, cuando le salió al encuentro el Rey de todos los bosques y las selvas: el gran Rey León. Su aspecto era temible y majestuoso, con esa cabellera abundante y dorada, su porte fuerte y poderoso y su mirada intensa y escrutadora, capaz de penetrar los pensamientos de todos sus súbditos. El turón sintió miedo al principio, pues era la primera vez que veía cara a cara al gran Rey, pero pronto el temor dio paso a la paz: había algo en los ojos del León que denotaba una bondad sin límites, una dulzura incomparable, un amor insondable, puro, infinito. No hacía falta que nadie se lo dijera para que el turón supiera que estaba a salvo; más aún, que ese poderoso y fiero Rey no solo no le atacaría, sino que estaba dispuesto a dar su propia vida para protegerlo. Había oído contar incluso que ya lo había hecho una vez.

El turón se postró en la presencia de su Soberano, quien, con voz de trueno y a la vez mansa y suave como el balido de un cordero, le hablo así:

—Mi leal súbdito, señor turón de los bosques: vengo a ofrecerte un puesto como médico de la corte real. Tu misión será cooperar para asegurar la salud de todos los habitantes de mi reino; no solo la salud temporal, sino sobre todo su bienestar y felicidad eternos. Tengo buenas referencias de ti en mi corte, familiares tuyos que me sirven con fidelidad muy de cerca, y en deferencia a ellos he tenido a bien brindarte este honor.

El turón quedó unos instantes mudo, perplejo; sopesaba desconcertado las palabras que su Majestad acababa de dirigirle. Tras unos segundos de silencio, al fin habló:

—Muy Señor y Dueño mío, es un gran e impagable honor que vuestra Soberana Majestad haya pensado en mí, pobre e inútil siervo, para tan alta y noble misión.

Con ardiente deseo y enorme placer consentiría a vuestro ofrecimiento, de no ser porque mi familia me necesita: ¿qué sería de mi bella ratona, de mis pequeños hurones y de mi ratoncillo valiente si no me ocupase de su cuidado y sustento? ¿Cómo podría abandonarlos a su suerte? Tampoco creo que mi frágil corazón de criatura resistiera vivir lejos de su amada presencia...

—Mi pequeño amigo —el León esbozó una sonrisa condescendiente—, ¿acaso piensas que eres tú quien cuida de ellos? ¿No sabes que soy yo quien cuida de todos vosotros? Antes de que el bosque existiese, Yo ya os había soñado. Os amo como nunca podrás alcanzar a imaginar. Por eso mismo te necesito. Porque os quiero salvar a todos, porque no deseo que ni uno solo se pierda. El bosque se ha plagado de pérfidas serpientes, procedentes de recónditas selvas, que amenazan a nuestros habitantes e inoculan su veneno en toda clase de víctimas. Preciso de seres nobles y versados como tú que les administren el antídoto que Yo mismo he destilado y que neutralizará su mortífero efecto.

Posó con suavidad su enorme zarpa sobre el pequeño lomo del turón, que se sintió de pronto fortalecido y confortado.

—Nada temas, mi leal siervo. Yo seguiré cuidando de los tuyos como lo he hecho hasta ahora, y con mayor ternura si cabe. En cuanto a ti, te garantizo que los lazos con los que os uní permanecerán intactos, y más estrechos todavía que cuando vivíais en la misma madriguera. Ahí donde esté Yo, estarás tú. Enviaré mis mensajeros para que les hagan llegar diariamente tu amor, tu consuelo y tu cercanía. Y un día, cuando también ellos hayan concluido su propia misión en el bosque, iremos juntos, tú y Yo, a buscarlos y los traeremos al Bello Jardín de Palacio, donde la muerte no alcanza y la felicidad no tiene fin.

El turón quedó profundamente conmovido por las palabras de su Señor. No encontrando causa más bella y noble por la que entregar su vida, añadió solamente:

—¿Puedo despedirme de ellos?

El Rey quedó pensativo. Fijó la mirada en el horizonte, donde el sol ya declinaba y las tinieblas se cernían. No había tiempo que perder; y, sin embargo, comprendía cuán importante era para el turón poder decir el último adiós a su amada familia... ¡Hay decisiones tan difíciles de tomar, incluso para un Rey! Al fin tuvo una idea:

—Escríbeles una carta; yo mismo me encargaré de que les sea entregada.

Con inmensa alegría, el turón se apresuró a poner aquellas líneas y marchó después, confiado, valiente, decidido, tras los pasos de su Señor, a cumplir la tarea encomendada.

Y colorín colorado, este cuento... recién ha comenzado.

Mi pequeño ratoncillo: ahora ya sabes mi secreto. Te ruego que no estés triste, ¡si supieras lo feliz que soy; lo bueno, amoroso y tierno que es el Señor! Cuando habla lo hace con tal ternura que sabes que sus Palabras son Verdad. Por eso no me aflijo, y te pido que no te aflijas tú tampoco: pronto estaremos juntos de nuevo, y ya nada ni nadie podrá separarnos. Te sentaré sobre mis rodillas y te entregaré todos los besos y las caricias que no he podido darte, multiplicados al infinito. Mientras tanto, búscame donde lo encuentres a Él: en las caricias de mamá, en los abrazos de la abuelita, en la sonrisa de un niño, en la mirada de un pobre, en el trabajo bien hecho, en la contemplación de todo lo bello... Y, sobre todo, en la Eucaristía. No lo dudes, pequeña mía: cuando el Rey llegue para abrazarte, cuando ponga Su Cielo en tu corazón, ahí estaré yo.

Dios te bendiga siempre, mi ratón.

Con todo el amor de

Papá

P.D.: Dale un abrazo fuerte a Quirico de mi parte. Dile que no haga demasiadas travesuras y que te cuide mucho hasta mi vuelta.

¡Quirico!

—Abuelita, espera un momento, enseguida vuelvo.

Corro al dormitorio, donde todas descansan ya, y recojo a Quirico del suelo. Mi bueno y paciente Quirico, qué mala he sido contigo...

—¿Me perdonas? —le susurro en su orejita peluda—. Toma —lo estrecho entre mis brazos—: este abrazo es de papá.

Regreso con él al cuarto de la abuela, y al entrar la descubro llorando. Tiene el cuento de papá entre las manos. La abrazo en silencio y lloramos juntas, serenamente, hasta que los suspiros se acallan y el dolor deja paso a la paz.

—Es feliz, ¿verdad? —Me enjugo los ojos y la nariz con la manga del camisón.

—Sí, mi Piluca; muy feliz.

Rezamos un padrenuestro y un avemaría y nos acostamos, entrelazando nuestras manos.

—¿Sabes? —me dice ya en la penumbra—. Cuando me cuesta comprender los designios del Señor, me gusta repetir unos versos de un salmo, que me recuerdan que estamos en Sus manos, que Él cuida de nosotros con ternura, que sus decisiones son buenas, santas y justas. ¿Quieres decirlos conmigo?

—Claro.

—«Tus manos me han hecho y me han formado...».

—«Tus manos me han hecho y me han formado...».

Continúa ella recitando, y yo repito esas palabras que van cayendo como suave bálsamo sobre mi corazón: «... instrúyeme para comprender tus propósitos. Tus fieles, al verme, se llenan de alegría, porque yo espero en el Señor. Yo sé, Señor, que son justas tus decisiones, que tú me afliges con lealtad. Que tu amor sea mi consuelo, según la promesa que me hiciste. Que me alcance tu ternura y viviré, porque tu ley es mi delicia»[5].

—Abuelita —le digo al fin, sin soltar mi mano de la suya—, creo que he ofendido a Dios. He dicho cosas que en verdad no sentía, y he llegado a dudar de su bondad y de su amor.

—¿Y te arrepientes?

—¡Mucho!

—Pues no te preocupes, cielo. Él se hace cargo de tu dolor, y comprende que tus palabras no nacían de tu corazón sino de tu herida. Mañana, si quieres, mandamos aviso a don Enrique y le pedimos que venga a confesarte. Ahora descansa, pequeña, y deja que la Virgen te acune con ternura entre sus brazos...

—Abuelita.

—Dime, tesoro.

—Gracias.

Hoy, al fin, duermo con paz.

Buenas noches, papá. Te quiero. Nos encontraremos en el Cielo.

---

[5] Sal 119,73-77.

10

Volver a vivir

—Abuelita, ¿por qué tenemos que sufrir?

Hago chapotear mis pies en la helada agua de la orilla, donde hemos venido a dar un breve paseo tras la misa por papá. Hoy, nueve días después, la abuelita ha dispuesto que sea el último que vista el luto.

—Cambia la pregunta.

—¿Cómo dices?

—Cambia la pregunta. —Se recoge un poco el faldón del hábito para evitar que se moje—. No podemos obtener respuestas acertadas si no nos hacemos las preguntas adecuadas.

—Entonces...

—No preguntes *por qué,* sino *para qué.* Lo decisivo no es la causa, sino el fin. Dios no hace nada sin un fin determinado y plausible. ¿Crees que existe la casualidad?

—Mmm... ¿sí?

—¡No! Todo es Providencia. No cae la hoja del árbol si Dios no lo permite.

—Y entonces —regreso a mi pregunta—, *¿para qué* tenemos que sufrir?

—No es una pregunta fácil... —Eleva la vista al cielo, donde justo en este momento un par de albatros alzan el vuelo—. ¿Sabes qué hago yo cuando no encuentro respuestas? A veces leo la Biblia, otras veces observo la naturaleza. Todo lo que anhelamos saber se halla inscrito en ellas. A ver, piensa en algo que te guste mucho.

—Mmmm... La mariposa que me regaló papá.

—¡Una mariposa, estupendo! ¿Sabes de dónde proceden las mariposas?

—Claro, de las orugas.

—Muy bien. ¿Y cómo llega una oruga a convertirse en mariposa?

—Escondiéndose en un capullo y sufriendo un proceso de metamorfosis.

—¿Piensas que es doloroso ese proceso?

—No sé... Imagino que sí. No tiene que ser fácil transformar un cuerpo viscoso en otro rígido y quitinoso, y hacer nacer de él unas patas finas y unas delicadas alas.

—Y, sin embargo, todas las orugas, llegado el momento, fabrican su crisálida y se encierran en ella, dispuestas a sufrir esa transformación. ¿Por qué?

—Porque saben, por instinto, que su fin no es arrastrarse por el suelo, sino... ¡volar alto!

—¡Eso es!

La abuelita se inclina y busca en la orilla con la mirada, como si se le hubiera caído algo; instantes después sumerge la mano y saca del agua dos piedras distintas: una angulosa, rocosa, áspera, sin forma definida; la otra es un guijarro suave, liso, de forma ovalada.

—¿Sabes qué ha hecho que estas dos piedras sean diferentes?

—¿La erosión?

—La erosión, sí. ¿Y sabes cómo se produce?

—Sí, doña Remigia nos explicó que el agua y el constante roce de unas piedras con otras hacen que los bordes afilados desaparezcan, dándoles un aspecto terso y fino.

—Os lo ha dicho muy bien, doña Remigia. Pues así sucede en nosotros: son el dolor, el sufrimiento, los golpes de la vida... los que, si nos dejamos hacer y no oponemos resistencia, pueden forjar en nuestro interior un alma suave, fina, sensible, delicada. Para eso sirve sufrir. Después de todo, hasta las plantas necesitan de la lluvia (y no solo del sol) para crecer.

Me entrega ambas piedras y yo las contemplo en la palma de mi mano.

—Cuando te asalte la contrariedad, cuando te muerda la angustia, cuando el dolor anide en tu alma, cuando las lágrimas te quemen el rostro y te opriman el corazón... pregúntate: ¿qué tipo de *piedra* quiero ser? ¿Dura, afilada, áspera? ¿O suave, sensible, paciente?

Hacemos el camino de vuelta a casa en silencio, inmersa cada una en sus propias cavilaciones. Para mí, todo empieza a cobrar sentido.

—Abuelita —le digo ya frente a la puerta, justo antes de cruzar el umbral—, he descubierto tu secreto: ahora sé por qué eres tan buena, tan paciente, tan dulce y comprensiva.

Beso furtivamente su mejilla aterciopelada y corro al interior, en busca de mis amigas.

* * *

Poco a poco todo ha ido volviendo a la normalidad. Al principio mis compañeras no sabían bien cómo tratarme, y yo misma he necesitado mi tiempo para asimilar esta nueva forma de tener a papá conmigo, sin verle, sin oírle, sin poderlo abrazar.

Con mamá y los chicos pude hablar dos minutos, gracias a que doña Mencía, nuestra vecina y benefactora, tiene un aparatejo de esos modernos que llaman «teléfono», que permite que la voz viaje –por no sé qué misteriosos caminos– a cientos de kilómetros de distancia, y me ofreció la oportunidad de poner una conferencia. A ellos les avisamos por telegrama y recibieron la llamada en casa de don Severino y doña Clotilde, que es hermana de leche de Dorita, prima segunda de mamá.

—¡Pilar, hija mía, qué alegría escucharte! No sabes cuánto te echo de menos. Han sido días muy difíciles, pero estamos confiados en el Señor; solo Él puede darnos consuelo. Tus hermanos regresan mañana con los curas, y siento que la casa quedará más vacía y silenciosa que nunca. ¡Daría tanto por tenerte aquí conmigo!

Me gustó que, por primera vez, no me hablase como a una niña pequeña, e incluso que me abriese de modo tan sincero su corazón. Sentí una conexión especial, una complicidad nueva entre nosotras. Con papá siempre me había resultado fácil expresar el cariño; pero con ella, tal vez por su carácter aragonés –más serio, más reservado–, no me fluía con la misma naturalidad. Y no es que no la quisiera –¡la adoraba!–; era, sencillamente, que no sabía cómo manifestarlo. Pero entonces me brotó sin más:

—Mamá, te quiero. Yo también te echo terriblemente de menos.

A Joaquín lo escuché más maduro, diciendo cosas como que él cuidaría de nosotros –a sus trece años recién cumplidos se debe pensar que es un hombre ya, ¡y todavía no tiene ni la sombra del bigote!–, y Alberto me hizo reír con sus anécdotas del colegio. Me contó que tienen un profesor nuevo, un cura joven recién ordenado al que hacen todo tipo de barrabasadas, los muy rufianes.

Una de ellas fue que Francho Lacasa, el mejor estudiante de la sección, fingió haberse dado un golpe en la cabeza, a causa del cual –supuestamente– perdió completamente la memoria y no recordaba ni su propio nombre. Los compañeros, que estaban compinchados, hicieron que su actuación resultase aún más realista. ¡Menudo mal trago pasó el pobre curita! Le entró tal ataque de pánico que por poco tienen que atenderle a él.

Estos días he podido comprobar, con incontestable evidencia, la incondicionalidad de mis amigas. La serenidad de Cati y su fidelidad a toda prueba, la sensatez y lealtad de Martina, la dulzura y delicadeza de Carlota, el buen humor y la nobleza de Magda... han relucido como nunca en estos momentos en que tanto las he necesitado. Las πk+ han sido, después de mi abuelita, el mayor consuelo que el Señor me ha regalado.

—Pilu, somos amigas, ¿verdad? –me pregunta Magda mirando al suelo y golpeando una contra otra la punta desgastada de sus zapatos. Se ve afligida.

—No lo sé –respondo, simulando resquemor–. Tendrás que hacer puntos para recuperar mi afecto.

—Pero puntos... ¿de cruz? Espero que sí; se me dan mejor que los bolillos.

La miro a los ojos, que sonríen pícaramente, y comprendo en este instante que jamás podré enfadarme con esta pilluela descarada y revoltosa que, bajo esa apariencia de díscola e irreflexiva, guarda el alma más noble y pura que pueda existir sobre la tierra.

* * *

—¿Sería tan amable de servirme otro plato de sopa, por favor? Hasta el borde, gracias.

—Por favor, hermana, quisiera un poco más de sopa.

—Me he quedado con hambre, hermana. ¿Puedo repetir?

La consigna, dada por Magda, es que pidamos más y más sopa hasta que se termine, de modo que las hermanas, que suelen cenar lo que sobra de nuestra mesa, se queden sin nada. Es una broma sin maldad y todas hemos juzgado que tenía mucha gracia; a quien no parece resultarle tan divertida es a la madre Ginart, que observa con apuro cómo la olla se va vaciando y no va a tener nada que ofrecerles a las religiosas.

—¿Me puede poner un poco más, por favor? –solicita Lluc con el cuenco entre las manos y mirada maliciosamente angelical–. Es que está deliciosa.

Conteniendo la risa, las demás sorbemos nuestro segundo, tercer, cuarto... plato de sopa. Siento que voy a reventar.

—¡Es la tercera vez que repite usted! –resopla la hermana con impaciencia, comenzando a alterarse–. ¡No sé qué les pasa hoy a todas, que están tan hambrientas! A la próxima que venga pidiendo más...

—... Se lo sirve usted amablemente –la interrumpe mi abuelita, que justo aparece por la puerta–. Déjelas, hermana, que están creciendo y necesitan alimentarse bien –le dice con dulzura.

—¡Pero madre...! –se queja la pobre cocinera–. ¿No ve que lo hacen adrede? ¡Es imposible que, después de dos o tres platos, no hayan quedado saciadas!

—Hermanita, no nos corresponde a nosotras juzgar su intención; nuestra obligación es atenderlas como lo harían sus propias madres, ¿y qué madre no se quitaría la comida de la boca para dársela a sus pequeños si le piden más?

—Ya, pero... –La hermana remueve con desazón el poso que ha quedado en el puchero vacío.

—Esto lo solucionamos en un momento.

Entonces mi abuelita hace algo que nos deja a todas boquiabiertas. Se pone el delantal, se lo ciñe, coge el cestillo de mimbre y sale por la puerta que da al huerto y al corral. Minutos después vuelve con seis huevos, una cebolla, cuatro patatas y un puñado de espárragos.

—Hoy las hermanas cenaremos tortilla como los días de fiesta; yo misma la prepararé.

Y, ni corta ni perezosa, acude a la cocina a trajinar. La madre Ginart, azorada, corre tras ella tratando de impedírselo, pero la abuelita la invita con una sonrisa a que la ayude.

—¡Verá qué contentas se pondrán las hermanas! –dice para convencerla–. No todos los días tenemos la oportunidad de comer una buena tortilla de huevos frescos y espárragos tiernos. Esta receta me la enseñó mi madre, que en paz descanse, y siempre tuvo éxito en mi familia.

El ver a mi abuelita –a sus años, con su doloroso reuma que le impide hasta vestirse por sí misma, y con su ya escasa visión– trabajando a estas horas y sirviendo a sus hermanas con tanta alegría, como si no le supusiera ningún esfuerzo, nos hace sentir francamente mal.

—Y a las internas –añade para colmo–, repártales un helado; no quisiera que pasaran mala noche por haberse quedado con hambre.

¡Esto es demasiado! Hacemos una travesura, ¡y encima nos premian! Teresita es la primera en echarse a llorar, arrepentida, tras el primer lametazo al helado, y pronto la siguen Carlota y otras más. Algunas hemos tomado tanta sopa que ni siquiera tenemos espacio para el postre, con lo que el helado se convierte en un suplicio más que en un placer. ¡Y aún, al acabar, mi abuelita nos reparte una estampita a cada una!

Así son sus «reprimendas»: con delicadeza, sin perder la paz, sin alterar el tono de voz, sin regañarnos, sin dirigirnos palabra airada alguna... logra infundir en nosotras la contrición por nuestras fechorías y el deseo de ser mejores. Una vez la escuché decir, dirigiéndose a una hermana que se quejaba de nuestro mal comportamiento: «Debemos esforzarnos por formar en sus almas convicciones y sentimientos, haciendo que por sí mismas huyan del mal y anhelen el bien». Como se suele decir, mi abuelita predica con el ejemplo.

* * *

Hoy es Jueves Santo, y las que este año haremos nuestra Primera Comunión tenemos día de retiro. Por la mañana ha venido don Enrique a darnos una charla en torno a la Última Cena de Jesús y nos ha propuesto que en la oración nos visualicemos en la escena como si fuéramos uno de los personajes. Así que aquí estoy, sentada en el banco de la capilla, decidiendo qué personaje voy a ser. Me identifico bastante con Tomás, ese apostolillo descreído y valiente que estaba dispuesto a morir con Jesús, aunque después huyera como todos. También me parezco mucho a Pedro, testarudo, noble y apasionado. Santiago me cae simpático, por haber sido el que vio a la Virgen sobre el Pilar de Zaragoza, pero sé poco de él aparte de que fuera uno de los favoritos de Jesús. ¿Y si soy Judas? Me duele reconocerlo, pero no son pocas las veces que yo misma he traicionado a Jesús; aun así... No, ¡seré Juan! Juan es sin duda mi favorito. A veces lo presentan como un apóstol blandengue y aniñado, buenecito y sin carácter, pero... ¡ya, ya!, por algo lo llamaban «hijo del trueno», y no sería por pusilánime precisamente. ¡Debía de tener un carácter de mil demonios!; y, con todo, aprendió del Señor a amar mansamente, a perdonar y a ser paciente. Fue quien tuvo la audacia de recostarse sobre el pecho de Jesús, y por eso recibió sus confidencias. Además... ¡Jesús le entregó a su Madre! ¿Qué más se puede desear? Aunque... no, tampoco creo que logre meterme en el papel. ¿Y por qué no soy yo misma? ¡Sí, eso es! Participaré en la cena como lo que soy: una pequeñita amiga de Jesús, que desea conocerle y amarle todavía más.

Cierro, pues, los ojos y me introduzco en el cenáculo; «como si presente me hallase», que diría san Ignacio. La sala está en penumbra, el ambiente es íntimo e invita a reposar; al fondo, en el rincón, está el lebrillo con la toalla que usará Jesús para el lavatorio. Puedo oler el cordero recién asado, listo para la cena, y casi me embriaga el fuerte aroma del vino Maaravi. Dispongo la vajilla de barro cocido, la fuente con las hierbas amargas, el tazón de las salsas... Cuando termino de colocar el pan tibio sobre la mesa, escucho el gruñir de la madera en los escalones: Jesús y sus discípulos están llegando.

No lo vais a creer. ¿Sabéis quién ha venido y se ha sentado a la mesa como uno más? ¡Papá! El corazón me ha dado un vuelco al reconocerlo. Estaba ahí, cantando salmos, sonriendo, participando con todos de la alegría de la Pascua. Seguro que diréis que es una invención de mi imaginación alocada, pero os prometo que ni en mis fantasías más descabelladas habría pensado en encontrármelo. Al verlo he corrido a abrazarle, y él, haciéndome volar en sus brazos, me ha cubierto de besos y me ha sentado en su regazo. ¡Con qué ternura me estrechaba contra sí durante la cena, sin dejar de atender a cada palabra del Maestro! Olía como siempre, a una mezcla de ropa limpia y Fougère Royale, el perfume que mamá le compraba y cuya fragancia me recuerda a la hierba recién cortada o al heno recién segado.

—Papá —le he dicho al oído—, gracias por venir.

—Ratoncillo mío —ha respondido él, atrapando mi nariz con sus dedos—, nunca me he ido.

Ha sido la velada más maravillosa de toda mi vida. Recostada sobre el hombro de papá, contemplaba el rostro sereno y hermoso del Señor y me deleitaba en su dulce acento, en la suave cadencia de sus palabras, en la ternura y la pasión que desprendían sus ojos. Observaba también a los apóstoles, rudos y torpes, que apenas comprendían los gestos de su Maestro, que, como un enamorado, les ofrecía su Corazón al descubierto. Me ha dado mucha pena ver a Judas marcharse, atormentado, incapaz de contener tal fuego de Amor.

Al acabar, después que Jesús ha repartido su Pan, todos han desaparecido misteriosamente, papá incluido, y nos hemos quedado a solas Él y yo. Nunca me había sentido tan amada como en este instante en que su mirada se ha encontrado con la mía y, sonriendo, con una suavidad indescriptible, con una dulzura inenarrable, me ha dicho, escondiéndose el último pedazo de Pan en el pecho: «Este lo guardo para ti». Al abrir de nuevo los ojos, me he descubierto anegada en lágrimas.

* * *

¡ALELUYA! ¡Jesús ha resucitado y ha vencido a la muerte! ¡Feliz y santa Pascua!

—No olviden cepillarse bien los zapatos —nos previene la madre Togores–, ya saben que la madre Juan pasa revista y exige que el calzado esté impecable.

Todas volvemos la vista hacia Magda que, sin darse por aludida, silba alegremente mientras se coloca un lazo en la melena desgreñada. ¡Es un caso perdido!

—Anda, Magdalena –le dice la hermana, atrayéndola hacia sí con innegable instinto maternal–, déjame que te peine por un día al menos, ¡que hoy es Domingo de Resurrección!

—Está bieeeeeeen, pero no se malacostumbre.

Carlota aprovecha la ocasión –¡no es fácil encontrar a Magda quieta!– para agacharse a sus pies y embetunarle los zapatos, tan cubiertos de rozaduras que se dirían los de un soldado en combate.

Nos estamos arreglando para ir a la procesión del Encuentro: las mujeres saldremos con la imagen de la Virgen desde la iglesia de la Purísima Concepción, y los hombres portearán la efigie de Cristo Resucitado desde la parroquia de la Santa Cruz. Unos y otros nos encontraremos en el Portal Mayor de la Catedral, donde haremos que ambas imágenes se «saluden» entre cantos de aleluya y, a continuación, entraremos para participar juntos de la solemne celebración de la Pascua.

—Vaya estupidez –replica Juana, sabionda, mirándose al espejo y atusándose con ambas manos el uniforme recién planchado–; en ningún lugar del evangelio se dice que Jesús se apareciese a su madre.

—¿Acaso no has leído nunca lo que decía san Ignacio en sus *Ejercicios Espirituales?* –le responde Loreto, que se acicala a su lado.

—Está claro que no lo ha leído –repone Lluc con aires de superioridad–. Es una ignorante.

—¡Haya paz! –interviene Micaela, conciliadora.

Juana, herida en su amor propio, pregunta alzando la barbilla:

—¿Y qué es lo que dice, a ver?

Es Cati quien responde, citando de memoria:

—«[Jesús resucitado] primero se apareció a la Virgen María, lo cual, aunque no se diga en la Escritura, se tiene por dicho al decir que se apareció a tantos otros; porque la Escritura supone que tenemos entendimiento».

—Pues está claro que no todas lo tienen... –sonríe Lluc maliciosamente, mirando a Juana de reojo.

Tan humillada ha quedado la marisabidilla que, disuadida de volver a hacer comentario alguno, se ha dado la vuelta y ha salido del dormitorio resoplando.

* * *

Es curioso: en Zaragoza, la llamada procesión del Encuentro tiene lugar en la noche del Miércoles al Jueves Santo, y representa el triste momento en que la Virgen se encuentra con su Hijo en la calle de la amargura; aquí, en cambio, es una celebración pascual, llena de alegría, que festeja el encuentro de ambos en la mañana del Domingo de Resurrección.

La primera vez que participé en esta procesión me resultó extraña, acostumbrada a lo que había vivido siempre en mi ciudad natal; ahora, por el contrario, me parece muy hermosa, y este año ha adquirido para mí un sentido nuevo: después de la muerte de papá, he comprendido que el dolor y la alegría son inseparables, como las dos caras de una misma moneda; que «después que el cielo se cubre de nubes, aparece el arcoíris»[1], como prometió el Señor, y que todo acaba en la Vida y no en

---

[1] Gén 9,14.

la muerte. El encuentro de la Virgen dolorosa con Jesús que carga la cruz solo tiene sentido al lado de este otro encuentro radiante y gozoso, tres días después, de María con su Hijo Resucitado.

La Catedral-Basílica de Santa María (conocida como *La Seu* entre los mallorquines) es increíblemente bella, y lo que más me fascina es verla reflejada en el mar, que besa sus cimientos. Mi abuelita me contó que fue el rey Jaime I quien la mandó construir hace casi 700 años, cumpliendo una promesa que le hizo a la Virgen tras salvarse de un naufragio en altamar. Por cierto, ¿sabéis qué sobrenombre recibe Jaime I? ¡El Conquistador! Cuando era pequeña pensaba que sería por su éxito con las mujeres; me lo imaginaba como un donjuán, un guaperas rompecorazones que conquistaba muchachitas aquí y allá. Pero no. Parece ser que el apodo se debe a que fue quien conquistó Mallorca (y el resto de las islas) de manos de los moros.

Un barbudo arquitecto catalán —Antonio Gaudí, creo que se llama— lleva varios años trabajando en la reforma de la basílica, y cada vez que la visito me gusta más. Entre otras cosas, ha abierto los ventanales del templo —la mayoría de los cuales estaban cegados—, y ahora la luz que atraviesa los vitrales restalla en cientos de colores alucinantes. En total hay cinco rosetones y cincuenta y nueve ventanales, y por eso la llaman «la Catedral de la luz».

El tal Gaudí, que al parecer es un genio, está dedicado últimamente a la instalación del alumbrado eléctrico, que se inaugurará —Dios mediante— en junio, y dicen que será tan espectacular que nos dejará a todos patidifusos. También se está empleando en la construcción de un baldaquino para el altar mayor, y se prevé que esté listo para su estreno el 8 de diciembre (día de la Inmaculada) de este mismo año. ¡Qué ganas tengo de verlo!

Otra de las cosas que me encanta de la Catedral son sus nueve campanas, la mayor de las cuales pesa... ¡cuatro toneladas y media! ¿Y sabéis que cada una tiene su propio nombre? Yo me los he aprendido los nueve, y ya casi distingo el tañido de cada una. De mayor a menor son: N'Eloi, Na Bàrbara, N'Antònia, Sa Nova, Na Mitja, Na Tèrcia, Na Matines, Na Prima y Na Picarol. Esta última es mi favorita, por su tañido alegre y cascabelero, y porque tiene nombre de picaruela.

Cuando entras en la basílica te sientes tremendamente pequeña, ante esos impresionantes muros que alcanzan los cuarenta y cinco metros de altura, y piensas en lo insignificantes y diminutos que somos en realidad los seres humanos, por más aires de importancia que nos demos.

Pero lo más fascinante, lo más bello, lo más atractivo de la Catedral, pienso que es su enorme rosetón multicolor. Con sus trece metros de diámetro es el más grande del mundo entre las catedrales góticas, y uno de los más grandes de toda la cristiandad. Es conocido como «el ojo del gótico», y está formado nada menos que por... ¡1.236 cristales!, ¿os imagináis? Y os voy a contar una última curiosidad: dos veces al año (el 2 de febrero y el 11 de noviembre), coincidiendo con la festividad de la Candelaria y de san Martín, respectivamente, la luz del sol atraviesa el rosetón mayor, y su reflejo se proyecta en la pared de enfrente, donde hay un rosetón más pequeño. De esta forma, y durante apenas unos minutos, se puede ver reflejado uno debajo del otro, formando un doble rosetón: uno de vidrio y otro de luz. A este espectáculo tan particular lo llaman «el ocho de luz». Hace dos años la abuelita quiso que viniéramos todas las internas a verlo, y aquí estábamos, un 2 de febrero a las 8 de la mañana, contemplando esta maravilla lumínica.

—Muchacha, ¡cómo te pareces a él! –Una señora gorda de enormes pechos que bambolean cuando anda me acaba de coger la cara, hundiendo sus dedos índice y pulgar en mis mofletes.

—Disculpe, ¿cómo dice? –mascullo con dificultad, con mis cachetes aún presa de sus dedazos.

—¿No eres tú la nieta de la madre Giménez?

—Sí, eso creo –respondo aturullada.

—Lo que yo decía, ¡si es que eres igualita a tu padre! –Libera por fin mis mejillas y yo me las froto enérgicamente, buscando que el riego sanguíneo vuelva a circular por ellas.

—¿Lo conoce usted? –Sin darme cuenta he formulado la pregunta en presente, como si aún viviera.

—¡Que si lo conozco, dice! Solíamos jugar juntos todas las tardes en el patio de la Pureza, y cada domingo veníamos de la mano a la catedral para oír misa.

Debe haber notado mi estupefacción, porque, sin darme tiempo a replicar, añade:

—Yo estudiaba como pensionista en la Pureza en los días en que la madre Giménez, que por entonces era doña Alberta, viuda de Civera, llegó para regentar el colegio. Seríamos a la sazón unas doce o quince internas, todo lo más. Tu padre, un zagalillo de unos tres o cuatro años, que vivía muy cerca con sus abuelos, nos visitaba cada tarde para ver a su mamá y jugaba con nosotras durante el recreo. Era como el hermano menor de todas. Los domingos venían los tres (Albertito y sus *yayos*, como él los llamaba); su madre lo vestía como a un señorito, elegante, repeinado y guapísimo, e íbamos todos juntos (pensionistas, maestras y la familia Giménez) a la Eucaristía.

—Sí, mi abuelita me contó que...

—Después —me ignora y prosigue su relato— él se fue a Valencia a estudiar de interno con los jesuitas, pero venía todos los años por las vacaciones y yo solía ir a buscarlo para jugar en la plaza; lo pasábamos maravillosamente, saltando a la rayuela, haciendo volar la cometa o jugando con el aro. A medida que fuimos creciendo, cambiamos los juegos por ir al billar, o a pasear por la muralla, o a pescar. Tendría yo unos quince años cuando me di cuenta de que estaba enamorada; pero él, que era dos años menor, era un crío todavía y no veía en mí más que a una camarada. Esperé pacientemente a que terminase sus estudios y, cuando volvió a Palma con diecisiete años (yo tenía diecinueve), albergué la esperanza de empezar una relación; pero él marchó a Uruguay y se me rompió el corazón. Años después supe que había regresado, se había graduado de veterinario en Zaragoza, se había casado y había tenido varios hijos. Lo último que me contaron fue que una de sus hijas estaba aquí, estudiando con la madre Giménez. En cuanto te he visto he sabido que eras tú: eres su vivo retrato, con esos ojos grandes, negros, vivarachos y cautivadores, que nunca he logrado olvidar. ¡Ay, mi Alberto!

No me hace ninguna gracia que esta señora tetona se confiese tan descaradamente enamorada de mi padre, y mucho menos que le llame «mi Alberto»; así que, con deliberada insolencia, le espeto:

—Pues está muerto.

Y, huyendo como alma que lleva el diablo, regreso junto a mis amigas, que van a la cabeza de la procesión y ya están a punto de entrar en la iglesia.

* * *

—Tengo un regalo para ti.

La tarde es apacible. El sol, que aún no posee el vigor incendiario del verano, ofrece un calor agradable y placentero. Asomada a la ventana contemplo las yemas tiernas que comienzan a brotar en las ramas del viejo almendro. Una hilera de hormigas laboriosas suben ordenadamente por su tronco, y vuelven a bajar, disciplinadas, con el fruto de su trabajo. Una pareja de golondrinas recién llegadas de tierras lejanas se afanan en la construcción de su nido bajo las tejas del establillo. Se acerca la primavera, y la naturaleza lo sabe.

La abuelita abre el cajón superior de su escritorio y saca de él una cajita pequeña, cuadrada, como esas en las que se guardan los anillos, rodeada por un lacito de raso de color púrpura.

—¿Qué es?

—Ábrela y lo verás.

Deshago con cuidado la lazada y levanto la parte superior de la cajita. Siempre me ha gustado abrir los regalos despacio, gozar de ese instante de incertidumbre y de intriga en que lo importante no es tanto lo que hay dentro cuanto las emociones que te hace sentir: la ilusión, la curiosidad, la gratitud, el afecto por quien te lo ha obsequiado...

—¡Una piedra?

El chasco que me llevo es mayúsculo, no lo puedo negar. Es, sí, una piedra; una piedra redondeada, tosca, oscura, porosa, horrible. De esas que nunca te agacharías a coger si te la encontrases por la calle o en la playa.

—¿Qué te parece?

—Un horror —hago gala de mi sinceridad y mi franqueza sin filtros.

La abuelita ríe, con esa risa suya limpia, diáfana, alegre, cantarina, como agua de manantial.

—No te dejes llevar por las apariencias... El otro día hablábamos de dos tipos de piedra, ¿recuerdas? Y comentábamos que se correspondían con sendos tipos de personas: las que se dejan moldear por las dificultades y el sufrimiento, y las que huyen del dolor y acaban hiriendo a los demás con sus aristas. Hoy quiero mostrarte un tercer tipo, que es precisamente el que tienes entre las manos. Dime, ¿qué ves?

—Pues... un pedrusco cualquiera, hosco, feo, rugoso, sin ningún atractivo.

—Ve más allá, no te quedes en la superficie.

—Mmm... –La golpeo suavemente contra la mesa–. Suena hueca.

—¿Por qué no la abres?

—¡La piedra? ¡Y cómo se supone que voy a abrirla?

—Obsérvala bien.

Examino con detenimiento y descubro una leve grieta, apenas perceptible, que divide la piedra por el centro en dos partes casi iguales. Ejerzo una ligera presión con mis pulgares y tiro de ellas en sentidos opuestos.

¡Oh, maravilla! Soy incapaz de describir la belleza que brilla ante mis ojos: en cada una de las dos mitades se abre una cavidad, sobre la que se han formado numerosos cristales de color turquesa, el mismo tono que adquiere el mar en las calas vírgenes de esta preciosa isla.

—¡Qué milagro es este! –exclamo maravillada. La abuelita sonríe ante mi mueca de asombro.

—Se llama geoda. Es una formación natural, que sucede en algunas rocas cuando el agua logra penetrar más allá de la superficie, disolviendo parte de los minerales, que cristalizan en su interior hueco. Se suelen encontrar principalmente en zonas desérticas.

No dejo de contemplar, anonadada, la perfección y

la hermosura que la naturaleza ha creado en esta oscura piedra.

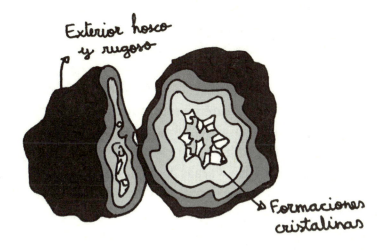

—He aquí, Pilar –refiere la abuelita–, el tercer tipo de personas: las que, en la soledad de su alma y en medio de su sufrimiento, se dejan invadir y penetrar por la gracia de Dios; las que, vacías de sí mismas, permiten que el Señor ocupe todo el espacio de su corazón, embelleciendo su alma; las que, albergando un tesoro en su interior, se mantienen humildes, como humilde es la geoda en su apariencia externa; las que, finalmente, se dejan romper, para poder entregar a otros la belleza que gratuitamente han recibido.

Permanezco muda de asombro. La abuelita prosigue:
—Hay algo misterioso en el sufrimiento, que ennoblece al alma; no en vano fue el camino que eligió el Hijo de Dios para salvarnos. Entregar la propia vida por otros no solo es un gesto hermoso o revolucionario; es un acto salvador. Jesús quiso morir por todos, aun cuando un solo átomo de sus sufrimientos ¡habría bastado para redimir mil mundos!

—Entonces, ¿nuestra vida solo tiene sentido para la muerte?

—¡Al revés! La muerte solo tiene sentido para la Vida, ¡para la Vida eterna del Cielo! Y que lleguemos o no a alcanzarla depende de nuestro paso por esta otra vida, aquí en la tierra. A veces puede parecernos duro, pero es también muy hermoso. El Señor nos ha regalado la oportunidad de hacer de nuestra vida una obra de arte, de llegar a ser verdaderamente santos.

—¿Y eso cómo se hace?

—Queriéndolo de veras. Y pidiéndole al Señor la gracia de no oponer resistencia a su acción. ¿Que una compañera te molesta o habla mal de ti? Bendícela. ¿Que otra te pide que le hagas un favor? Deja lo que estás haciendo y ayúdala con alegría. ¿Ves a alguien necesitado? Corre a darle auxilio. ¿Tienes la oportunidad de prestar un servicio, aunque no te lo hayan pedido? Apresúrate a llevarlo a cabo. ¿Una persona te resulta menos simpática? Que sea ella la más favorecida por ti, la que trates con más amabilidad y dulzura. En el dolor, ora; en la contrariedad, descansa en el Señor. En todo, ama, sirve, sonríe. Esfuérzate por hacerles la vida agradable a los que te rodean. Y, sobre todo, mantente humilde; no hay verdadera virtud sin humildad. Que no te preocupe lo que los demás digan o piensen de ti; que solo te importe agradar a Dios y cumplir su voluntad.

He tenido que venir corriendo a escribir estos consejos en el cuaderno para no olvidarlos. Me parece un precioso proyecto de vida, ¿a vosotros no? Ojalá algún día pueda decir que lo he logrado. Aunque sea un minuto antes de morir.

11

Confesiones

Herminia es una gran amiga. Sabe escuchar sin interrumpir y sin distraerse (bueno, un poquito sí que se distrae a veces, sobre todo si hay comida de por medio), y no te juzga ni aunque le cuentes las trastadas más bárbaras e inconfesables. Ama la vida tranquila y sin complicaciones. Vive al día, abandonada a la Providencia de Dios. Le gusta amanecer temprano y acostarse con el sol. Nunca se afana en exceso y jamás pierde la paz, ni siquiera cuando sus compañeras la maltratan; y es que, a diferencia del resto, Herminia no es nada competitiva, y siempre procura mantenerse al margen de las disputas. Su único vicio es el maíz, aunque no le hace ascos a casi nada. ¡Hasta el pan duro se come! Es agradecida y, aunque no lo diga, sé que disfruta de mi compañía tanto como yo de la suya. Lleva en el colegio más años que yo, y creo que incluso nació aquí. Desde el primer instante en que la vi, supe que nos llevaríamos bien.

Hace días que sospecho que le pasa algo, la noto como apagada, casi diría que triste. Sus ojos no brillan como siempre, y cada vez tiene menos ganas de salir a pasear. He llegado a pensar que quizá esté enferma. La madre Sureda, que es quien se cuida de ella, me ha llamado esta mañana y ha despejado mis dudas.

—Ven, Pilar.

Y casi a hurtadillas salimos las dos por la puerta trasera. Ahí está ella, mi pobre Herminia, en el corral, con los ojillos cerrados, recostada sobre un jergón de paja.

—¿Qué le pasa, hermana? –pregunto con el canguelo en la voz–. ¿Está enferma?

—¡Nada de eso! –responde la hermana con una sonrisa–. Se nos ha puesto clueca. Eso significa que pronto tendremos pollitos.

—¡Pollitos! –exclamo entusiasmada–. ¡Qué alegría! ¿Entonces Herminia está embarazada?

—Ja, ja, ja, no exactamente. Las gallinas no se embarazan. Ellas ponen huevos y, cuando llega el momento, se colocan sobre ellos para darles calor y ayudar así a que se formen los pollitos.

—¿Como si fueran panecillos en el horno?

—Ja, ja, ja, qué ocurrencias tienes, chiquilla.

—¿Y cuándo nacerán?

—En tres semanas, más o menos.

—¡Ay, qué emoción! Tengo que ir a contárselo a mis amigas.

¡Así que eso es lo que tenía la pobre Herminia! ¡Menos mal! Ya estaba yo temiendo que se muriera. Y es que os parecerá una tontería, pero es una gallina muy especial. Cuando te mira con esos ojillos negros y vivarachos sientes que en verdad te está escuchando y comprendiendo. A veces diera la impresión de ser una persona más que un animal.

—¿Crees que nos dejarán coger a los pollitos? –me pregunta Cati, con los ojos muy abiertos y la voz vibrante de emoción, cuando le participo la buena nueva.

—Seguro que sí, ya sabes que Herminia es muy mansa, y la madre Sureda confía mucho en nosotras.

La madre Sureda es una anciana absolutamente adorable. Siempre que nos ve, nos invita a entrar con ella en la capilla y, ofreciéndonos una estampita, nos dice: «Jesús escucha mucho vuestras oraciones, porque sois niñas, y Él ama mucho a los niños. Por eso, tenéis que decirle: "Concédele a la madre Sureda todo lo que te pide"». ¡Anda que no es pillina! Se las sabe todas.

Es, además, una auténtica amante de los animales. No solo se hace cargo del corral, sino que cuida también a Filemón, un gato callejero de pelaje rayado que rescató del cubo de la basura cuando apenas era un cachorro y que está cada día más gordo; y a Aurelia, la tortuga, a la que ha logrado amaestrar y que acude a su llamada como un perrillo chico. Alimenta incluso a los pajarillos silvestres que nos sobrevuelan y que han tomado ya por costumbre hacer una paradita en el colegio para merendar. Pasa el día así, entre animales, a los que atiende con mimo y les habla como si le entendieran.

Me consta que a algunas hermanas no les parece bien esta dedicación suya y se permiten murmurar, alegando que mejor le estaría invertir su tiempo en actividades más provechosas; pero digo yo: ¿qué puede haber de mayor provecho que cooperar en el cuidado y expansión de la Creación? La abuelita es de mi opinión, y por eso, cuando le vienen a presentar quejas respecto a «lo caros que nos salen los huevos» (la madre Sureda ofrece a sus gallinas solo los mejores cereales y legumbres del mercado), les responde que «la felicidad de una hermana no tiene precio». Para ella, las personas están muy por encima del dinero y del trabajo. Nunca consiente que pasemos hambre ni frío, ni que nos excedamos en las penitencias. «La mejor penitencia es sobrellevar con humildad y mansedumbre las contrariedades», nos dice siempre. Su mayor felicidad es saber que sus hijas (tanto hermanas como alumnas) somos felices. Tampoco tolera que hablemos mal unas de otras.

—Aprende esto bien, Pilar —me dijo un día—: busca siempre lo bueno de cada persona; lo malo, ignóralo y procura no verlo. Verás que así serás feliz. Y cuando te venga algún pensamiento contra una persona, piensa: ella es imagen de Dios.

Lo que más admiro de mi abuelita es que nunca da consejos desde la teoría, como quien se ha aprendido de carrerilla la lección, pero luego no la pone en práctica; ella, al revés: vive en primera persona lo que quiere que nosotras aprendamos. De hecho, jamás, en mis casi once años de vida, le he escuchado hablar mal de nadie ni dirigirle una sola palabra de desprecio. Y lo mismo dicen las hermanas, que la conocen bien.

* * *

Hoy Cati y yo somos las encargadas de preparar los ingredientes para la clase de cocina. La madre Ginart nos va a enseñar a hacer bizcochitos de vinagre, y nos ha dado una lista con lo que necesitamos: tres huevos grandes, aceite, vinagre, azúcar, zumo y ralladura de limón, harina y levadura. No es que tengamos que comprarlos; sencillamente, tenemos que ir a la despensa y proveernos.

—¡Mira qué hay aquí! —Me relamo, mostrándole a Cati un tarro de confitura de albaricoque que acabo de encontrar dentro de un armario. A Cati los ojos le hacen chiribitas: ¡es su preferida!

—¿Probamos? —sugiero.

—¡Vale!, pero solo un poquito, ¿eh? Que si se enteran...

—Sí, sí.

Me hago con una cucharilla y se la ofrezco:

—Toma, tú primero.

Saboreamos por turnos una cucharadita bien colmada de la preciada jalea, entre risas nerviosas y auténtico deleite.

—Como nos pillen...

Ya se sabe lo que suele suceder en estos casos: una cucharadita lleva a otra; esta, a una tercera; y, total, por una más...; y, venga, la última; y ahora la última de verdad; y... nada, que nos hemos zampado más de medio pote.

—¡Ahora qué hacemos? –pregunta Cati azorada–. ¡Se nos va a caer el pelo!

—Pongámosle agua; con un poco de suerte no se notará la diferencia.

Dicho y hecho. Rellenamos y agitamos. Los grumos de la mermelada navegan ahora en un fluido turbio de color amarillento.

—¡Qué asco!

—Necesitamos algo que le dé consistencia.

—¿Maicena? –propongo.

—¿No quedará demasiado grumoso?

—Solo hay una forma de saberlo.

Voy por la caja y dejo caer un puñado en el tarro de la confitura. Remuevo con la cucharilla, obteniendo una amalgama no particularmente grumosa, pero sí bastante pastosa y, lo que es peor, de color blancuzco.

—Se ve repulsivo –observa Cati con cara de asco.

—Ni que lo digas...

—Vamos a morir.

—¡Ya sé! –se me ocurre de pronto–. ¡Pongámosle miel! Al menos le hará recuperar su color.

Cati acerca el frasco y, con ayuda de la cuchara, echo una cantidad suficiente. Vuelvo a remover: ahora tenemos un pringue gomoso y casi elástico.

—No hay caso —desisto—, ¡nunca conseguiremos darle una apariencia decente!

—¿Y si le agregamos un poco de la gelatina que sobró de la cena de anoche?

—Por probar... —Me encojo de hombros.

Sacamos del frigorífico una tarrina de gelatina de naranja y la vaciamos entera en el bote de confitura, llenándolo hasta los topes. Revuelvo con cuidado hasta lograr una masa casi uniforme y, podría decirse, de aspecto similar al de la mermelada original.

—¡Lo tenemos! ¡Eres un genio, Catulina!

Enrosco la tapa y vuelvo a dejar el tarro en el armario, como si nada hubiera pasado. Mientras tanto, Cati lava las cucharas.

—Ahora busquemos los ingredientes para la clase de cocina. ¡Nos quedan solo siete minutos!

—¿Qué necesitamos?

—Tres huevos, aceite... —comienza a enumerar, con los ojos puestos en la lista.

—¡Huevos! —la interrumpo—. ¿De dónde los vamos a sacar? ¡No podemos quitárselos a Herminia!

—He visto media docena en la cámara frigorífica; pero... —Se detiene—... tienen un cartel que dice: «Madre Janer. No tocar».

—¡Bah! Seguro que nadie los echa en falta.

Me dirijo con decisión a la cámara frigorífica y cojo los tres huevos más grandes que veo. Los meto en una cesta.

—Listo. ¿Qué más?

—Aceite, vinagre, azúcar...

—Vale, yo iré a la bodega a por el aceite y el vinagre; tú, mientras tanto, busca por aquí el resto de ingredientes.

Bajo la escalera con recelo, acordándome de Dolores. Cati dice que esa historia no es más que una pajarota, pero ¿quién sabe? Bien podría ser cierta; al fin y al cabo, ninguna de sus compañeras volvió a ver jamás a la chiquilla sediciosa y malévola. Además, digo yo que ese aire frío que sentimos el día que bajamos tenía que proceder de algún lado; y, dado que no hay ventanas...

«¡Clonc!», suena algo al caer. Dios mío, ¡es ella! Me detengo con el corazón desbocado. Espero. Escucho. Nada. Silencio. Trato de afinar la mirada, pero está demasiado oscuro. Inspiro. Doy un paso más al frente, y...

—¡¡Marramamiauuuuuuuuuuu!!

¡Gato del diablo! ¡Qué susto me ha dado! Aunque en verdad la culpa es mía: sin querer le he pisado el rabo.

—¡Filemón! ¿Qué haces aquí? —Se tumba en el suelo y le acaricio la panzota—. ¡Anda, sal de aquí, rapazuelo!, que, como te encuentre la madre Ginart, te va a convertir en mortadela.

Se marcha con parsimonia, meneando las caderas de un lado a otro, con esos aires de sibarita que tiene. Vive como un marajá: come cuanto quiere y campa a sus anchas por el jardín, haraganeando todo el día. ¡Así está de gordo! Se supone que no debe entrar en casa, pero a menudo la madre Sureda lo cuela —procurando que no lo vean las demás hermanas— para que no pase frío. Es un consentido.

Doy la luz y observo alrededor. ¡Qué distinto se ve todo cuando está iluminado! Vista así, la bodega me parece hasta bonita, con sus platitos de cerámica decorando las paredes y las botellas perfectamente ordenadas y rotuladas en los estantes, al lado del barril: aceite de oliva, aceite de girasol, aceite de ricino, moscatel, vinagre de vino, vinagre de manzana, sidra... ¡Esto parece un colmado!

—¡¡Pilaaaar!! –chilla Cati, histérica, desde la despensa. Cojo aprisa el aceite de oliva y el vinagre y corro a su encuentro, subiendo los escalones de dos en dos.

—¡Qué pasa? –pregunto casi sin resuello.

—¡Esto! –Señala un tarro de cristal hecho añicos en el suelo; hay polvo blanco por todas partes.

—¡San Perico de los Palotes! ¿Qué ha pasado?

—Ya ves, me disponía a coger la harina y... se me ha escurrido de las manos –responde cariacontecida.

—¿Y no queda más?

—No lo sé.

—Está bien, no te preocupes. Tú ponte a buscar, yo iré a por una escoba.

En los tres minutos que quedan, limpiamos el desaguisado, completamos el acopio de ingredientes y encontramos un nuevo tarro de harina en la alacena donde se guardan las especias. Justo en el momento en que terminamos de colocar todo sobre la mesa de la cocina, suena la campana; instantes después aparece la madre Ginart seguida de nuestras compañeras.

—¡Uf, por poco! –suspira Cati.

—Bien, niñas; tal como les anuncié, hoy vamos a aprender a hacer bizcochitos de vinagre. Señoritas Civera y Ribera, ¿han traído el material?

—Sí, madre.

—Estupendo. Comenzaremos batiendo los huevos con el azúcar hasta conseguir una mezcla homogénea y blanquecina.

Mientras dice esto, echa cinco cucharadas de azúcar en un bol y trata de cascar en él el primero de los tres huevos. Una vez. Y otra. Y otra. Sin ningún éxito. Lo mismo con los otros dos.

—¿Me pueden decir ustedes de dónde han sacado estos huevos?

—Ehhh... del corral —miento.

—En ese caso, señorita Galmés —le indica a Martina en tanto que delegada de la clase–, haga el favor de avisar al telégrafo.

—¿Cómo dice?

—Sí, hay que poner un telegrama urgente.

—¿A quién, madre? –se atreve a preguntar Micaela.

—Al Santo Padre, Pío X.

—¡Para qué! –exclama María Rosa.

—Para poner en su conocimiento tan excelso milagro: ¡nuestras gallinas ponen huevos cocidos! –Todas ríen a carcajadas y la hermana me mira de soslayo; no puedo evitar sonrojarme–. Porque imagino que no se habrán confundido ustedes y habrán cogido por error los huevos duros que había en el frigorífico para la dieta de la madre Janer, ¿verdad?

—Eh... bueno... –vacilo–... ahora que lo dice... tal vez... puede que sí.

—Ya me parecía a mí. ¿Y no saben ustedes leer?

—Lo siento, madre –interviene Cati en mi defensa–. La culpa es mía. Yo le dije que los cogiera.

—No, no. Fui yo. Yo sola.

—De eso nada. Lo hicimos las dos, pero yo fui quien la incitó.

—Bien, bien, muy conmovedor –aplaude la hermana con gesto aburrido–. Me queda claro que son ustedes buenas amigas; esperemos que sean al menos tan buenas cocineras. Señorita Barceló –señala ahora a Lluc–, vaya, por favor, al corral y traiga tres huevos.

—¡Nooo, al corral no! –la interrumpo, alarmada.

—¿Disculpe?

—Es que... –Miro hacia el suelo–... los huevos tienen pollitos.

—Me alegra que conozca usted el ciclo vital de las aves –comenta la hermana con ironía, provocando una vez más la risa de mis compañeras.

—Lo que quiere decir Pilar –me echa un cable Cati– es que Herminia se ha puesto clueca y está incubando. No podemos quitarle sus huevos.

—Claro que no, rica. Pero, que yo sepa, tenemos ocho gallinas más que ponen un huevo al día; lo cual, según mis cálculos y si mis matemáticas no fallan, significa que tenemos hoy ocho huevos, sin contar los que está empollando la tal Herminia, que podemos usar y consumir.

Pues claro, ¡cómo no lo habré pensado antes!

—¡Voy yo! –me ofrezco, para compensar la metedura de pata. Me apresuro al gallinero y regreso con los tres huevos.

Tras batirlos con el azúcar, la hermana añade el aceite, el vinagre, el zumo y la ralladura de limón.

—El siguiente paso consistirá en volcar los ingredientes secos sobre la masa anterior. Señorita Civera, por favor, ¿me puede acercar la harina?

No os lo imaginaréis –igual que no lo podía imaginar yo–, pero entonces ocurre. El desastre definitivo. La hecatombe. Nuestro fin. Cuando la hermana vuelca la harina sobre la masa, esta empieza a burbujear, a espumar, a echar humo... hasta que... ¡explota!

—¡¡Esto es el colmo!! –exclama furiosa y cubierta de masa hasta en el velo–. ¡Es absolutamente intolerable! ¡Han excedido ustedes todos los límites!

Cati y yo nos miramos estupefactas, boquiabiertas, sin comprender lo sucedido.

—¡Salgan de aquí y diríjanse inmediatamente al despacho de la directora!

***

—Pero bueno, ¡si está aquí el tándem Civera-Ribera! –sonríe mi abuelita al vernos llegar–. Por lo que adivino en sus caras, parece que no traen buenas noticias.

—No, madre... –responde Cati apesadumbrada.

—Siéntense y díganme: ¿qué ha pasado? ¿Les han castigado?

—Todavía no –intervengo–, pero temo que pronto seremos abono para las habichuelas.

—¡Caramba! ¿Tan grave es lo que han hecho?

—Eso creo.

Al vernos tan afligidas, la abuelita adopta un tono compasivo. Se acomoda en la butaca, dispuesta a escucharnos.

—Cuéntenme qué ha ocurrido.

—Todo ha empezado con un tarro de confitura que hemos encontrado en el armario...

Así comienza Cati nuestra confesión. Muy lejos de lo que esperábamos, la abuelita se ríe a carcajadas con la aventura de la consumición y «reposición» de la mermelada, el incidente de los huevos duros y el telegrama al Papa, el accidente del bote de harina y la inexplicable explosión de la masa.

—¿Están seguras –pregunta al terminar– de que lo que han echado era harina?

—Al menos lo parecía.

—¿De dónde la han sacado?

—Del armario de las especias.

—¿Un frasco pequeño y de cristal?

—Sí.

—Claro, ¡tenía que ser! –Se explota de nuevo a reír–. Eso no es harina. ¡Es bicarbonato!

—¿Bicarbonato?

—¡Sí! Por eso ha estallado. Lo que ustedes han presenciado es una sencilla reacción química.

—No lo entiendo –confieso.

—Al entrar en contacto el bicarbonato (que es un base) con el vinagre (que es un ácido), ambos han reaccionado, transformándose en agua, acetato de sodio y dióxido de carbono, que es el responsable de que se hayan producido las burbujas y tuviera lugar la explosión.

¡Ahora lo entendemos todo!

—Está bien, niñas –nos dice después de regalarnos una estampita a cada una–, pueden salir al recreo.

—¿No nos va a castigar? –pregunta Cati sorprendida.

—No tengo intención; al fin y al cabo, se ha tratado solo de una desafortunada confusión, pero no ha habido malicia ni propósito.

—Y el bote de harina... –quiere asegurarse–, ¿no lo tengo que reponer?

—Por supuesto que no, hija mía. Ha sido un accidente. Lo que se usa se rompe.

—¡Gracias, Madre!

Cati se inclina ante mi abuelita y toma su correa para besar la insignia. La abuelita, por su parte, la levanta por los hombros; y, puestas las dos en pie, la abraza con ternura. Después me llama con un gesto y me abraza a mí también.

—Ahora ya sé a quién debo acudir cuando necesite soluciones creativas a problemas imposibles –dice la abuelita al despedirse, riendo alegremente y palmeándonos los hombros con cariño.

Esta tarde, para merendar, nos han dado bizcochitos de vinagre con confitura de albaricoque. Ni que decir tiene que no hemos probado bocado...

* * *

Nos han robado. Diecisiete collares y veinticinco pulseras: todo lo que teníamos. Todavía no sabemos quién, ni cómo, ni cuándo; pero, cuando lo descubramos, se lo haremos pagar caro. Palabrita de πk+.

—A ver, Teresita, vuelve a contar lo que has visto –le insta Magda, nerviosa.

—Me pareció ver a Margarita escondiéndose uno de vuestros collares en el bolsillo del delantal.

—¿Te pareció o lo viste?

—No sé, yo creo que sí.

—¡«Yo creo» no sirve! –le dice casi gritando–. ¿Lo viste sí o no? ¡Tienes que decir la verdad!

A Teresita se le asoman las lágrimas.

—Magda, deja a la pobre niña –interviene Martina–; ella no tiene la culpa.

—Es que no es justo –se queja Magda aún, con el ceño fruncido–. Pero sí, tienes razón. Perdóname, peque, no pretendía asustarte.

Acaricia con dulzura la cabeza de Teresita, que se seca los ojitos con la manga y sonríe, aceptando las disculpas.

El «tesoro robado» son varias decenas de collares y pulseras fabricados por nosotras con las flores del jazmín: las seleccionamos cuidadosamente de entre las más lozanas y fragantes, y después, con ayuda de aguja e hilo, las engarzamos una a una hasta completar la alhaja. Cada año, al entrar la primavera, elaboramos más de un centenar y los vendemos a precio de un céntimo las pulseras y dos los collares. Si alguna no tiene con qué pagarnos, siempre aceptamos favores como hacer la cama por nosotras, sacarles brillo a los zapatos o cedernos el postre. También admitimos pago en especie: una chocolatina, un cromo de picar, una figurita recortable, golosinas, canicas, hilo de labores...

Es un trabajo en equipo: Cati y yo nos encargamos de la recolecta y selección de las flores; Martina y Carlota, que son las más habilidosas, hacen el engaste, y, por último, Magda es la responsable de ventas. Las ganancias, como es lógico, nos las repartimos a partes iguales entre las cinco. Alguna vez Teresita nos echa una mano en cualquiera de las tareas –principalmente recogiendo flores–, y entonces le damos una pequeña comisión.

Al final de cada recreo hacemos inventario de lo que nos ha quedado sin vender y lo guardamos dentro de una bolsita de tela, que escondemos en el hueco que se abre al pie del tronco del viejo almendro, el que está frente a la ventana del despacho de mi abuelita. Esta mañana, al ir a montar nuestro tenderete, nos hemos encontrado la bolsa vacía.

—Yo creo que ha sido Juana –aventuro–. Siempre nos ha tenido ojeriza.

—Es verdad –confirma Magda–, nunca le hemos caído bien, aparte de que es una engreída y una perdonavidas.

—Ahora que lo decís –aporta Martina–, anoche se ausentó durante la recreación. Pregunté por ella a la madre Togores y me dijo que se había acostado temprano porque se encontraba indispuesta. ¡Seguro que se inventó el malestar para poder salir al jardín, aprovechando que las demás estábamos reunidas, y hurtar nuestro tesoro!

—¿Lo veis? –confirmo triunfal–. Ya tenemos a nuestra culpable. ¡Vamos a enfrentarla!

—Esa bellaca nos las pagará –amenaza Magda, golpeando con el puño derecho la palma de su mano izquierda, decidida a tomarse la revancha.

—No, chicas, esperad. Que a Juana no le resultemos simpáticas o que no estuviera anoche con nosotras no demuestra que sea una ladrona. De hecho, ni siquiera podemos asegurar que nos hayan robado... –opina Carlota, que es incapaz de pensar mal de nadie.

—Claro, y los collares han desaparecido por arte de birlibirloque, ¿no? –replica Magda arqueando las cejas en gesto de incredulidad.

—Carlota tiene razón –interviene Cati–. No debemos acusar a nadie sin tener pruebas. ¿A vosotras os gustaría que os castigaran por algo que no habéis hecho, sin molestarse siquiera en averiguar si sois o no culpables?

Aunque nos cueste reconocerlo, sabemos que están en lo cierto.

—Está bien –acepta Magda a regañadientes–. ¿Cuál es vuestra propuesta?

—Que inspeccionemos el pensionado, el jardín y los alrededores, en busca de alguna pista que pueda arrojar algo de luz a este misterio –responde Cati.

—De acuerdo. Nos dividiremos entonces: Pilar y tú os encargaréis de toda la primera planta, incluyendo aulas, biblioteca y museo; Carlota y Martina, de los salones de la planta baja, gimnasio y jardín. Por mi parte, rastrearé los dormitorios y salas comunes de la segunda y tercera planta, y echaré un ojo también al huerto. Llevaré a Teresita conmigo para que vigile mientras tanto.

$$* * *$$

Inútil. No hemos encontrado nada. O, mejor dicho, hemos encontrado demasiado: en todas las carteras de nuestras compañeras hay algún collar o pulsera hecho por nosotras; después de todo, llevamos semanas vendiéndolos...

—Cati, yo ya estoy cansada, no quiero buscar más. Vámonos a jugar, que se nos va a terminar el recreo.

—Pero ¿y las otras?

—Que sigan buscando si quieren. A mí, en realidad, me da lo mismo: ¿qué son un puñado de guirnaldas florales? Ya haremos más.

Cati asiente con la cabeza y salimos al terradito a hacer una carrera saltando a la pata coja. Hace un día hermoso, y lo último que me apetece es permanecer bajo techo, pudiendo disfrutar del sol de mediodía de este esplendoroso día de primavera. El cielo está despejado, y luce un azul tan intenso que parece recién pintado; el aire huele a jazmín y a romero, y a guiso de ternera con repollo y coliflor (ya casi es la hora de comer). Los pajarillos improvisan un alegre concierto mientras realizan acrobacias voladoras y juegos de cortejo.

«¡Talán-talán, talán-talán!», nos convoca la campana para el estudio previo a la comida. Inspiro una última vez el aire libre y me pongo a la fila.

—Treinta y cinco, treinta y seis... —nos cuenta la madre Togores–. ¿Dónde están las que faltan?

Cati y yo nos miramos con cara de circunstancias.

—Estamos aquí, hermana —se escucha de pronto a nuestras espaldas.

—¿Se puede saber dónde estaban?

—Habíamos ido al baño —responde Magda frotándose la nariz. Lo hace siempre que miente, es un gesto impulsivo e inconsciente. Afortunadamente para ella, la hermana no lo sabe.

—¿Las cuatro juntas?

—Por supuesto que no —interviene Martina con rapidez—. Magda ha acompañado a Teresita al baño para vigilar la puerta, pues a la pipiola le da miedo cerrarla del todo. Carlota y yo estábamos ayudando a la madre Sureda a llevar los huevos a la cocina.

Es la primera vez que escucho a Martina decir una mentira. Carlota se ruboriza al verse involucrada en la patraña, pero a la hermana ni se le ocurre dudar de las alumnas más ejemplares de la sección.

—Está bien, vamos.

Mientras se coloca en la fila, Magda deja caer disimuladamente un papelito dentro del bolsillo de mi delantal, y veo que hace lo mismo en el de Cati. Por prudencia no lo saco en el momento, sino que espero a estar sentada en el pupitre para leerlo.

«Nos vemos después de comer junto al jazmín. No os vais a creer lo que hemos descubierto. Ya sabemos quién nos ha robado».

Vuelvo a doblar el papel con nerviosismo. Por alguna razón me sudan las manos y hasta me tiemblan las rodillas. Me siento repentinamente indispuesta, y hasta creo que me está subiendo la fiebre. Abro el libro de Geografía por la página 27 y me pongo a leer para distraer la mente: «El clima templado oceánico se da fundamentalmente en los territorios situados en la costa atlántica de Europa y en la costa pacífica de América del Norte. Sus principales características son...».

Después de comer acudimos las seis (las πk+ y Teresita) al punto de encuentro, junto al jazmín. A medida que pasan los minutos me voy sintiendo peor y peor.

—Bien, chicas, ha llegado la hora de la verdad –comienza Magda–. Por fin hemos descubierto a la ladrona.

—¿Quién es? –pregunta Cati.

—Enseguida lo sabréis. Venid conmigo, y contemplad con vuestros propios ojos dónde están nuestras guirnaldas.

Seguimos a Magda en dirección a la entrada. Tras asegurarnos de que nadie nos está mirando, accedemos al edificio principal, subimos las escaleras de mármol hasta el segundo piso y entramos en nuestro dormitorio. Avanzamos a través de las camarillas y nos detenemos frente a mi cama.

—¿Qué hacemos aquí? –pregunto extrañada.

—Pilar, ya puedes dejar de disimular –dice Magda con dureza–. Sabemos que has sido tú.

—¡Túúú...! –exclama Cati, atónita, llevándose la mano a la boca y mirándome con ojos como platos.

—¡Por supuesto que no! –me defiendo, indignada–. Magda, deja de bromear y dinos de una vez quién ha sido, que me estoy empezando a enfadar.

—No es ninguna broma. Eres una vil traidora y una ratera. Teresita, levanta el colchón.

Teresita hace lo que Magda le ordena, dejando al descubierto los diecisiete collares y las veinticinco pulseras desaparecidos, perfectamente colocados sobre el somier.

—¿Quéééééééé!

—No te hagas la sorprendida.

—Pero ¡si yo no he sido! Alguien ha debido dejarlos aquí.

—Claro, claro. Alguien nos ha robado y ha venido a ocultar lo robado justo bajo tu cama. Muy lógico.

—Lógico o no, eso es lo que ha pasado.

—Es inútil que lo sigas negando, Pilar. Cuanto antes reconozcas que has sido tú, antes terminaremos con esto.

—¿No te das cuenta de lo absurdo de tu acusación! O sea, que me he robado a mí misma, y encima soy tan mentecata como para esconder el botín en mi propia cama.

—De eso nada. No te has robado a ti misma, sino a nosotras; y has sido tan inteligente de esconderlo en tu cama, donde pensabas que nunca iríamos a mirar, creyendo que no sospecharíamos de ti. Pero te equivocaste.

—¿Y no será que has sido tú quien los ha puesto ahí? –la desafío.

—¡Por supuesto que no! Teresita está de testigo.

La aludida asiente con gesto grave.

—Vale, ¿y para qué se supone que los he robado?

—Para venderlos por tu cuenta y quedarte con todo el dinero.

—¡Menuda majadería!

No puedo creer que esto esté sucediendo. Miro a las demás esperando que alguna se pronuncie en mi favor, pero todas callan. Veo en su mirada que creen en las palabras de Magda. También Cati, y eso es lo que más me duele.

—Muy bien, entonces soy culpable.

—Lo eres.

—Perfecto, pues ahí os pudráis todas.

Doy media vuelta y hago ademán de marcharme, pero la mano de Magda sobre mi hombro me detiene.

—¿Dónde crees que vas?

—Ya tenéis lo que buscabais, ¿no? Pues hale, que os aproveche. A mí dejadme en paz, que a partir de ahora ya no tengo amigas ni quiero volver a saber nada de vosotras.

—Nosotras tampoco queremos saber nada de ti, pero no pienses que te vamos a dejar marchar sin que pagues por lo que has hecho.

Estoy atónita.

—Teresita, dame el oso.

—¿Quééééé...! –me alarmo.

Teresita, obediente, coge a Quirico, que está sobre la cama, y se lo entrega a Magda.

—¡Devuélvemelo ahora mismo! –grito exasperada.

Magda, sin atender a mi demanda, saca del bolsillo una navaja y coloca la punta sobre la tripota de mi pobre amigo. Lágrimas de desesperación comienzan a rodar por mis mejillas.

—¡Magda, por favor, sé razonable! Asumiré la culpa, haré lo que me digáis, pero, por favor, ¡deja a Quirico! Fue un regalo de mi padre.

Magda titubea un instante y mira a las otras, como dudando qué hacer. Cati mira al suelo, inexpresiva; Teresita contempla a Quirico con lástima; Carlota cierra los ojos, en un claro gesto de mantenerse al margen. Es Martina, con rostro impávido y severo, quien rompe el silencio.

—Continúa, Magda.

Y la navaja comienza a hundirse en la panza de mi osito, abriendo un despiadado camino a lo largo de su cuerpecito lanudo. Siento cómo se me desgarra el corazón, igual que si mil navajazos vinieran a clavarse en mi propio pecho. Grito y lloro de rabia, de ira, de impotencia, de amargura, de dolor, mientras Magda se ensaña con mi mejor amigo. Mi confidente. Mi último recuerdo de papá.

—¡Basta, te lo suplico!

Quiero lanzarme a socorrerlo, pero los brazos de Cati y de Martina se aferran a los míos y me atenazan.

Pataleo inútilmente, desesperada. Las tripas de guata de mi pobre Quirico se abren ya paso a través de la abertura y van cayendo al suelo como nieve seca y espesa.

—Así aprenderás a respetar las pertenencias ajenas.

Puesta de rodillas, imploro piedad. Una piedad que no se me concede. La navaja sigue avanzando y está a punto de alcanzar su corazoncillo de trapo. Quirico me mira aterrado, sufriente, y juraría que he visto asomarse una lágrima a sus ojillos de carbón.

—¡¡Por favor, NOOOOOOOOOOOO!!

—Señorita Civera, ¿le importaría soñar en voz más baja? Está usted perturbando el estudio de sus compañeras.

Una carcajada general restalla en toda la clase. Desconcertada, levanto la cabeza del libro de Geografía, que sigue abierto en la página 27. Echo la vista en derredor. Los ojos de todas están puestos en mí. María Rosa, sentada a mi lado en el pupitre, se inclina a mi oído y, condescendiente, susurra:

—Tranquila, a mí también me pasa a veces.

La madre Togores, sin lograr ocultar del todo una sonrisa que asoma furtivamente a sus ojos, finge una mueca de disgusto y ordena:

—Ande, vaya usted a lavarse la cara.

Me levanto aún con sopor. Camino vacilante, con la cabeza embotada y el cuerpo entumecido. Al pasar por su lado, junto a la tarima, la hermana toma mi barbilla y, ahora ya sí, con una clara y abierta sonrisa, añade:

—¡No pongas esa cara de susto, mujer! Cualquiera diría que has visto en sueños al mismísimo diablo.

Y haciéndome una carantoña me abre la puerta de la clase.

—¿Qué estabas soñando, que gritabas tanto? —me

pregunta Cati cuando regreso a mi sitio, después de refrescarme el rostro con agua helada para despejarme–. Por un momento has llegado a asustarme.

—Eh... nada, no sé... no me acuerdo –miento, abochornada.

—A juzgar por tus alaridos, mínimo soñabas que tu madre te estaba dando una azotaina con la chancla –se ríe Magda.

Y yo me río con ella, como si fuera la ocurrencia más desternillante de la historia. Pero en realidad río de alivio, de descanso, de puro gozo de saber que, gracias a Dios... ¡todo ha sido un sueño!

* * *

Después de comer acudo al punto de encuentro, donde decía la nota de Magda, junto al jazmín, pese a que sigo con malestar y siento que la cabeza me va a estallar.

—Bien, chicas, ha llegado la hora de la verdad –comienza Magda, y a mí me da la impresión de estar reviviendo algo que ya ha sucedido anteriormente–. Por fin hemos descubierto a la ladrona.

—¿Quién es? –pregunta Cati.

—Enseguida lo sabréis. Venid conmigo, y contemplad con vuestros propios ojos dónde están nuestras guirnaldas.

Hago el camino temblando, con un miedo y una angustia terribles. ¿Pueden los sueños ser premonitorios? A medida que avanzo, noto que me van fallando las fuerzas y me flaquean las piernas. Me tropiezo.

—Piluca, ¿te encuentras bien? –me pregunta Cati con cara de preocupación–. Tienes un color horrible.

—Sí, sí –miento una vez más, haciendo un esfuerzo

ímprobo por sonreír–. Es solo que sigo abotagada por la «siesta» del estudio.

Caminamos unos metros más, en dirección a la entrada. Tras pasar el pozo, viramos en el recodo que va hacia el huerto, dejando atrás el edificio principal. Respiro aliviada.

Atravesamos la maleza y, en lugar de continuar hasta el huerto, nos encaminamos hacia la caseta donde don Casiano, el jardinero y encargado de mantenimiento, guarda sus herramientas. Magda levanta los tablones que hacen de puerta y nos hace pasar, una tras otra, al interior. Está bastante oscuro y huele a leña y a alquitrán. El amasijo de utensilios amontonados junto a la entrada no nos facilita el acceso; por el contrario, provoca más de un tropezón. Magda enciende el único quinqué del recinto y retira unos cartones que se apoyan sobre la mesa de trabajo.

Y entonces la vemos. A la ladrona. Y las guirnaldas. Y lo entendemos todo.

* * *

Ahí mismo, sobre un lecho de serrín y flores compuesto por diecisiete collares y veinticinco pulseras de jazmín, descansa Filemón (o, más bien, deberíamos decir *Filomena)*, con sus cinco crías recién paridas, que maman ávidamente de las tetillas de su madre.

—¡Así que has sido tú! –le recrimino, agachándome para acariciar la cabeza peluda del felino–. Querías hacer una camita para tus bebés, ¿eh?

Filemón, que, efectivamente, ha resultado ser gata y no gato, maúlla cansadamente. Ahora entiendo por qué lo veía yo tan gordo.

Cuando las crías terminan de mamar, se las retiramos una a una con cuidado. La gata, en un instinto de protección, se abalanza sobre Teresita –que está cogiendo al último gatito– para arañarla, pero me interpongo y recibo yo el zarpazo.

—¡Mala! –grito de dolor. Filomena agacha las orejas y me lame la herida, arrepentida. Yo entonces, sin poder aguantar por más tiempo en pie, me recuesto junto a ella y le acaricio suavemente el lomo. Las otras cinco se sientan en el suelo, cada una con un gatito en el regazo.

—¡Qué lindos son! –exclama Carlota, a quien vuelven loca los bebés, sean de la especie que sean–. A este lo llamaré Cleofás.

—¿Y cómo sabes que es un macho? –le pregunta Cati.

—Porque tiene bigotes –se burla Magda.

—Entonces el mío también es un macho –dice Teresita en su inocencia–. Lo llamaré Leocadio, como mi abuelo.

—Pues la mía es una hembrita –sostiene Martina– y se va a llamar Pantaleona, porque tiene color de pantera y fuerza de leona.

—¿Y tú qué eres? –le pregunta Magda al gatito pardo que sostiene entre las manos, poniéndolo bocarriba y bocabajo.

—¡Lo vas a marear! –la increpa Carlota.

—El mío solo duerme –dice Cati–, así que lo llamaré Tranquilino.

—También puedes llamarlo *Dormiciano*, como el párroco de Santa Eulalia –bromea Magda.

—¡Es Domiciano, burra!

—Como sea. El mío será Casimiro, porque está medio bizco.

—¿Nos los podemos quedar? –propone Teresita, encantada con su peluchín.

—Me temo que no, peque –le responde Martina–. Necesitan a su mamá.

Teresita asiente con pena, comprendiendo lo necesarias que son las madres.

—Chicas, de esto ni palabra a nadie, ¿eh? –nos advierte Magda–. De lo contrario, se los llevarán y no podremos verlos nunca más.

Todas asentimos. Después de un rato de juegos y caricias con los mininos, los colocamos de nuevo sobre el lecho floral y regresamos a nuestro recreo.

* * *

—Abuelita, ¿te puedo hacer una pregunta? –La sorprendo limpiando con un trapo el polvo de la estatua de la Virgen que tenemos en el jardín.

—Claro, hija, dime.

—Tú, cuando te enfadas con alguien... ¿qué haces?

Se da la vuelta y, mirándome con ternura, se sienta sobre el banco que hay junto a la imagen. Se atusa un poco la faldilla del hábito, llena de remiendos.

—¿Has peleado con tus amigas?

—No... No exactamente.

Comprende por mi respuesta que no deseo contar más, de modo que, respetando mi silencio, continúa ella:

—Pues verás... Cuando me enfado mucho con alguien, lo primero que hago es ir a la capilla a pedirle al Señor que me dé paz, y no me levanto de allí hasta que siento que, efectivamente, me encuentro más serena. Entonces me dirijo a mi despacho y allí, en un cuadernito que guardo en el cajón del escritorio, escribo todas las cosas buenas que veo en la persona que me ha ofendido: sus cualidades, sus virtudes, favores que le debo, actitudes que la honran...

—¿Y después?

—Voy a darle las gracias.

—¿Las gracias!

—Sí, por todo el bien que me ha hecho.

—¿El bien? ¡Pero si te ha ofendido!

—Eso ya no importa. Pilaruca, debemos escribir las ofensas en la arena, y los beneficios, en cambio, en el mármol, para olvidar las ofensas y ser agradecidas.

Apunto mentalmente esta frase en mi lista de consejos imprescindibles para la vida.

—¿Y qué pasa si la que has ofendido has sido tú?

—Entonces voy en cuanto puedo a disculparme. Jamás me acuesto sin haber antes pedido perdón a cualquier persona a quien tema haber ofendido o desedificado.

—Gran consejo también... –digo como para mí–. Oye, abuelita, una última pregunta: ¿Puede el dolor de conciencia traducirse en dolores reales, quiero decir físicos, como dolor de cabeza, fiebre o mareos?

Me mira al fondo de los ojos, como escudriñándome.

—¿Hay algo que quieras contarme, pequeña?

—No, no... –vacilo–. Bueno, sí. Lo cierto es que me siento terriblemente mal, porque he acusado a una compañera de algo que no ha hecho, solo porque tenía prejuicios contra ella. Si no fuera porque Carlota y Cati han salido en su defensa, la habríamos tomado contra ella, sin tener pruebas de su culpabilidad. Al final ha resultado que era inocente y, aunque no habíamos llegado a hacerle nada, me siento una miserable. Tanto, que creo que es por eso que me está doliendo la cabeza, me encuentro fatigada y hasta creo tener fiebre.

—Pues ya sabes qué tienes que hacer.

Sí, lo sé. Y eso mismo es lo que hago: voy en busca de Juana para pedirle perdón y, después de abrazarla, pido ver a nuestro confesor. Salgo del confesionario con el alma ligera, feliz, radiante, con ganas de comerme el mundo. De ser santa. De ser como mi abuelita.

* * *

No, no era la mala conciencia. Era la varicela lo que me había hecho sentir dolor de cabeza, mareos, fiebre y hasta vómitos. Hoy he amanecido toda cubierta de un sarpullido que me provoca un picor rabioso e insoportable, y al parecer Juana está igual que yo. ¡Qué mala pata! El doctor que nos ha visitado nos ha dicho que debemos guardar cama al menos durante una semana, y luego, dependiendo de cómo evolucionemos, podremos ir poco a poco incorporándonos a las actividades diarias. Nos han trasladado a la enfermería para evitar que contagiemos al resto.

—Tómense esto. Les hará bien —nos dice la hermana Ferrà, la enfermera, ofreciéndonos un brebaje traslúcido de color indefinido y olor extraño.

—¿Qué es?

—Infusión de albahaca y toronjil con canela, miel y limón.

Doy el primer sorbo con cierto reparo. No sabe mal. Me lo bebo.

—Hermana, ¿sabe usted si nos permitirán bajar a la capilla para el mes de María?

—Me temo que no, criatura. Están ustedes convalecientes, y además corren el riesgo de contagiar a sus compañeras, de modo que han de guardar la cuarentena.

¡Qué fastidio! El mes de María es una de mis devociones favoritas. Todos los días, durante el mes de mayo, acudimos a la capilla a meditar en una de las virtudes de la Virgen, como por ejemplo su humildad, su fe, su obediencia, su amor ardiente, su pureza, su paciencia, su oración, su servicio, su prudencia... A continuación, rezamos la oración de consagración a María (esa que comienza «Oh Señora mía, oh Madre mía...»), y acabamos ofreciéndole flores y cantando, mientras hacemos el besamanos. Yo suelo ahorrar durante todo el año para, llegadas estas fechas, comprar el mejor y más hermoso ramo a la Virgen y ponerlo a sus pies el primer domingo del mes, por ser el día de la Madre. Acostumbro a comprar también otro ramo más pequeño y dárselo a mi abuelita con el mismo motivo. Este será el primer año que no pueda hacerlo.

—¿Sabes —me dice Juana— qué hago yo cuando no puedo o no tengo flores para entregarle a la Virgen? Le ofrezco otro tipo de flores: pequeños sacrificios, actos de caridad, gestos de amabilidad hacia quien no me cae bien, oraciones, penitencias... Al final del mes, procuro haber juntado un ramo digno y hermoso.

—¡Qué bonito! No se me había ocurrido nunca.

—Pues me parece que, con todas las ampollas que cubren nuestro cuerpo, este año tenemos un buen «rosario» que ofrecerle a la Señora...

Reímos con ganas. De hecho, estamos riendo mucho estos días juntas, en nuestro confinamiento compartido. Estoy descubriendo a una Juana que no conocía, simpática, piadosa, sencilla, amable, generosa, divertida incluso. Yo la tenía por una juzgamundos, cascarrabias y tiquismiquis, pero en realidad es solo una niña que sufre. Está claro que no se debe juzgar a una persona por las apariencias, pero aún diría más: hace falta pasar tiempo con alguien, escucharla, tratarla, intentar comprenderla... para poder valorarla en toda su verdad. Entonces te das cuenta de que no hay nadie que no sea merecedor de cariño y de acogida. Todos, en lo más profundo de nosotros, albergamos a un ser frágil y vulnerable, necesitado de amor, y digno de cuidado y de compasión.

—¿Te cuento un secreto? Mis padres hace meses que no viven juntos. Papá se fue de casa el 19 de agosto; lo recuerdo bien porque fue dos días después de mi cumpleaños. Esa noche habían estado discutiendo mucho a propósito del dinero, de unos amigos de papá a quienes mamá llamó sabandijas, de unas amigas de mamá que según papá son unas harpías, de mi abuelita Matilde, de la secretaria de mi padre, del perfume dulce de un abrigo, de unas manchas de carmín, de una gota que colmó un vaso y de otras muchas cosas que no entendí. Al amanecer, papá llenó una maleta con sus pertenencias, me besó en el pelo creyéndome dormida y, sin despedirse siquiera de mamá, salió por la puerta. Desde entonces no lo he vuelto a ver. Para evitar el escándalo, mamá les dice a todos que mi padre se ha marchado a otra ciudad para atender a los negocios, pero yo sé que nos ha abandonado porque ya no nos quiere.

Esta confesión me deja petrificada. ¡Pobre Juana! No quiero ni imaginar lo que debe estar sufriendo. Yo pensaba que no podía haber nada más doloroso que la muerte de un padre, pero me parece que el abandono ha de ser todavía más desgarrador. Al menos, yo tengo la certeza del amor y la compañía de mi padre, aunque sea de un modo distinto...

—Yo creo que sí te quiere —le digo sinceramente—; lo que pasa es que las relaciones entre adultos son complicadas a veces. No son como nosotros, los niños, que con un «perdón» y un abrazo nos arreglamos enseguida. Ellos necesitan más tiempo y ayuda. Pero estoy segura de que él también sufre y te echa de menos, solo que no sabe cómo expresártelo.

—¿Tú crees? ¿Y por qué no viene nunca a verme?

—Probablemente no se atreva o no sepa cómo hacerlo. Aunque no lo parezca, los mayores también tienen miedos, dudas, inseguridades...

—Me encantaría que estuviera en mi Primera Comunión.

—¡Pues invítale! ¿Sabes dónde vive?

—Con mis abuelitos de Vilafranca, creo.

—Pues mira, toma, yo tengo aquí unas hojas que me han sobrado después de escribir a mamá. Empieza: «Mi querido papaíto...».

Al terminar la carta, Juana me abraza en silencio y llora, larga, serenamente.

He descubierto algo que no sabía hasta ahora: no hay fuerza capaz de unir más a dos personas que la compasión, es decir, el dolor compartido, el cargar juntos una misma cruz... Simón de Cirene debió amar mucho a Jesús aquel primer Viernes Santo de la historia.

* * *

—A ver, date la vuelta. Deja que te recoja un poco el vuelo aquí... Perfecto. ¡Estás preciosa!

—¡Ay, hermana, que me muero de la emoción!

—Ve a que te vea la Madre.

Corro literalmente al despacho de mi abuelita, después que la madre Togores ha terminado de ajustarme el vestido de comunión.

—¡Sorpresa! –grito al entrar.

—¡Pero bueno! ¿Quién es este ángel que se presenta ante mis ojos?

—No soy ningún ángel –río–, soy tu nieta. ¡Y dentro de unas horas, por fin, voy a recibir a Jesús!

—Y el corazón –me dice con ternura, atrayéndome hacia sí–, ¿lo tienes también a punto, tan limpio y puro como este vestido?

—Así lo he procurado. Y, por si las moscas, he quedado con don Cipriano para que me confiese media hora antes de la misa.

—Mmm... En media hora este diablillo puede hacer aún muchas picardías –replica en tono risueño.

—¿No decías hace un minuto que era un ángel? ¿Cómo es que ahora soy un diablillo?

Ríe feliz y me abraza, satisfecha, tan emocionada como yo misma.

—Procura no arruinar el vestido en estas horas que faltan hasta la celebración.

Me imprime un beso suave en la mejilla y, con una cachetadita, me despide hasta más tarde. ¡Ay, qué feliz que soy! Cuando papá se fue al Cielo temí que este fuera el día más triste y amargo de mi vida, pero nada más lejos de la realidad. Hoy sé que mi padre está aquí, conmigo, y que cuando Jesús venga a hacerse dueño y huésped de mi alma, traerá consigo a mi adorado papaíto para que también él me abrace, como en los días en que aún podía sentarme sobre su regazo.

Visto a Quirico con el traje nuevo que le he cosido para la ocasión: un lindo peto de lino con pajarita a juego. Completa el atuendo un sombrerito de fieltro que le compré el jueves en el mercadillo. Va de lo más elegante.

—Hoy sí que pareces un gran señor, Quirico. Cuando te vea papá, no te va a reconocer.

—¡Piluca –irrumpe Cati en el dormitorio–, ya están aquí!

No hace falta que me lo diga para que sepa a quiénes se refiere. Vuelo a la entrada con el corazón a mil por hora.

—¡Mamáááááááááááá! –Me lanzo escaleras abajo.

—¡Tesoro!

Lloro a mares en ese abrazo, el primero desde que papá se fue. Son lágrimas de alegría por el reencuentro, de dolor por la ausencia de papá, de emoción por el misterio tan grande que estoy a punto de vivir, de arrepentimiento por toda mi ingratitud hacia mi buena mamá, de ternura, de perplejidad, de agradecimiento por tenerla, de miedo de perderla...

—Si pareces guapa y todo, enana –me dice el tonto de mi hermano Joaquín al saludarme.

—Tú tampoco estás del todo mal; ese traje de payaso te favorece –me vengo.

—Toma, Pilu –me dice Alberto, tendiéndome una caja de regalo–, te lo mandan los tíos.

—Es un calendario para que señales todas las comuniones que harás a partir de hoy –me explica mamá–. Tiene imágenes bellísimas de santos, y espacio suficiente para que escribas por quién vas a ofrecer cada Eucaristía.

—La de hoy será por vosotros –afirmo convencida, y noto que a mamá se le empañan los preciosos ojos negros.

—Esto –añade mamá ofreciéndome un segundo paquete– te lo dejaron los Reyes en casa, y ha estado esperándote desde entonces.

—Déjame adivinar... ¿lleva vestidito de encaje y capota a juego?

—No lo sé, ábrelo a ver. —Me guiña un ojo.

¡Sí, he acertado! Es una muñeca de porcelana, la más linda que he visto en toda mi vida. Tiene el pelo corto y castaño con flequillo arriba de los ojos, y una graciosa boquita de piñón. Sus mejillas sonrosadas le otorgan un aire muy dulce, y el vestidito y su capota, de color blanco, son una auténtica virguería. Lleva además unos zapatitos de ganchillo de color rosa pálido, que combinan a la perfección con sus mofletes.

—¡Es preciosa, mamá!

—¿Te gusta?

—¡Me encanta! ¡Gracias! —Rodeo su cuello con mis brazos.

—No me las des a mí, dáselas a Sus Majestades.

—¿Cómo la vas a llamar? —quiere saber Alberto.

Contemplo a la muñeca unos instantes, buscando hallar en sus ojos el nombre perfecto. No necesito pensar mucho para encontrarlo.

—Se llamará Albertita. Como la abuela. Y como papá.

—¡Y como yo! —agrega mi hermano pequeño, ilusionado.

—¡Sí! Y como tú.

—Hablando de la abuela —interviene mamá de nuevo—, ¿dónde está? No la hemos visto todavía.

—Está en el despacho. Seguro que, con el trajín, la hermana portera se ha olvidado de avisarla de vuestra llegada. ¿Voy a buscarla?

—No, cielo, tú termina de prepararte. Subiremos nosotros. En un ratito nos vemos.

Me besa la frente y se dirigen los tres hacia el piso de arriba. Aprovecho que mamá no mira para darle una colleja a Joaquín y sacarle la lengua. Me la devuelve pisándome la punta del pie, encima del dedo gordo, donde sabe que me duele. Le pellizco al vuelo, justo antes de que se escabulla escalones arriba. Él, desde lo alto, me amenaza haciendo pasar su dedo índice de un lado al otro del cuello. ¡Cómo echaba de menos estas guerras silenciosas entre hermanos!

Voy en busca de las πk+ para enseñarles mi nueva muñeca y comprobar lo bonitas que están, ellas también, vestidas de comunión.

* * *

No hay palabras. ¿Cómo se explica el amor? ¿Cómo se llama esa sensación de estar en el vagón más alto de una noria, contemplando desde arriba toda la belleza y la inmensidad de un hermoso paisaje campestre? ¿A qué sabe el primer beso, un atardecer en compañía, la caricia de una madre? ¿Qué nombre reciben los sueños cumplidos? ¿Tienen olor los abrazos? Algunos sí. Olor a perfume, a salitre, a tabaco o café, a bebé, a detergente, a naftalina o a lavanda. Olor a chimenea o a galletas. A sudor. A piel recién lavada. Olores que traen recuerdos. Olores que son personas. Olores con nombre propio. Pero ¿qué pasa si el abrazo es tan íntimo que no te toca la piel, sino que te amarra el corazón? ¿Se puede describir el encuentro de dos almas que, al amarse, se hacen una sola?

No, no se puede. O yo, al menos, no sé hacerlo. No tengo palabras para expresar lo que me arde por dentro. Por eso, diré solamente que soy feliz. Terriblemente feliz. Que me siento infinitamente amada. Que te amo, Jesús. Que eres lo más grande. GRACIAS por venir hoy a mi corazón.

* * *

Por si os lo estáis preguntando: sí, los pollitos nacieron. Doce en total. ¿Adivináis cómo los llamamos? Venga, que hasta Quirico lo sabe: «*Dos se llamaban Simón; dos, Judas; y dos, Santiago, y ya van seis que he nombrado...*».

Los gatitos permanecieron en el anonimato durante al menos tres semanas más, que las πk+ aprovechamos para seguir visitándolos diariamente a hurtadillas; pero pronto sus pulmones se hicieron fuertes y sus maullidos se escucharon hasta en la cuarta planta, donde residen las hermanas. Ese mismo día fueron entregados en adopción a varias familias conocidas.

Otra novedad: hemos cerrado el negocio de collares y pulseras, y hemos abierto un banco de abrazos. Cada vez que alguna compañera se siente triste o desanimada, puede venir y pedir un «préstamo» sin intereses: le damos un abrazo —de duración e intensidad variables, según necesidad— a condición de que lo devuelva en cuanto vea a alguien que también lo necesite.

Y sí: el papá de Juana vino. Y el abrazo que se dieron entre lágrimas es el más bello que he presenciado en mucho mucho tiempo...

12

FINALES QUE SON COMIENZOS

—¡Me voy al Cielo! ¡Me voy al Cielooooooo!

Cojo a Teresita de la mano y, de un salto, la hago bajar del columpio.

—¿Qué pasa? —me pregunta desconcertada, al ver interrumpida su diversión.

—Que nos vamos —respondo secamente mientras la arrastro por el patio, en el que el resto de niñas siguen jugando alegremente, ajenas a mi mal humor.

—Pero ¿por qué?

—Porque sí. No me gusta que digas esas cosas.

—¿Que diga el qué?

—Que te vas al Cielo.

Teresita se detiene y me observa con cara de interrogante, como quien no comprende.

—¿No dice siempre la Madre que hemos nacido para el Cielo, y que tenemos que desear con todas nuestras fuerzas y poner todos los medios para llegar a él?

—No. Bueno, sí; pero no creo que mi abuelita se refiera a eso.

—¿A qué?

—A querer morir.

Me atraviesa con sus ojitos grises, cargados de dulzura.

—Yo no quiero morir. Al menos, no todavía... Solo cuando el Señor quiera llevarme. Ni antes ni después.

Me deja pasmada la madurez de su respuesta. Esta criatura es un verdadero misterio para mí; lo mismo te encandila con su ingenuidad e inocencia, que te taladra con una sentencia digna de un teólogo.

—Anda, ¿puedo jugar un ratito más? Porfa, porfa... —Y me pone esa carita de cachorro suplicante que me derrite y hace que me sea imposible negarme.

—Está bieeeeeen... pero ve con cuidado.

Supongo que estoy algo más sensible de lo habitual. Hoy hace cuatro meses que murió papá y me siento nostálgica. Ni siquiera he querido jugar en el recreo con mis amigas; les he dicho que no me encontraba bien y que iba a sentarme en el banco junto a los columpios a ver si se me pasaba, pero en realidad anhelaba un rato de soledad.

Estoy segura de que Cati ha captado mi verdadera intención, pues en otra ocasión habría venido a sentarse conmigo, y hoy ha respetado mi espacio. Es la mejor amiga del mundo mundial. «No se dice mundo mundial, es redundante», me la imagino replicándome. Es una resabida encantadora y nada petulante. La busco con la mirada: allá está, al fondo, con Carlota, cavando de rodillas un agujero en la tierra, mientras Magda y Martina transportan cubetas de agua para hacer una «piscina». ¡Cómo se nota que empieza a hacer calor! Es comenzar junio y venirnos unos deseos tremendos de playa, de sol y de vacaciones. Sobre todo esto último. Aunque este año, sin papá en casa, será todo tan distinto...

Un llanto repentino y amargo, procedente de los columpios, me devuelve a la realidad.

—¡Teresita! –Se lanza a mis brazos–. ¿Qué pasa? ¿Por qué lloras? ¿Te has hecho daño?

La avasallo a preguntas llena de angustia, pero la chiquilla no hace sino llorar desaforadamente. La examino con rapidez: la cabeza, los brazos, las rodillas, las piernas... No presenta ninguna contusión o rasguño visibles. Y, sin embargo, berrea como un becerro herido.

—Teresita, por favor, ¡dime qué te pasa! Me estás preocupando.

—¡Se... se... –tartamudea entre lágrimas– me mue... me mue...!

—¡Qué, qué? –la interrumpo, impaciente.

—¡Se me mue... me mueve... un di... diente...!

—¿Y por eso lloras!

—¡¡Síííí!! –intensifica el llanto–. ¡No quier... quiero qued... quedarme desdent... desdentadaaaa!

Tengo que reprimir la risa. ¿No digo que es de una ingenuidad adorable?

—¡Pero cómo te vas a quedar desdentada, tontina? ¡Te saldrá otro!

Interrumpe sus gemidos.

—¿De... veras? –me pregunta entre suspiros, con la congoja aún prendida del pecho.

—¡Pues claro!

Permanece pensativa un instante.

—Entonces... ¿los dientes son como la cola de las lagartijas? –concluye. Y, esta vez sí, me hace romper a carcajadas.

—¿Sabes qué es lo mejor? –Le limpio la nariz con mi pañuelo.

—¿Qué?

—Que cuando se caiga lo pondremos bajo tu almohada, y el Ratón Pérez vendrá a buscarlo y te dejará una moneda.

—¡Un ratón se llevará mi diente? –Pone cara de espanto.

—¡Un ratón cualquiera no! ¡El Ratón Pérez!

—¿Y ese quién es?

—¿Nunca te han hablado de él?

Niega con la cabeza.

—Pues verás, Pérez es un ratón muy culto y erudito, educado y amante de las artes, de la música y de los niños. Vive en una caja de galletas en la confitería Prast, en la calle Arenal 8 de Madrid. Pertenece a una organización mundial de recogida y análisis de dientes de leche, junto con otros personajes que realizan este mismo oficio alrededor del mundo: el Hada de los dientes en Inglaterra, la Petisú en Francia, Topolino y la Fatina Dentina en Italia...

Teresita me escucha sin pestañear.

—Cuando a un niño se le cae un diente, lo coloca bajo la almohada y, mientras duerme, llega el Ratón Pérez y se lo cambia por una moneda o un regalo, que saca de su cartera mágica.

—¿Entonces tendré un regalo?

—¡Claro!

—¡Vivaaaaaaaaaa! –Me abraza inesperadamente, me estampa un beso y, como es habitual en ella, regresa brincando a los columpios, como si tal cosa. No sé si alguna vez llegaré a acostumbrarme a estos asaltos de afecto súbito y fugaz, pero lo cierto es que me deja siempre con la sonrisa en los labios.

Poco después vuelve, con aire preocupado.

—¿Qué te pasa ahora?

—Que el ratón ese no va a querer mi diente.

—¡Por qué?

—Porque no es de leche. Mira, toca —le da golpecitos con el dedo—, es duro; más bien parece de marfil. Si fuera de leche sería líquido, o al menos estaría blando, ¿no crees?

Decidme la verdad: ¿es o no es para comérsela? ¡Yo me la comía a besos ahora mismo! ¿Lo mejor de todo? Que ya no estoy triste. Ya veis que tengo razón en decir que ella es mi ángel y no al revés...

* * *

Hoy ha amanecido un día plomizo y bochornoso. Eso ha hecho que la mañana de limpieza («haciendo sábado», como se suele decir) resultase más pesada de lo normal, y todo apunta a que en unas horas —quizá menos— se desatará una de esas típicas tormentas de verano. De hecho, a lo lejos ya se oye tronar.

—Niñas, por favor, ayúdenme a recoger la ropa tendida antes de que se moje —nos pide la madre Perelló después de la siesta.

Hábitos, calzones, uniformes, enaguas, sábanas, camisones, pañuelos, fajas, medias, velos, toallas, camisolas, servilletas, calzas... ¿Podéis haceros una idea de la cantidad de prendas que pueden llegar a acumularse cuando conviven casi ochenta personas (entre pensionistas, hermanas y estudiantes de la escuela de maestras)? Aun así, las retiramos del tendedero a velocidad supersónica y las amontonamos sobre la mesa de planchar, en la coladuría. Justo cuando terminamos de recoger, comienzan a caer las primeras gotas. Abro la boca queriendo atraparlas, pero las muy díscolas se niegan a dar en la diana: me caen en los ojos, en el pelo, en la ropa... todo, menos dejarse beber. «Ya veréis, ya, cuando os acumuléis en los charcos –les amenazo en mis adentros–: ¡os va a faltar tiempo para echar a correr antes de que os aplaste con mis *wellies!*». De momento, más vale que entre en casa con las demás si no quiero que la hermana me lea la cartilla. Además, ahora viene la parte divertida de la colada: ¡doblar!

—¡Me pido sábanas! –me apresuro, y Cati se me une enseguida.

Punta con punta. Doblez. Punta con punta otra vez. Nos juntamos. Nos alejamos. Doblamos en tres. Y vuelta a empezar este «vals vienés».

—Jóvenes, vengan a merendar –nos invita la madre Ginart al terminar–. ¡Tenemos ensaimadas!

Acudimos en tropel a la llamada de la religiosa que, bandeja en mano, se dispone a repartir el ansiado dulce.

—¡Orden, orden! –nos amonesta al ver cómo nos empujamos–. Dejen de actuar como si fueran ganado y compórtense como las señoritas que se supone que son. Armen una fila india.

Y obedecemos con premura inaudita, movidas por el afán de recibir cuanto antes nuestra merienda.

—¿No tiene otra cosa? –pregunta Teresita al llegar su turno, para asombro de todas.

Pero ¡si las ensaimadas son la espiral más deliciosa e irresistible que existe sobre el planeta tierra!

—¿Otra cosa? –repite extrañada la madre Ginart–. ¿Qué querría usted?

—No sé... un mendrugo de pan duro, por ejemplo.

—¡Ande, si nos ha salido chancera, la mocosa!

La hermana toma la pregunta de Teresita por una broma sin gracia y, haciendo caso omiso de su petición, termina de repartir la merienda y vuelve a la cocina a continuar preparando la cena.

Teresita contempla su ensaimada compungida, sin animarse a darle un bocado.

—¿No te gusta? —le pregunta Carlota, dispuesta a buscar el modo de procurarle un tentempié diferente a la pequeña.

—Sí... sí me gusta —responde esta, aún con el puchero en el rostro.

—Y entonces —dice Martina hincándole el diente al bollo acaracolado, provocando una instantánea lluvia de azúcar glasé–, ¿por qué esa cara?

—Porque quiero pan duro.

—¿Por qué! —estalla María Rosa, que no concibe manjar más exquisito que una buena ensaimada chorreante de manteca.

—Seguro que lo quiere para alimentar a Herminia y a sus polluelos —intervengo, dando buena cuenta de mi propia ensaimada–. ¿A que sí?

—No, lo quiero para mí.

—Lo que pasa es que está haciendo penitencia por sus muchos pecados —se burla Lluc.

—¡Pues no! –Teresita, ofendida, le saca la lengua.

—Tampoco tendría nada de malo —tercia Carlota.

—Bueno, la cuestión aquí es que sobra una ensaimada, ¿no? —participa Magda alargando el brazo hacia Teresita–. Pues trae para acá, que ya me encargo yo de ella.

—¡Eh, que yo también quiero! —reclama Paquita.

—Mala suerte, haberla pedido antes.

—Yo me sigo preguntando —dice Micaela, pensativa– para qué querrá esta criatura el mendrugo.

Teresita no parece dispuesta a desvelar su secreto;

pero hace un gesto revelador, que no me pasa desapercibido: se lleva la mano a la boca y, con su dedito, empuja hacia delante y hacia atrás, de forma rítmica y repetitiva, el incisivo inferior izquierdo.

—¡Ya sé! –exclamo–. Tú lo que quieres es que se te caiga el diente para que venga el Ratón Pérez.

Teresita se sonroja al saberse descubierta.

—¡Eso tiene fácil solución! –propone Loreto–. Anda que no me habré arrancado yo dientes. Tráeme una hebra de hilo de cinco o seis palmos de largo.

—¿De qué color? –pregunta Teresita, esperanzada.

—Mira a ver si encuentras una de color terroso tirando a bermejo con destellos cobrizos y brillo purpúreo –se mofa Julieta, una de las mayores–. ¡Si será tonta la niña! ¿Qué más dará el color?

—¡Eh, cenutria, métete con alguien de tu tamaño! –salta Magda en defensa de la peque.

Teresita, sin atender a la burla, va corriendo y vuelve con el torzal.

—Perfecto –aprueba Loreto–. Abre la boca y ten cuidado de no morderme.

Enrolla cuidadosamente parte del hilo alrededor del diente flojo y lo sujeta con un nudo. Estira la parte sobrante y amarra el otro extremo en el pomo de la puerta.

—Ahora estate muy quieta...

¡Pam! Cierra la puerta con fuerza con la intención de que esta, al tirar del hilo, arranque el diente; sin embargo, el nudo se suelta y la pieza dental apenas se tambalea.

Segundo intento. Teresita, al sentir el tirón, se deja llevar toda entera hacia la puerta, con lo que el diente permanece firme en su lugar.

Tercer intento. El lazo se afloja por la parte del pomo y la puerta se cierra sin más.

Cuarto intento. El hilo se rompe, Teresita llora y Loreto pierde la paciencia. Fin del experimento.

—Yo tengo una idea mejor —sugiere Magda, sacando unas tenazas del bolsillo de su delantal.

Todavía se escuchan los gritos de Teresita aterrorizada en su carrera de huida.

* * *

La Madre no aparece. No sabemos dónde está. Se ha dado cuenta la madre Sureda cuando ha ido a buscarla para invitarla a una partida de damas (las tardes de algunos sábados nos reunimos para jugar a distintos juegos de mesa, en parejas o en pequeños grupos) y no estaba en su despacho. Ni en la capilla. Ni en su habitación. Ni en la cocina. Ni en ninguno de los lugares que podrían considerarse habituales. Ni en ninguna otra parte de la casa.

—Es extraño —comenta la madre Montserrate—. Nunca suele ausentarse sin informarnos a mí o a la madre portera.

No diré que esté preocupada (me voy acostumbrando a que mi abuelita actúe de modo sorprendentemente libre), pero sí me inquieta un poco que esté en la calle justo ahora: caen chuzos de punta, los relámpagos se suceden uno tras otro como los flashes de la cámara de don Minervo, y los horrísonos truenos retumban en las paredes hasta hacernos temblar.

—Un, dos, tres... —cuenta Cati, a la vez que coloca sobre la mesa una ficha de dominó: el dos doble.

Pongo mi dos-seis.

—¿Qué cuentas?

—Los segundos que transcurren entre rayo y trueno.

Cuanto menos distan uno de otro significa que la tormenta está más cerca.

—¿Y a qué distancia dirías que está?

Callamos y esperamos al siguiente relámpago. Uno... Dos... Trueno.

—Nos encontramos en el centro mismo de la borrasca.

—Madre Togores —le pregunta Teresita con voz modosa y cierto aire de angustia—, si la Madre no aparece, ¿quién cuidará de nosotras?

—No sufras, pequeña —responde la hermana acariciándole la mejilla—. La Madre regresará enseguida, ya lo verás. ¿Qué os parece si, mientras pasa la tormenta, ensayamos algunos cantos para la entronización del Sagrado Corazón?

Hace unas semanas mi abuelita compró una imagen bellísima del Sagrado Corazón de Jesús. El próximo viernes, día de su festividad, tendremos la ceremonia de bendición y entronización, que supone colocar la estatua en un lugar de honor, un espacio privilegiado de la casa, para rendirle homenaje como Rey de nuestras vidas. Es una forma de consagrarnos a Él, aceptando que reine en nosotras, y ponernos a su disposición, ofreciendo todo nuestro ser y nuestro hacer: nuestros trabajos, alegrías, sufrimientos, inquietudes, sacrificios, ilusiones, juegos... para redención de todos. La imagen, como digo, es preciosa: tiene los brazos abiertos en gesto de abrazo y acogida, la mirada tierna y serena, la sonrisa muy dulce y el Corazón al descubierto, ardiendo de Amor.

«Corazón santo, tú reinarás, tú nuestro encanto siempre serás...», «Dueño de mi vida, vida de mi amor, ábreme la herida de tu Corazón...», «Ven, Corazón sagrado de nuestro Redentor; comience ya el Reinado de tu divino Amor...». Cuando comenzamos el cuarto himno, la tormenta ha cesado.

—¿Estoy ya en el Cielo? ¿Qué son esas voces angelicales?

—¡Madreeeeeeeeee!

Todas a una corremos a su encuentro, deseando abrazarla, tocarla, como si fuera una aparición y no terminásemos de creer que sea ella de verdad.

—¡Vaya! –sonríe–. Parece que me han echado ustedes de menos.

—¿Dónde estaba? –inquiere Teresita cruzando los brazos sobre el pecho en gesto de reprobación. Mi abuelita la coge en sus brazos.

—Había ido a visitar a Marisa. Ya saben ustedes que hace poquito perdió a su mamá, y pensé que la pobrecita tendría miedo y no habría nadie que la confortara durante la tormenta.

—Madre –sentencia Teresita, abrazándose al cuello de mi abuelita y recostando la cabecita sobre su hombro–, es usted una verdadera mamá.

La abuelita corresponde al gesto de la pequeña mimosa estrechándola aún más contra su pecho.

—Veo que han estado divirtiéndose con los juegos de mesa –comenta al observar el caos de fichas y tableros que reina en la sala–. ¡Cómo me alegro! Cuando vuelva a la Península compraré algunos más.

—¿Nos contaría un cuento antes de irnos a rezar? –solicita María Rosa.

—¡Con muchísimo gusto! Pero antes pongamos un poco de orden aquí.

En un santiamén dejamos la sala como una patena. La abuelita toma asiento en una mecedora, con Teresita en el regazo, y todas las demás nos sentamos a sus pies.

—Érase una vez –comienza a relatar– una liebre muy orgullosa, que se pavoneaba ante todos de ser la criatura más veloz del bosque. Solía burlarse de la tortuga, a quien consideraba lenta, torpe y sin aptitudes. «¡Eh, tortuga, no corras tanto, que te vas a hacer daño!», le decía riéndose.

»Un día la tortuga, harta de las continuas humillaciones, decidió proponerle una carrera a la liebre. Esta, muy segura de sí misma, aceptó el reto. Le pidieron a la zorra que señalase el camino y la meta, y se dispusieron a correr ante la mirada atenta del resto de animales, que, no queriendo perderse tan excepcional competición, acudieron en masa al lugar fijado.

»El pistoletazo de salida lo dio un elefante que, con su enorme trompa, hizo volar por los aires una castaña, produciendo un sonido parecido al de un trombón desafinado. En ese momento, tortuga y liebre iniciaron su recorrido. La tortuga, con sus patitas cortas y su casa a cuestas, avanzaba lenta y pesadamente; la liebre, por su parte, corría rauda y veloz, levantando una polvareda de tierra a su paso. Transcurridos unos minutos, la distancia entre ambas era ya prácticamente insalvable.

»Vanidosa y confiada, la liebre se detenía de tanto en tanto a descansar y recuperar el resuello. En una de esas se dijo interiormente: «Esa estúpida tortuga no sabe con quién se ha metido. Voy a esperarla aquí y me burlaré de ella cuando pase». Se sentó bajo una encina y, mientras aguardaba que la tortuga la alcanzase, se quedó dormida.

»Mientras tanto, la tortuga seguía su camino, firme y constante. Y paso a paso, con tesón y esfuerzo, llegó hasta la meta.

»Los gritos de alegría, los aplausos y los vítores del resto de animales despertaron a la liebre que, desesperada, se puso a correr con todas sus fuerzas. Pero fue en vano: la tortuga le había ganado.

»¿Qué piensan que aprendió ese día la liebre?

—Que no hay que burlarse de los demás —propone Carlota.

—¡Espléndido! —aprueba la abuelita—. Qué importante es eso que acabas de decir. No burlarse de nadie, bajo ningún concepto, pues a cada uno Dios nos ha hecho preciosos y perfectos, a su imagen y semejanza. Todos poseemos cualidades que podemos aportar a los demás y, a la vez, siempre hay algo que podemos aprender de los otros. ¿Se les ocurre alguna otra lección?

—Que la pereza y el exceso de confianza pueden hacernos fracasar en nuestros objetivos, mientras que la constancia y la perseverancia son la clave para alcanzar nuestro fin —reflexiona Cati.

—¡Fabuloso! Ya saben lo que siempre les digo: «Lejos llega el que no se para; más lejos que el que corre». ¿Alguna moraleja más?

—Que jamás hay que aceptar el desafío de una tortuga. Seguro que guarda un as bajo el caparazón —bromea Magda, provocando la risa franca de la abuelita y la de todas nosotras.

—Que el orgullo es causa de muchos males —aporta Juana.

—¡Así es! De todos, diría yo. El orgullo de Adán nos condujo a la perdición, y es la humildad de Cristo la que nos ha salvado. Por eso es tan importante que nos mantengamos siempre humildes, a ejemplo de Jesús.

»Y ahora, déjenme proponerles un juego: ¿Cómo creen que continúa la historia?

—Pues que la liebre, decepcionada tras la derrota, hizo un examen de conciencia y reconoció sus errores

—sugiere Micaela—. Descubrió que había perdido la carrera por presumida y despreocupada. Entonces, desafió a la tortuga a una nueva competición y, esta vez, corrió de principio a fin, sin detenerse. Y venció.

—No, no venció —toma el relevo Martina—. Porque la tortuga fue más inteligente y, ante el nuevo reto, propuso un cambio de ruta, demarcada por ella misma. El nuevo itinerario exigía atravesar un río y, como la liebre no sabía nadar, se quedó a un lado de la orilla buscando cómo pasar al otro lado. Mientras tanto, a la tortuga le dio tiempo de alcanzarla, zambullirse y llegar hasta la meta sin dificultad.

—Tampoco fue así —objeta Jacinta—. La tortuga, efectivamente, fijó una nueva ruta, en medio de la cual cruzaba un río. Pero, durante la preparación de la competición, liebre y tortuga se hicieron grandes amigas y decidieron hacer la carrera juntas, en equipo. Durante la primera parte, la liebre cargó a la tortuga sobre su lomo. Al llegar al río cambiaron posiciones, y fue la tortuga quien atravesó a nado con la liebre sobre su caparazón. Así alcanzaron la línea de llegada juntas y en un tiempo récord, y se sintieron más felices que nunca.

—¡Maravilloso! Son ustedes una fuente inagotable de creatividad. Y ahora vamos, mis niñas: el Señor nos espera en la capilla.

Estamos estirando las piernas y poniéndonos en marcha, cuando un chillido histérico nos paraliza.

—¡¡Me lo he tragado, me lo he tragadoooooooooooooo!!
—¿Qué te has tragado, criatura?
—¡¡El diente!!

* * *

Y sí. Teresita se tragó el diente. Y no dejó de llorar hasta que la abuelita se sentó con ella a escribirle una carta al Ratón Pérez explicándole la desventura y pidiéndole que, por favor, tuviera la amabilidad de dejarle un pequeño detalle a esa nena cuya sonrisa, por primera vez, iba a lucir un hueco entre sus adorables dientecillos de leche.

Esta mañana lo primero que ha hecho al despertar, antes incluso de que saliera el sol, ha sido mirar bajo la almohada, y... ¡sorpresa! Había varias muñecas recortables con sus vestiditos monísimos intercambiables. ¡Estaba como loca! Sus grititos de felicidad nos han despertado a todas.

También nosotras hemos recibido una sorpresa, no del ratón, sino de mi abuelita:

—¡Arriba, niñas! —nos ha dicho la madre Togores tras la primera oración al abrir los ojos—. Hoy la Madre ha dispuesto que vayan ustedes a nadar a los Baños de la Portella.

¡Esto sí que es comenzar el día con alegría! Los Baños de la Portella son unos baños árabes situados en la calle de la Portella —de ahí su nombre—, muy cerquita de aquí. Tienen varias piscinas situadas entre bellos pórticos y elegantes columnas, que te transportan a la época de Abu-Yahya y los moriscos, antes de la conquista de Mallorca por Jaime I (el Conquistador, ¿os acordáis?) en 1229. Una verdadera joya arquitectónica... ¡y pura diversión a raudales!

Después de la Eucaristía y del desayuno, volvemos al dormitorio para alistarnos.

—Pilu, ¿me abrochas el traje de baño? —me pide Cati, ofreciéndome la espalda.

—No olviden las toallas y ropa de cambio —nos advierte la hermana.

—Magda, ¡prepárate porque hoy voy a ganar yo! –le digo. Y es que cada vez que vamos hacemos una competición para ver quién aguanta más tiempo bajo el agua sin respirar. Y siempre, invariablemente, gana ella. ¡Vaya par de pulmones tiene!

—Ni lo sueñes, bonita.

Salimos en expedición, con la bolsa de la ropa colgada al hombro y cantando por las calles, con la madre Togores, la madre Juan y mi abuelita a la cabeza. La gente se detiene a mirarnos; los más curiosos nos preguntan si somos huérfanas, otros cuchichean a nuestro paso, y a todos les arrancamos una sonrisa. Hace un día de sol increíble, no hay ni una sola nube, como si todas se hubieran deshecho durante la tormenta de ayer tarde y el cielo hubiese quedado perfectamente limpio y despejado.

Las entradas ya están compradas, así que no necesitamos hacer cola al llegar. De hecho, estamos prácticamente solas: solo una familia francesa con sus tres hijos comparte las piscinas con nosotras. El hijo mayor, más o menos de nuestra edad, tiene el cabello rizado y muy rubio, y unos ojos tan azules que casi se podría nadar en ellos. Me sorprendo a mí misma sonrojándome cuando se acerca a saludarnos.

—*Comment tu t'apelles?* –le pregunta Martina su nombre, en perfecto francés. Tantos años estudiándolo en el colegio tienen que habernos servido para algo.

—*Je m'appelle Pierre* –responde él, con acento dulcísimo. Me ruborizo de nuevo.

—Mucho gusto, Pie, yo me llamo Mano, digo, aquí está mi mano –saluda la guasona de Magda–. Que digo yo que, para ser un pie francés, no hueles mucho a queso, ¿no?

¡Es para matarla! Afortunadamente, Pierre no entiende el español y no capta la broma, así que se limita a sonreír. Tiene una sonrisa irresistiblemente hermosa y perfecta.

—*Voulez-vous jouer avec nous?* —lo invita Cati a jugar con nosotras, a lo que él acepta encantado.

No entiendo qué me pasa. Yo, acostumbrada a jugar con chicos —de hecho, cuando voy a Zaragoza no tengo otros compañeros de juego que mis hermanos y sus amigos—, por primera vez me siento tímida. Preferiría sentarme y ver cómo juegan ellos. Verle a él.

—¡Pilar, que estás atontada! —me sacude Magda—. ¿Te vienes o qué? La liga Paquita.

—Eh... sí, sí, claro.

—Y tú, Carlota, ¿no juegas?

—No, yo me quedo con el bebé.

Llevamos apenas unos minutos aquí, y Carlota ya se ha encariñado con la hermanita menor de Pierre, Margot, que ríe y da palmas en sus brazos. Por su parte, Teresita ha hecho buenas migas con Camille, la segunda de los tres hermanos —que debe tener unos seis o siete años— y se están bañando juntas en la piscina pequeña, que no cubre más allá de la rodilla.

Las hermanas se sientan en un banco de piedra desde el que pueden divisar bien todas las albercas y vigilar que todo se mantenga en orden. Y nosotros nos echamos a la piscina más grande para jugar al pillapilla. Las reglas son: no se puede tocar el fondo con los pies, no se permiten las ahogadillas, para estar a salvo hay que alcanzar el bordillo, y no se puede permanecer en él más de veinte segundos seguidos.

—Es guapo el francesito, ¿eh? —me dice Cati al oído, dándome un codazo y guiñándome el ojo.

—¿Sí? No sé, no me he fijado.

—¡Anda ya! Conmigo no puedes fingir, te conozco demasiado bien. ¿Crees que no me he dado cuenta de cómo le miras?

Me sonrojo una vez más, sin saber qué responder.

—Tranquila, no se lo diré a nadie.

Estoy enormemente sorprendida de mí misma. Me intriga este cosquilleo que siento en la tripa, y cómo se me acelera el corazón cada vez que Pierre me roza o me sonríe. Nunca, en toda mi vida, había sentido algo así, y mucho menos por un chico. ¡Si son lo más necio, bruto y espantoso que ha creado Dios! ¿O no?

Pero no es solo eso lo que me atormenta. Siento unos pinchazos reales y muy intensos en el vientre, como calambrazos. También tengo náuseas y me duele un poco la cabeza. ¿Estaré enferma?

—Cati, no me encuentro bien.

—¡Es verdad, tienes muy mala cara, Pilu! Ven, sentémonos ahí.

Nos acomodamos en el suelo, con la espalda apoyada en la pared, mirando hacia la piscina. Desde ahí vemos cómo Pierre y las demás siguen jugando, persiguiéndose unos a otros, cogiéndose del brazo o del traje de baño, riendo sin parar.

—¡Pilar, estás sangrando! —exclama Cati de pronto, espantada, señalándome la pernera del bañador. Un hilillo rojo, húmedo, me baja desde la entrepierna y sigue su recorrido hasta el tobillo.

—¡¡Abuelita!! —grito, llena de pavor.

La abuelita acude con presteza y, si bien en un primer momento parece alarmada, enseguida se relajan sus facciones y esboza una sonrisa.

—Ven, cielo. Coge tu bolsa.

La sigo entre lágrimas a través de las galerías hasta los sanitarios. Lloro por el dolor, por la sangre, por el miedo de estar gravemente enferma. Y lloro porque no me entiendo a mí misma. Porque me asusta haberme enamorado.

—Quítate el traje de baño y ponte la ropa seca.

Sí, ya sé que es mi abuelita y que no debería darme vergüenza, pero reconozco que siento cierto pudor al desvestirme y, casi sin querer, procuro ocultarme a sus ojos. Ella se da cuenta y, con una delicadeza exquisita, se da media vuelta, mirando hacia otro lado.

—Ya estoy.

—Bien, mi niña. Ahora ponte esto sobre las calzas. —Me tiende, sin girarse, un paño de gasa que ha sacado de su propia bolsa. Lo coloco doblado, ajustándolo al tamaño de mi ropa interior.

—Abuelita, ¿estoy enferma?

—¡No, tesoro! Lo que pasa es que ya eres mujer.

¿Ya soy mujer? ¿Y eso qué significa? ¿Que ya puedo echarme novio? ¿Que puedo maquillarme y lucir bolso y tacones? ¿Que me van a crecer los pechos y me saldrá un bebé en la tripa? ¿Tendré que mudarme al dormitorio de las mayores? ¿Podré seguir jugando con mis amigas? ¿Habré de despedirme de mis muñecas? ¿Tendré que dejar de dormir con Quirico? Tengo muchas preguntas y casi ninguna respuesta.

—Cuando volvamos a casa hablamos —añade la abuelita con ternura, como si adivinara mis preocupaciones. Su sonrisa hace disipar toda inquietud de mi corazón.

—¿Qué te ha pasado, Pilu? —me pregunta Cati, preocupada, cuando me ve regresar a las piscinas completamente vestida—. ¿Te has herido?

—No, lo que pasa es que ya soy mujer —expreso con orgullo, repitiendo las palabras de mi abuelita.

Y tengo que decir que es algo que me aterra y me fascina a partes iguales.

* * *

—Pilar —me dice la abuelita mientras paseamos por el jardín, bajo un cielo claro salpicado por algunas nubecillas que parecen borreguitos—, esta mañana ha estado aquí doña Genara. Me ha pedido que te permita pasar el mes de julio en su casa, en el pueblo.

Doña Genara es la mamá de Cati. Brinco de la emoción.

—¿Y qué le has dicho!

—Que debía hablarlo con tu madre.

—¡Anda, abuelita, porfa! —Me sitúo frente a ella y le hago un puchero de esos que le hacía cuando era pequeña y quería salirme con la mía—. ¡Convence a mamá, te lo suplico!

—¿Tanta ilusión te hace?

—¡Muchísima!

—Sabes que tu madre está deseando tenerte... —Hace una pausa—. Es el primer verano sin tu padre.

—Ya lo sé, pero ¡no serán todas las vacaciones! Será solo un mes. Luego viajaré a Zaragoza para estar con mamá y los chicos, y celebrar mi cumpleaños. Y estaré también cuando tú vengas a visitarnos. Y en septiembre regresaremos juntas a Mallorca, como todos los años.

—Está bien —accede—, hablaré con ella. Pero prométeme que te vas a portar muy bien, que no le vas a dar trabajo a doña Genara y que vas a echar una mano en todo lo que se preste.

—¡Prometido! ¡Gracias, abuelita!

La abrazo, y es entonces cuando me doy cuenta de que ya soy casi tan alta como ella.

—¡Qué mayor te me haces, criatura...! —me dice con ternura y cierto aire de nostalgia.

—Hablas como mamá —me río.

—Será porque también soy madre.

* * *

Al parecer, no soy la única que voy a pasar las vacaciones en casa de Cati, sino que estaremos... ¡las πk+ al completo! La abuelita guardó el secreto hasta el final, y el día que terminamos las clases me dieron la sorpresa. ¡¡No puedo más de la ilusión!! Así que aquí estoy, preparando la maleta para disfrutar del mejor verano de mi vida, en compañía de las mejores amigas que pueda haber sobre la tierra.

Esta mañana hemos despedido con pena a la madre Togores, que se va un año a París. Mi abuelita, que desea que sus hijas estén bien formadas, la manda allí junto a la madre Janer (una que da clase a las mayores) para que perfeccionen el francés y adquieran nuevas técnicas pedagógicas.

—¿Nos promete que volverá dentro de un año?

—¡Pues claro! No piensen que se van a librar de mí tan fácilmente —ha respondido sonriendo.

—¿No quieres que le lleve una carta a tu novio? —me ha dicho Magda entre risitas.

—¿A qué novio? —he preguntado extrañada.

—¡A tu francesito Pie!

Y todas han estallado en carcajadas. ¡Será bandida! Y yo que creía que nadie más que Cati se había dado cuenta. Imagino que hay cosas que, por más que una desee ocultarlas, saltan a la vista.

—¡Ah, claro, mi Pierre! —le he seguido la broma—. No, de momento no. Ya le llevaré yo personalmente la carta cuando vaya a declararme.

He mirado de reojo a la abuelita y he visto que sonreía jovialmente.

—¿Te vas a llevar a Quirico? –me pregunta Cati, ayudándome a cerrar la maleta.

—Solo si te parece bien –digo, deseando que su respuesta sea afirmativa.

—¡Pues claro! Nos animará con las historias de sus viajes por el mundo.

Miro a Cati con profundo agradecimiento. No es fácil encontrar una amiga así, que te comprenda hasta el fondo, sin necesidad de palabras. Que esté ahí en las buenas y en las malas. Que conozca todo de ti y busque tu felicidad por encima de cualquier otra cosa.

—Gracias, Catius.

—¿Ya estáis listas? –pregunta mi abuelita desde la puerta.

—¡Sí! Solo nos falta bajar las maletas.

—Pues vamos, os echo una mano. El cochero ya está esperando.

Cualquiera diría que nos estamos mudando para el resto de nuestra vida. ¡Qué cantidad de equipaje! Pero es que solo Magda lleva ya tres maletas. Martina, dos. Y el resto llevamos una cada una, más alguna bolsa extra.

—¡Ay, esperad un momento! He olvidado algo.

Regreso al colegio corriendo y me dirijo al corral.

—¡Hasta septiembre, Herminia! Nos vemos a la vuelta.

Y la mansa gallina me mira con sus ojos negros y agacha la cabeza, asintiendo. O no sé si en realidad está comiendo.

Me doy una carrera después al museo para despedirme de don Arnulfo, Catarino y Eleuteria, y todo el resto de animales.

—¡Portaos bien en mi ausencia! Recuerde, don Arnulfo: vigile bien, no se nos vayan a alborotar los compañeros. Tenga especial cuidado con Catarino, ya sabe... es un rufián sin remedio.

Paso a continuación por la coladuría, la despensa, la cocina, la sala de labores... para decir adiós también a las hermanas, que, tan cariñosas como siempre, me dan buenos consejos y me besan en ambas mejillas.

Y, finalmente, entro en la capilla. Los he reservado para el final, porque quiero que sean ellos los últimos en despedirme, lo mismo que son los primeros que me reciben cada vez que regreso.

—Gracias, Madre. Gracias, Jesús. Por todo lo vivido este año: lo feliz y lo doloroso, lo divertido y lo difícil, lo bueno y lo malo... Porque ahora sé que todo tiene sentido. Que todo sucede por algo. Y que, como dice mi abuelita, todo es Providencia. Todo sirve para bien. No permitáis que me aleje de vosotros durante el verano. Os necesito. Os quiero.

—¡Pilar, que se van sin ti!

—¡Vooooooy!

Hago una genuflexión un tanto apresurada y, lanzando un beso al aire dirigido a Jesús y a su Madre, salgo escopeteada hacia la entrada.

—¡No me dejéis aquí, por favor!

—¿Y de mí no te vas a despedir? —me reclama la abuelita con los brazos en jarras.

—¿De ti? ¡Jamás! —replico, abrazándola con todas mis fuerzas—. Porque nunca, ni en la vida ni en la muerte, pienso separarme de tu lado.

Corresponde a mi abrazo con infinita ternura.

—Ten, hija mía —le dice después a Cati, ofreciéndole una bolsa enorme llena de embutidos, sobrasadas, queso, legumbres, patatas, tomates, galletas de aceite, paste-lillos y algo de fruta–: para que se lo entregues a tu buena mamá en agradecimiento por su hospitalidad.

—Muchísimas gracias, Madre –responde Cati, be-sándola.

Cuando el coche arranca, la saludamos con la mano y la seguimos con la mirada hasta que, poco a poco, se va haciendo más y más pequeñita y desaparece...

—¡Chicas –exclama Martina con excitación–, este va a ser el verano de nuestra vida!

—¡Sí! –afirma Cati–. Ya veréis: nadaremos en la pla-ya, saldremos a navegar en el *llaüt*, pescaremos cangre-jos en las rocas, pasearemos por el campo en bicicleta, iremos a los guateques, al cine y a la feria; bailaremos en la plaza, nos probaremos vestidos nuevos en el mercado, jugaremos al escondite y a las cartas, veremos estrellas hasta bien entrada la noche, treparemos a los árboles, comeremos melón, sandía y moras silvestres; y haremos cerámica con mi abuela; y cuidaremos a los corderitos, los lechones y los terneros de mi abuelo; y cocinaremos con mamá, y papá nos enseñará a escribir en su máquina, y chincharemos a los chicos...

—¡Y lo mejor –completa Carlota– es que haremos todo eso juntas!

—¡Ay, ya quiero que lleguemos! –concluyo, con idéntica emoción.

—Venga, ¡cantemos algo para que el camino se haga más corto! –propone Magda.

Y así, entre cantos, sueños e ilusiones, dejamos atrás no solo un curso más, sino también, con él, nuestra in-fancia; y nos vamos adentrando, lentamente, casi sin darnos cuenta, en esa extraña pero maravillosa etapa que llaman pubertad.

Epílogo

Diez años después

*«Lo único realmente importante
que quedará cuando nos vayamos
serán las huellas de amor
que hayamos dejado».*
Albert Schweitzer

Hoy, 21 de diciembre de 1922, mi abuelita ha partido al Cielo. Esta madrugada, sobre las cuatro, hemos recibido aviso desde el Colegio:

—Pilaruca... tu abuelita está ya en los brazos de Dios —me ha comunicado Magda al otro lado de la línea.

Incapaz de articular palabra, he permanecido muda con el auricular pegado a la oreja, mientras las lágrimas caían a goterones por mis mejillas.

La muerte llega siempre demasiado pronto, no importa cuándo; incluso cuando se ha cumplido una vida y hace días que se la espera...

«No, esto no es verdad; lo he soñado», me digo mientras preparo la maleta. Quirico me observa, compasivo, desde la cama.

Es curioso. Hemos tomado el barco de las doce, el mismo que hace quince años me llevó rumbo al Colegio; pero ¡qué diferente es todo ahora de entonces! Aquel día iba feliz, de la mano de mi abuelita; esta vez, me acompañan mamá, Joaquín y Alberto, y estoy seca de tanto llorar...

Lo sé, debería estar feliz: mi abuelita ha alcanzado, por fin, el objeto de todos sus anhelos, la meta a la que aspiraba, el Cielo soñado; y se habrá encontrado allí con aquellos a quienes más amó en esta vida: Dios y la Virgen, primero; y su amadísimo esposo, sus pequeñuelos, sus padres, su hermano, su amiga María... después. Y sí, supongo que lo estoy, en el fondo; estoy –¡soy!– feliz, porque lo eres tú, abuelita de mi alma y de mi corazón... Pero... ¡ay!, qué lejos te me has ido, abuelita; qué huérfana me dejas... 21 de diciembre: hoy, precisamente, comienza el invierno; una señal dolorosa del frío que, a partir de ahora, habitará mi corazón.

Retiro mi maleta del portaequipajes y salgo a cubierta. El viento helado de diciembre me corta la piel; no sé cuánto tiempo aguantaré aquí fuera, pero necesito un rincón donde encontrarme a solas con mis recuerdos.

Abro la maleta: un pequeño neceser con lo imprescindible, muda de ropa para tres o cuatro días, camisón, batín... he olvidado las zapatillas. No pasa nada, Cati me prestará unas. Cati. Mi adorada Cati, mi incondicional Cati... ¿La habrá avisado alguien? Con el impacto por la noticia y las prisas del viaje, he olvidado llamarla. Y Carlota, ¿lo sabrá ya? Oh, mi dulce tita, por segunda vez te has quedado sin madre...

Aquí está; al fondo de todo, debajo del batín: mi cajita de tesoros. Recuerdo el día que se la descubrí a Teresita, quien, con sus ojitos chispeantes, temblaba de emoción al tomar en sus manitas la mariposa de papá. Papá... ¡qué abrazo os habréis dado al reencontraros! Cómo me hubiera gustado estar allí para presenciarlo. Algún día...

La abro con cuidado y voy sacando, uno a uno, todos mis «tesoros»: la mariposa *Alas de Pájaro;* la perra chica que me dejó el Ratón Pérez cuando se me cayó mi primer diente; mi canica favorita, compañera de aventuras de aquella que le di a Albertito cuando se quemó el brazo; el rosario que me regaló mamá; la geoda que me dio la abuelita poco después que papá muriera; la caracola que cogí en mi primer viaje al mar; el lacito de Dorotea; el misalito de papá, con sus fotos y recortes; varios cromos de picar, la pluma que usaba en el colegio, una florecilla seca del jazmín, el *siurell* de Cati, el poema que el abuelito le escribió a la abuelita... Y, debajo de todo, las fotos.

Cojo una al azar. Es de hace dos años (mi último en el colegio), durante la representación de la obra *Las dos musas,* que D. Antonio Sancho escribió en honor de mi abuelita para conmemorar sus Bodas de Oro en la Pureza. ¡Qué día, aquel! El salón de actos estaba a reventar, más lleno que nunca; no cabía un alfiler. Las hermanas habían tenido que colocar sillas, incluso, en los pasillos y a las puertas de la sala, a fin de que nadie quedase de pie; y, con todo, hubo muchos que no lograron sentarse, y más aún que ni siquiera pudieron llegar a entrar. Por lo mismo, hubo de repetirse el acto... ¡hasta por tres veces! Y las tres se llenó hasta los topes. Más de un millar de exalumnas, padres y madres de familia, autoridades públicas, prelados, sacerdotes, amigos, vecinos, hermanas, colegialas...: todos deseaban mostrar su amor y su gratitud y rendir sentido homenaje a «la que fue, por antonomasia, nuestra Madre» (en palabras del mismo D. Antonio).

La obra era, en fin, «un himno —así la define su autor—, tosco como el cantar de un labriego, vibrante como el amor filial, a la mujer excelsa, a la religiosa inolvidable que ha llenado de almas piadosas nuestra isla», y a quien todo el mundo aclamó con estrépito de aplausos y con cascadas de lágrimas amorosas. Recuerdo que yo misma, aunque había ensayado bien mi papel, no pude contener el llanto al dirigirme a ella en plena actuación. Era el momento cumbre de la obra, ese en que todos los focos estaban puestos sobre mí, y yo, con toda la fuerza de mi alma, gritaba: «Abuelita, ¡soy Pilar! ¡Soy tu Pilar!».

A las pocas semanas, me despedí de ella con la certeza de que no la volvería a ver.

Cierro la caja. Quizá haya sido mala idea sacarla. Siento una opresión en el pecho, un hondo vacío en la mente y una dolorosa punzada en el corazón. Qué traicioneros pueden ser, a veces, los recuerdos... Y, sin embargo, en otras ocasiones (cuando uno es dichoso), ¡qué dulces y placenteros pueden llegar a ser también!

* * *

Magda acude a recibirnos al puerto. Qué bien le sienta el hábito, está más guapa y radiante que nunca. Bajo el dolor profundo que descubro en sus ojos, reluce una felicidad que envidio.

—¡Piluca! —Se lanza a mis brazos—. Estaba deseando que llegarais. La madre Togores quería venir a por vosotros, pero ha renunciado a su deseo en favor del mío.

—Gracias —alcanzo a decir con un hilillo de voz, mientras me dejo abrazar.

Saluda después a mamá y a los chicos con una ternura y delicadeza que desconocía en ella, y que me conmueven íntimamente.

Mi querida Magda... la de los chistes y las locuras, la de las chanzas y las aventuras, la que siempre supo cómo hacerme reír. El día que nos dijo que iba a hacerse religiosa, todas pensamos que era una más de sus bromas; tuvo que venir mi abuelita a confirmar sus palabras para que la creyésemos. «No sé de qué se extrañan», nos dijo. «Bueno, como siempre se está riendo...», replicó Martina. «Precisamente eso es lo que mayor garantía ofrece de que su vocación llegará a buen puerto –repuso la abuelita–. Ya decía santa Teresa que "un santo triste es un triste santo"; y una religiosa triste es una triste religiosa. Necesitamos religiosas alegres y risueñas». «Pero ¡si no sabe hacer nada! –dije yo en tono de guasa, solo para ver la cara que ponía Magda–; ni siquiera se sabe peinar», a lo que mi abuelita sentenció: «Basta que sirva para santa».

—¡Qué desmejorada estás, chica! –me saca Magda de mi ensimismamiento–, pareces una jirafa ojerosa y patilarga en huelga de hambre. Mírame a mí, en cambio, lozana como un toro de lidia en plena corrida.

Está buscando hacerme reír.

—No pienses que ahora me peino –continúa–; lo bueno de llevar velo es que nadie ve si te has arreglado o no el cabello.

—¡No has cambiado nada! –sonrío por primera vez en todo el día.

—No veo necesidad; cuando una es tan fabulosa y perfecta como yo, no precisa ningún cambio.

No cabe duda: es ella, mi Magda de siempre.

* * *

—Quiero verla –le digo tan pronto como llegamos al colegio.

Mientras descendemos uno a uno los escalones de la capilla, tantas veces transitados, evoco las palabras que solía decirnos la madre Siquier: «Lo mismo que el Señor se abajó y se hizo Pequeño para venir a nosotros, así también debemos descender y hacernos muy humildes y pequeñas para llegar a Él». Qué pequeña y qué frágil me siento yo hoy...

Ramos incontables de exuberantes flores de todos los colores, traídos de todos los rincones de la isla y hasta de la Península, rodean el sencillo ataúd de madera de pino sobre el que descansa mi abuelita. «Ya no puede olerlas», me digo, como para atormentarme aún más. ¡Con lo que le habían gustado a ella siempre las flores, los colores, la vida, la naturaleza...!

Las hermanas, unidas en torno al féretro, oran devotamente por la que fue su madre, su amiga y su confidente. La madre Togores, al advertir mi presencia, se pone delicadamente en pie y, tras un sobrio pero sentido abrazo, me indica un lugar junto a ella en el reclinatorio. Me arrodillo como un autómata y permanezco en silencio, con la mirada ausente y la mente en blanco; de pronto he olvidado cómo rezar. Magda se arrodilla en el banco detrás del nuestro.

No soy capaz de explicarlo. A medida que contemplo el rostro sereno y plácido de mi abuelita, me va invadiendo como en oleadas una paz indescriptible y extraña. Comienzo a llorar sosegadamente, y siento que las lágrimas, al caer, me van limpiando, sanando y reconstruyendo por dentro. Una certeza se prende fuertemente a mi alma y hace arder mi corazón: «Mi abuelita vive... ¡vive para siempre!».

Río y lloro a la vez, sin importarme que las hermanas me escuchen. Pensarán que he perdido el juicio. ¿Qué más da? Quizá hasta tengan razón. Dentro de mí, solo puedo cantar y dar gloria a Dios por la vida de mi abuelita... ¡por su vida *eterna!* Eterna. Paladeo esta palabra como quien saborea un dulce, y me hago consciente de golpe de lo hermosa que es nuestra fe, de lo maravillosa que es nuestra esperanza, de lo increíblemente cierta que es la Promesa de Dios. «Abuelita, ¡lo has vuelto a hacer!», le digo en mis adentros, comprendiendo que ha sido ella quien, una vez más, ha venido a serenar, alegrar y confortar mi pequeño corazón atribulado.

—Chica, ¡nos vas a inundar la capilla! —susurra Magda aludiendo a mis lágrimas—. Vamos a tener que salir remando. Anda, ven, que te tengo una sorpresa.

Me dejo conducir por ella a través de pasillos perfectamente conocidos, esos que me traen recuerdos tan entrañables... Sé dónde me lleva: a nuestro dormitorio de antaño, aunque desconozco lo que oculta en él.

—Cierra los ojos —me ordena frente a la puerta.

Y yo, ahora como entonces, cierro un solo ojo y dejo el otro ligeramente entreabierto: con Magda, nunca se sabe...

Dios mío, ¿cómo es posible sentir, a la vez, tanto dolor y tan honda y sincera alegría? Cati, Carlota y Martina: las tres se abalanzan al verme, y nos fundimos en un apretado abrazo de cinco. ¡Las πk+ juntas de nuevo! Ninguna dice nada; no es necesario. Las palabras, en situaciones como esta, entorpecen más que ayudan. A través del abrazo puedo sentir todo lo que mil pésames no serían capaces de expresar: su cariño incondicional; su dolor, poco menor que el mío; su lealtad, su fidelidad, su apoyo firme e inconmovible... Permanecemos así durante varios minutos, hasta saciar nuestra alma.

—¡Estáis aquí! —exclamo al fin, cuando nos separamos. Río y lloro; lloro y vuelvo a reír.

—¿Estás segura? —pregunta Magda—. Yo que tú las abrazaría de nuevo para comprobar que no sean espectros, como Dolores.

—¡Dolores! –se carcajea Martina–. ¿Os acordáis?

—¡Cómo olvidarla? –ríe Carlota–. Tuve pesadillas con ella durante meses.

—Pues a mí me causó más pavor la madre Bou amenazándonos con la vinagrera –añade Cati, provocando nuestra hilaridad.

—Lamento interrumpir tan interesantísima conversación –interviene Magda en su tono guasón de siempre–; pero debo anunciarles, señoritas, que la cena les aguarda. Vayan a lavarse las manos y formen fila de una en silencio.

Obedecemos a la «exigente» religiosa, que encabeza la procesión constituida por cinco jóvenes que, por unos instantes, regresan a su feliz y añorada infancia. Al estar en plena época de vacaciones navideñas, tenemos el pensionado para nosotras. Magda lo ha dispuesto todo, con la venia de las hermanas, para que nos sintamos, como siempre, en casa.

—Por cierto, Pilar –me comunica–, he hablado con tu madre y tus hermanos, y están de acuerdo en que pases la noche con nosotras.

—¿Cómo? ¿Que os quedáis a dormir?

—¡Por supuesto! –responde Cati–. No pretenderás enviar a Carlota a Sineu estando tan avanzado el crepúsculo, ¿verdad?

Su incorregible precisión y exactitud en la elección de las palabras me hace sonreír una vez más. ¡Siempre será la misma!

* * *

Las hermanas nos han preparado con todo mimo una cena exquisita, compuesta por crema de zanahoria y calabaza, de primero, y un filete de merluza con guarnición de verduras salteadas, de segundo. De postre, la especialidad de la madre Ginart: natillas de vainilla y canela con barquillos de galleta; una delicia que me evoca aquellos días de fiesta en que teníamos suficiente con salir de la rutina diaria para sentirnos dichosas.

Después de cenar salimos al jardín a estirar las piernas y respirar el aire puro de la noche. La luna luce chiquita como una uña; hace dos días fue luna nueva, y está empezando a crecer. «Algo nuevo está brotando –me digo en mis adentros–, ¿no lo notas?»[1].

—Chicas, ¿os habéis dado cuenta de algo? –pregunta Carlota ciñéndose el abrigo en la cintura.

—¿De qué?

—Que hoy es jueves.

—¡Anda, qué casualidad! Ayer fue miércoles, y la semana pasada el jueves siguió al miércoles también. ¡Ahora no me digas que mañana es viernes, que no me lo creo! –se mofa Magda.

—No, en serio, ¿no lo habíais pensado?

—¿Qué quieres decir? –repone Martina–. A estas horas no estoy para enigmas.

—Pues que la Madre ha fallecido en jueves, ¡día eucarístico!

—¡Es verdad! –interviene Cati–. Con lo que ella amaba la Eucaristía... Ahora debe estar al fin contemplando y adorando a su Señor por toda la eternidad.

—¡Claro! –reacciona Magda, abriendo mucho los ojos y palmeándose la frente–, ¡cómo no lo había pensado!

Gesticula con las manos y habla con celeridad y excitación, como quien acaba de descubrir algo pasmoso y

---

[1] Is 43,19.

morrocotudo; aún no sé si sigue de guasa o si va a decir por fin algo sensato.

—La Eucaristía –explica– es la muestra más grande del amor de Jesús, ¿no es cierto? Es la prueba de que la entrega de su vida fue completamente libre y voluntaria, y no el fruto de una fatal casualidad o de un cruel destino. Como Él dijo: «Nadie me quita la vida, sino que yo la doy voluntariamente»[2].

Hace una pausa para comprobar que la seguimos. Asentimos.

—Pues... –Su rostro se ilumina, coge aliento y concluye–: ¡Así ha sido en la Madre! ¿No os dais cuenta? ¡Se ha entregado día a día, libremente y por amor! Su vida ha sido como ese pan y vino que se ofrecen sobre el altar y que el Espíritu Santo consagra para convertirlos en el Cuerpo y la Sangre de Jesús, que alimentan a multitudes. ¡La Madre ha sido Eucaristía, pan partido y repartido, amor entregado, presencia viva del Señor entre nosotros! Y hoy... ¡hoy es su propio *Jueves Santo!*

Aún vibra al terminar, exaltada, emocionada. Es tan hermoso, tan profundo y tan verdadero lo que acaba de expresar que nos hace enmudecer, sobrecogidas, como ante la presencia del Misterio. Miramos juntas al cielo.

—Recuerdo –pronuncio, tras varios minutos de recogido y fecundo silencio– un día en Zaragoza. Habíamos ido al Pilar a ver a la Virgen, y pasamos un rato largo en adoración ante el Santísimo. Al salir, le pregunté: «Abuelita, ¿tú qué le dices a Jesús?». «A veces le digo que le quiero, otras veces le cuento mis cosas, otras le doy gracias o le pido perdón por algo, otras le hablo de vosotros o le pido por alguien que lo necesita...; pero la

---

[2] Jn 10,18.

mayoría de las veces no le digo nada». «¿Nada?», le dije sorprendida. «Y entonces, ¿qué haces?». «¿Qué hace una madre a la cabecera de la cama de su hijo enfermo? ¿O un niño dormido en el regazo de su padre? ¿O unos esposos que pasean en silencio de la mano? Nada. Amar. Dejarse amar. Eso es lo que hago». Sonrió ante mi gesto reconcentrado y agregó: «¿Por qué crees que hay algunas personas que toman el sol?». «Para dorarse la piel» (me sabía la respuesta por habérselo escuchado a mamá, aunque a mí me resultaba una actividad bastante insólita y extravagante). «Pues cuando nos ponemos ante el Santísimo, lo que se nos dora es el alma», concluyó. Se me quedó tan grabado que aún hoy, cuando me siento ante el Señor, evoco aquellas palabras.

—Ahora entiendo —participa Martina— de dónde le venía la belleza de su alma; era de *oro* puro, acrisolado en la presencia del Señor...

Se hace una vez más el silencio, hasta que Cati sugiere:

—¿Os parece que recemos el rosario por ella?

Nos sentamos ahí donde se solía sentar ella, mi abuelita: en el banco que está junto a la estatua de piedra de la Virgen.

—*Requiem aeternam dona eis, Domine*[3] —empieza.

—*... Et lux perpetua luceat eis*[4] —respondemos.

—*Ave Maria, Gratia plena, Dominus tecum*[5]...

Tras el breve responso y el rezo del rosario, acudimos a la capilla a orar quedamente. La mayoría de hermanas se ha retirado ya; dos de ellas comienzan con nosotras el primer turno de vigilia junto a mi abuelita. A lo largo de

---

[3] «Dale, Señor, el descanso eterno».
[4] «... Y brille para ella la luz perpetua».
[5] Comienzo del avemaría en latín.

la noche irán pasando todas las religiosas, que, por parejas, velarán amorosamente los restos mortales de quien no fue menos madre para ellas que lo que lo fue para mí.

—Se ha marchado tan callada y discretamente como vivió –bisbisea junto a mi oído la madre Siquier; y, tras pensarlo un instante, añade– y tan santamente también.

Oro, esta vez sí, con todo el fervor de mi alma, dando gracias a Dios y a nuestra dulcísima Madre por el don de la vida de mi abuelita. Le rezo asimismo a ella, con la certeza absoluta de que se encuentra ya en el Paraíso, y le pido que no deje de guiar, cuidar y acompañar a todas sus hijas, entre quienes he sido la más afortunada, y la más indigna y necesitada también.

No queda ya rastro de tristeza en mi alma. Dolor sí, y supongo que habrá de acompañarme mientras viva –aunque con el tiempo, me imagino, irá disminuyendo en intensidad–; pero tristeza no.

Cuando llegan las hermanas del segundo turno, una hora después, nosotras nos retiramos a descansar. ¿Descansar? ¡Quién puede entregarse al sueño ante el regalo de poder revivir, siquiera por una noche, los años más felices de su vida?

—Esta era tu cama, junto a la mía, ¿recuerdas? –me señala Cati, acariciando la colcha de lenguas mallorquinas que cubre el colchón de lana.

—Y aquí escondías tú las golosinas –le recuerda Carlota a Magda, levantando una baldosa del suelo–, que te embuchabas tan pronto como la madre Bou apagaba las luces.

—Chicas –nos dice Martina–, no sé a vosotras, pero a mí me está entrando una morriña formidable...

Magda se incorpora para encender el brasero y, apretadas una junto otra frente al fuego y con una manta sobre nuestros hombros, pasamos la noche en vela, recordando viejos tiempos; riendo, llorando, soñando el futuro...

Cuando el sol se asoma por la ventana, me doy cuenta de que ha empezado a amanecer también en mi corazón.

* * *

—¡Teresita, mi niña! —exclamo al ver llegar a la preciosa adolescente en que se ha convertido. Tiene los mismos cabellos dorados que le caen en tirabuzones por la espalda, y esa mirada azul grisácea, a la par dulce y enigmática, con que solía obtener de mí lo que quisiera. Su figura, en cambio, no es ya más la de una niña; ahora posee un bello contorno, casi de mujer, recatadamente ataviado.

—¡Mi ángel!

Solloza entre mis brazos como la chiquilla que fue; como esa pequeñuela que, añorada de su madre, solo se consolaba cuando yo la mecía sobre mi regazo y le cantaba una canción.

—Pilarica —dice mientras se enjuga el rostro—, tienes que saberlo: tu abuelita era una verdadera santa.

Sonrío al escuchar tan firme sentencia de sus labios.

—Sí —asiento—, lo era.

—En estos últimos años —prosigue—, cada vez que preguntaba yo por ella, sabía que la encontraría en la cocina ayudando a las hermanas (pese a que ya no le quedaba vista), o «arriba, rezando», que era la respuesta más común. Ciertamente, tenía el corazón *arriba,* ¡muy arriba! Y, a la vez, continuaba siendo tan familiar, tan humilde, tan cariñosa, tan condescendiente con todas... Siempre que la visitábamos en su habitación, la encontrábamos con el rosario en la mano; entonces interrumpía el rezo respetuosamente y nos atendía con suave bondad.

No puedo evitar emocionarme al retratarme a mi abuelita, a sus ochenta y cinco años, sentada con toda sencillez en una banqueta de la cocina, pelando patatas o desgranando guisantes; o frente al Sagrario, en ferviente adoración, cual joven enamorada en presencia de su amado. Siempre quiso ser, como María, «la humilde sierva del Señor», y así vivió hasta el final. La diabetes (¡el exceso de *dulzura*, digo yo!) había apagado sus ojos, pero el amor encendió en ella un nuevo sentido, que la hizo capaz de ver aún más allá, dentro del Corazón de Jesús y en el centro mismo del alma de sus hijas.

—No le temía a la muerte –continúa hilvanando Teresita sus recuerdos–; al contrario, nos decía que deseaba morir para unirse enteramente a Dios. El día que recibió el viático, nos dijo: «Ya nada puedo desear en este mundo. Solo me queda la misericordia de Dios».

Hace una breve pausa, como para asimilar ella misma las palabras que acaba de pronunciar.

—¿Sabes? –Prorrumpe de nuevo en llanto–. Hace apenas dos días, justo antes de irnos de vacaciones, me llamó a su lado. Estaba sentada en su silloncito, el mismo en el que murió; desprendía una paz sobrenatural, parecía talmente un ángel. Un impulso inconsciente hizo que me arrodillara a sus pies; y ella, tomando mi rostro entre sus manos, me dijo: «Mi pequeña, ya pronto iré al Cielo; no quería marcharme sin darte antes mi bendición». Colocó entonces su mano sobre mi cabeza y añadió: «Yo te bendigo, hija mía, en el nombre del Padre, y del Hijo, y del Espíritu Santo».

Siento un pequeño pellizco de envidia al saber que

fue Teresita, y no yo, quien recibió la última bendición de mi abuelita; con todo, me alegro sinceramente por ella.

—No estés triste, tesoro —la consuelo como cuando niña, enjugando con mi pañuelo las lágrimas que ruedan por su hermoso rostro—. Ahora que vive ya en el Cielo y que no está sujeta a las leyes del tiempo y del espacio, estoy segura de que, como Jesús, permanece a nuestro lado y no cesará de bendecirnos.

Nos disponemos a entrar en la iglesia, cuando veo llegar a una joven de la mano de un atractivo y elegante caballero. Trae en brazos a un niño pequeño, de no más de un año, deliciosamente vestido con capota y pelele de seda; y es evidente, por su abultada tripa, que está esperando a su segundo retoño.

—¡Jacinta!

—¡Piluca! Oh, mi niña, ¡qué pena que debamos reencontrarnos en estas circunstancias!

—Así es —admito—, pero estoy segura de que mi abuelita estaría feliz al verte llegar en tan buena compañía.

—Permite que os presente: Pilar, este es mi esposo, Ignacio; Ignacio, esta es Pilar, nieta de la Madre y hermanita mía del internado.

—Mucho gusto. —Intercambiamos el saludo con un apretón de manos.

—Este es Martín, nuestro pequeño terremoto —continúa Jacinta, apuntando al precioso churumbel que carga en sus brazos; y, acariciándose tiernamente el vientre, concluye—: Y aquí crece la pequeña María de la Pureza.

—¡Cuchicuchicú! —le hago una carantoña al pocholo, que responde con una sonrisa y un adorable gorjeo.

—Tu abuela era una mujer excepcional —expresa Ignacio.

—¿La conociste?

—¡Por supuesto! –interviene Jacinta–. Antes de prometernos, fui al colegio a presentárselo a la Madre y a que le diera el visto bueno; si no lo hubiera dado, no me habría casado con este bendito.

Entrecruzan una mirada cómplice y enamorada, tras la que él añade:

—Afortunadamente para mí, lo dio.

—Fue testigo en nuestra boda –continúa ella– y la primera, después de nuestros padres, en recibir la noticia de que esperábamos un hijo. Y allí estaba ella junto a mi cama, con la dedicación de una verdadera madre, el día que Martín nació.

—Puedes imaginar –sonríe Ignacio– quién fue su madrina de bautismo, ¿verdad?

—¿Mi abuelita?

—¿Quién si no? –responde Jacinta–. Nadie lo merecía más que ella. A menudo resuenan en mi corazón sus palabras, sus consejos, sus maternales indicaciones... «Cifra tu felicidad en la que logres para tu esposo», me dijo el día que nos casamos, y no sabes cuánto bien me ha hecho recordarlo todos los días.

—Pilu –sale Cati a buscarme–, tenéis que entrar ya; va a comenzar el funeral.

* * *

¡La Madre ha muerto!

¡Lloradla, corazones de niñas que aún vivís al abrigo de ese nido que también a nosotras nos dio vida y calor!

¡Lloradla, compañeras de todas las edades que un día fuisteis alumnas de tan santa casa!

Y nosotras, que vaciamos tantas veces en su corazón materno las hieles y amarguras de nuestra existencia, ¡llorémosla también!

Y cuando el sufrimiento desgarre nuestra alma, haciéndola derramar lágrimas ardientes, esas lágrimas que calcinan el corazón y queman el rostro, busquemos en su recuerdo, afanosas y jadeantes, el consuelo que en la tierra nos prodigaba, ya que aún resuena en nuestro corazón, cual débil y armonioso eco, su promesa de «vivir en el cielo bendiciendo a la Pureza».

Así termina el conmovedor discurso de Micaela, que, tras la misa funeral, hace sollozar hasta el hipo a la ingente asamblea que, desde ayer, somos un poco más huérfanos.

A continuación, uno por uno, pasan todos a darle el último adiós. Muchos se arrodillan ante ella; los más la besan; otros hacen pasar sus rosarios, medallas u otros objetos sobre las manos o el hábito de mi abuelita, con afán de obtener una reliquia de quien consideran una santa; algunos incluso tratan de desprender pequeñas fibras de su ropa... Yo espero a que desfilen todos; quiero ser la última en despedirme.

—¿Quieres que me quede contigo? –se ofrece Cati.

—No, gracias, Catiusa; deseo estar un momento a solas con mi abuelita. Esperadme fuera, que no tardaré.

Cuando al fin la iglesia se vacía y quedamos ella y yo –mientras el Cabildo y sus asistentes pasan a la sacristía a retirarse las sagradas vestiduras, y las religiosas y mi familia aguardan en la entrada a la funeraria–, me aproximo.

Aún conserva la sonrisa, esa sonrisa afable y comprensiva que tuvo en vida. Su piel, tantas veces por mí acariciada, luce tersa como la de una niña. La acaricio una vez más...

Me siento a su lado, bajo el presbiterio, con las piernas recogidas. Cierro los ojos y recuesto la cabeza contra el ataúd. Recuerdo cuando me sentaba así, a sus pies, con la cabeza sobre sus rodillas, mientras ella bordaba y me contaba un cuento –a menudo inventado–, que me hacía soñar con mundos eternos. Si me quedaba dormida, papá me recogía en sus brazos y me acostaba, y al ratito llegaba ella a la cama que tenía preparada junto a la mía. Entonces yo, en medio de mi sueño, extendía la manita para que ella la cogiese. El alba nos encontraba así, aferradas la una a la otra, con la certeza de que nada ni nadie podría nunca separarnos.

Me acaba de asaltar un pensamiento: ¿no será eso la muerte? Quedar dormidos y que nuestro Padre nos tome entre sus brazos y nos coloque suavemente en nuestro lecho, de la mano de aquellos que tan tiernamente amamos... hasta que estalle la Aurora de un nuevo (y eterno) Día juntos. ¡Qué felices seremos entonces!

Inspiro lentamente... Me abandono a la apacible calma de este momento, como barquilla que se deja acunar por las olas, como espuma que besa delicadamente la orilla...

Esto trae a mi mente otra imagen: el mar. ¡Cuánto disfrutábamos paseando juntas por la ribera al atardecer! Era el momento de nuestras confidencias, de nuestros secretos, de los consejos reposados...

—¿Ves, Pilar? –me dijo un día en que yo andaba contrariada–. En el agua tranquila se pueden distinguir las caracolas, los pececillos... y hasta las últimas piedrecitas del fondo; en cambio, cuando el mar está revuelto, es imposible vislumbrar qué hay más allá. Así pasa en nuestra alma: cuando estamos en paz, serenas, podemos ver en nuestro interior y reconocer cuanto hay en él de bueno y de malo, nuestras virtudes y defectos, y pedirle al Señor la gracia de mejorar en esto o en aquello; no así cuando nos mostramos furiosas, inquietas, testarudas, airadas...

—Abuelita —le dije yo, aún ceñuda.

—Dime, pequeña.

—Eso que dices está bien... pero me lo has repetido ya seis veces.

Tan sonoras, francas y joviales fueron sus carcajadas que no pude evitar contagiarme y me vi obligada a abandonar mi mal humor. Acabamos las dos corriendo por la orilla y salpicándonos de agua.

Otras veces nos sentábamos, simplemente, a contemplar cómo las olas rompían contra las rocas, o cómo se escondía el sol, incendiando el horizonte. ¡Ah, el mar, ese espejo azul del cielo, santuario donde alabábamos a Dios sin palabras, con el asombro estremecido de nuestra contemplación callada...! El mar: inmenso como el amor de Dios, ancho como su misericordia, fuerte como su ternura, insondable como su sabiduría, poderoso como su Palabra, inasible como su gracia, salado como mis lágrimas...

Lloro, sí; pero esta vez son lágrimas de gratitud las que recorren mansamente mis mejillas, mientras me dejo mecer por los recuerdos, dulces y sanadores al fin...

Oigo acercarse a las hermanas acompañadas del sepulturero. No sé cuánto tiempo ha transcurrido. Horas, tal vez; quizá solo unos segundos...

Me incorporo. Contemplo por última vez el rostro amado, la amable sonrisa, queriendo retenerlos para siempre en mi corazón. Me arrimo a su oído y, en un murmullo que solo ella pueda escuchar, le digo:

—Abuelita, soy Pilar... *¡soy tu Pilar!*

Me inclino hasta tocar con mis labios su frente y la beso suave, prolongadamente... Entonces, como un relámpago, se ilumina en mi corazón una certeza, una verdad que me había permanecido oculta y que ahora se me presenta con claridad meridiana: no soy yo... ¡es ella!

—Tú, abuelita. Tú has cimentado mi vida. Tú le has dado firmeza y estabilidad. Tú me has ayudado a construirla sobre la Verdadera Roca. *Tú has sido, eres y serás... **mi pilar**.*

Los niños

A todos vosotros, niños, que habéis leído hasta aquí las memorias de mi abuelita, os dejo un texto que ella escribió sobre vosotros. ¡Cuánto os amaba!

He marcado en cursiva mis frases favoritas:

En el mundo está compensado todo. Al lado del mal se encuentra siempre el remedio, gracias a la previsión de la Sabiduría Divina. *Entre los grandes consuelos que la Providencia ha puesto a nuestra disposición para endulzar y disminuir muchas veces los sinsabores de la vida, se encuentra el que proporcionan los niños.* Esos deliciosísimos seres a quienes no atormenta el recuerdo del pasado ni preocupa la idea del porvenir. Esos encantadores pequeñuelos que llenan el mundo con el perfume de su inocencia. *Esos ángeles sin alas,* que desconocen el valor de las lágrimas y no pueden responder de la existencia de las penas. *El consuelo que los niños proporcionan es tan grande como verdadero, porque en los niños está fija constantemente la mirada de Dios.*

Los niños lo embellecen todo con el tesoro de sus gracias. [...] ¡Dichosos los niños, que no conocen las funestas consecuencias de las enfermedades del alma! Los niños son verdaderamente felices. El misterio que se oculta detrás del día de mañana, la duda que forma a todas horas la abrumadora pesadilla de la humanidad por el malestar que todos sentimos en presencia de lo desconocido, son cosas que carecen completamente de valor durante la edad de la niñez. Para los niños no existe el día de mañana. Los niños son felices porque no piensan, porque la conciencia no les grita, porque viven sin cuidados y sin ambiciones. Son felices porque no han empezado a luchar con el destino, ni penetrado las miserias de la vida, ni profundizado los abismos de la desgracia. Son felices porque su misma inocencia les hace serlo, porque se ven libres de la ponzoña de los remordimientos; y porque *son los enviados de Dios para servir de consuelo al mundo. Los niños contribuyen poderosamente a hacer agradable la vida.* Basta contemplarlos para experimentar interiormente esa dulce satisfacción que sentimos siempre en presencia de todo lo bello, de todo lo nuevo, de todo lo que nos brinda alguna esperanza. *Los niños alegran y regocijan, como regocija y alegra el sol de un hermoso día de primavera.* Para convencerse de la verdad que antecede, solo es necesario dejar consignada la siguiente absurda suposición: fijémonos por un momento en la idea de que no hubiera niños, y decidme: ¿qué parecería el mundo? ¡Oh! *El mundo sin niños causaría el efecto de un jardín sin flores, de un cielo sin estrellas, de una vida sin ilusiones, sin objeto y sin esperanza.* Sin los niños la existencia se arrastraría lánguida y monótona, porque *los niños son el bálsamo de nuestras penas, el recreo de nuestros ojos, el encanto de nuestros corazones. ¡Qué pequeña debe ser el alma de la persona a quien no gustan los niños!*

MADRE ALBERTA

Testimonio

Si quieres escuchar el testimonio de Pilar cuando era ya anciana y conocer el Colegio de la Pureza en el que estudió junto a su abuelita –y que ahora es el museo-residencia conocido como «Casa Madre»–, puedes ver el siguiente vídeo:

https://youtu.be/u33XH4mArYk?t=1

Para encontrarlo en YouTube, puedes visitar el canal *pmariaes* y buscar el vídeo que tiene por título «Pastoral Pureza de María, vida y obra de Madre Alberta».

También puedes escanear este código con tu dispositivo para acceder a él de forma directa:

ÍNDICE

Advertencia para los adultos que se dispongan
a leer este libro 5
Prólogo. Cuatro años atrás 7

1. Comienzos 17
2. Amistad 37
3. Ángeles 55
4. Valldemossa 77
5. Tensiones 95
6. Femenino plural 117
7. Dulce Navidad 147
8. Magos, reyes y reinas 175
9. Una de cal... y otra de nieve 207
10. Volver a vivir 231
11. Confesiones 251
12. Finales que son comienzos 287

Epílogo. Diez años después 311
Los niños 331
Testimonio 333